경·공매 재테크 NO, 경·공매는 사업이다.

나는 경·공매 CEO다.

나는 경·공매 CEO다

최 희 지음

매일경제신문사

추천 글 ✒ . . .

나 홀로 소송의 진수를 보여주는 귀한 책

오랫동안 부동산학과 교수로 재직하면서 80여 권의 책을 썼고, 많은 추천사도 써 보았지만, 이처럼 독특하고 유익한 컨셉을 가진 책을 접하기는 처음이다. 저자로부터 추천사 부탁과 함께 원고를 받아보고는 놀라지 않을 수 없었다. 한 장, 한 장 원고를 넘길 때마다 온 몸으로 전율이 고스란히 전해져 왔다. 마치 블랙홀로 빨려 들어가는 듯한 느낌이었다.

이 책에서는 시중의 많은 경·공매 서적에서는 볼 수 없는 알토란같은 실전 사례를 만나게 된다. 당장 한 건 투자로 경험하게 되는 수익률도 좋아야 하겠지만, 동물적인 감각으로 부동산의 미래 가치를 읽어낼 줄 아는 안목이 더 중요하다는 것을 말없이 깨우쳐 주는 책이다. 경·공매 시장의 과열로 일반적인 물건은 재미(?)가 별로 없다는 것이 이 쪽 전문가들의 공통적인 지적이다. 그렇다고 일반인들이 사전 준비 없이 특수물건에 도전한다는 것도 말처럼 쉽지 않다. 하자 있는 특수물건을 낙찰 받은 다음, 나 홀로 소송을 통해 수익률을 높인다는 투자 컨셉은 그 자체로는 더 없이 훌륭하다. 다만 전제되어야 할 것이 있다. 그런 과정 전부를 온전히 통제하고 끌고 갈 실력과 각오가 되어 있는가를 먼저 따져주어야 한다는 것이다. 이 책은 그 전부를 보여주고 있다. '물건선정-입찰가격결정-나 홀로 소송-수익률극대화 달성' 이라는 투자의 알파에서 오메가까지를 한 권으로 맛보고 싶은 분들에게 자신있게 권한다.

경 · 공매 재테크분야에서 새로운 장르를 개척한 선구자

　이런 구성의 책은 독자나 본인이나 처음 접하는 책이라고 생각한다. 경·공매 재테크분야에서 새로운 장르를 개척한 선구자로 자리매김 될 것이다. 즉, 낙찰받은 특수물건을 소송을 통해 그 하자를 해결해가는 전 과정을 고스란히 보여주고 있다. 일반인이 나 홀로 소송을 통해 대법원까지 소송을 진행하는 전 과정을 보여주는 책은 지금까지 어디에도 없었다. 그만큼 독보적이다. 이 책이 전하고자 하는 행간의 의미를 읽어낼 수 있는 실력 있는 독자라면, 하자가 딸려 있는 여타의 경매물건 투자에 대해서도 응용이 충분히 가능하리라 믿는다.

　나 홀로 소송을 통해 전문변호사와 한판 승부를 벌인다는 것은 생각보다 쉽지 않다. 하지만 저자는 멋지게 해내고 있다. 그 과정 전부를 독자 여러분들에게 생생하게 들려주고 있는 것이다. 그리고 두 마리 토끼를 한꺼번에 잡는 방법을 알려주고 있다. 경 · 공매 재테크 투자와 나 홀로 소송의 가이드북의 구실도 충분히 하고 있다. 필요한 부분에 적절히 보여주는 TIP 또한 독자 여러분들에게 유용하게 도움이 될 것이다. 그런 의미에서 어디에 내 놓아도 손색이 없다는 확신이다. 기나긴 여정의 결과는 참으로 달콤하지만 과정의 지난함도 잊지 말았으면 하고 당부하는 저자의 충심이 보인다.

크고 싱싱한 물고기를 잡아 올리는 방법을 알려주는 책

탈무드를 보면 '사랑하는 자식에게 물고기 한 마리를 주기보다는 물고기 잡는 법을 알려주라' 는 구절이 있다. 이 책을 두고 하는 말인 듯한 생각이 든다. 여러분들에게 크고 싱싱한 물고기를 잡아 올리는 방법을 알려주는 책이다.

저자는 늦깎이로 공부를 시작하면서 본인과 인연이 시작되었다. 전공인 부동산학과 복수전공 법학공부에서도 젊은 친구들이 따라 오지 못할 정도로 열심이다. 저자의 성실함과 집념에 대해서 누구보다 잘 아는 사람 중 한 명이라고 자부하며 열정에 찬사를 보낸다. 이 책을 읽어본 독자라면 누구라도 본인의 생각에 공감하실 것이다. 어떤 일을 시작하더라도 누구는 성공하고 누구는 실패한다. 그 차이가 뭘까를 고민하게 하는 책이다. 저자의 장래가 촉망되며, 향후 투자행보와 건투가 더욱 기대된다.

또한 공개하지 않았으면 하는 내용까지도 과감히 공개하여 여러분들과 함께 나누고자 한 저자의 진심을 여지없이 느낄수 있다. 경 · 공매 재테크 서적의 새로운 지평을 과감히 연 책이라는 평가를 하고 싶다. 중요한 것은 당연히 독자의 평가다. 독자들에게 어떤 평가를 받게 될지 자못 기대가 크다. 여러 이유들로 더 많은 부분을 보여주지 못하는 것을 아쉬워하는 저자의 마음이 오롯이 전달되어 독자 여러분들로부터 많은 사랑을 받기를 기원한다.

한국부동산학회 학회장, 강남대학교 부동산대학원 교수 이창석

프롤로그 ✒ ...

신혼(1994년)의 출발 보금자리는 경기도 성남시에 있던 햇볕 한줄 들지 않던 빌라 주택 반지하였다. 여기에 둥지를 틀게 된 것은 오로지 돈 때문이었다. 강남에 직장이 있어 출퇴근이 용이하고, 시골 부모님의 도움 없이 신혼 전셋집을 얻기 위해서는 성남의 반지하 빌라가 이 세상이 내게 허락한 최대한이었다. 그렇게 신혼의 보금자리로 세 든 건물의 내막이 기가 막혔다. 건물은 버젓이 서 있지만 건축물대장과 건물등기부가 없는 건물이었다. 처음에는 몰랐다. 말도 안 되는 집에 전세를 들어갔다는 것을 말이다. 어떤 상황인지 느낌이 오실 것이다. 허가내용대로 공사를 하지 않아 사용승인을 받을 수 없는 불법건축물이었는데도 '아무 문제없다'는 동네 중개업자의 큰소리만 믿고 계약을 하고 말았다. 나의 전 재산인 전세보증금 전부를 걸고 말이다. 그런 상태에서 경매라도 넘어가 버리면 내 보증금은 어떻게 되는지에 대한 아무런 법률지식이 없었다. 한마디로 무지했던 것이다. 지금 생각해도 부끄러워 얼굴부터 화끈거리지만 숨김없는 사실이다. 그런 수준의 법률적인 지식만을 가지고 세상을 향해 홀로 서기를 시작했던 것이 바로 필자다. 그랬던 필자가 법정지상권 성립여지 있는 다가구주택의 대지만을 낙찰 받아 건물주를 상대로 대법원까지 두 번이나 가는 장장 4년여의 나 홀로 소송을 진행한 전 과정의 빠짐없는 기록이 바로 이 책이다. 독자 여러분도 충분히 가능하다는 말씀을 먼저 드리고 싶다.

아무튼 그렇게 장만한 집에서 시작한 신혼생활은 마냥 월급만 바라보는 시계

추였다. 누가 봐도 직장생활에 충실했다. 어제와 오늘, 내일이 똑같은 상황이 단조롭게 반복되는 생활이었다. 다른 어떤 것도 생각할 여력이 없었다. 직장 생활에서 경제적 성공을 얻는다는 것이 그리 만만하지 않다는 걸 공감하실 것이다. 탈출구를 찾기 시작했다. 당시에는 누구하나 코치해주는 멘토가 없었다. 방법을 찾던 중 조밀하게 붙어있는 다가구주택, 빌라들을 보면서 임대사업을 생각하게 되었다. 당시 경매시장은 소위 '깡통물건'들이 나뒹굴던 시절이었다. 직장생활(선우통상 상무)을 하면서 오프라인 강의를 듣기에는 여러 가지로 문제가 많았다. 그래서 대안으로 인터넷 동호회로 눈이 갔다. 당시 필자의 업무가 인터넷 쇼핑몰관련 사업이어서, 인터넷 공간의 동향에 대해서는 자신이 있었기 때문에 큰 어려움 없이 입문할 수 있었다. 독학과 인터넷 동호회 수업을 병행하기로 했다. 사무실에서 틈틈이 경매만화책과 경매서적 관련의 책들을 구입해 보고, 인터넷과 신문을 통해서는 온라인 카페 등에서 주관하는 정모교육에 관한 정보를 구하기도 했다. 경·공매를 공부하기 위해 04년3월 J카페, 05년 6월 N을 비롯하여 여러 동호회에 가입하게 되었고, 동호회가 운영하는 정모와 번개모임에 시간이 나는 대로 열심히 참석하여 하나라도 놓칠까 부지런도 떨었다.

또한 시간이 나는 대로 오픈강의 열심히 출석하여 낙찰자의 후일담도 빠뜨리지 않고 경청하였다. 귀 담아 들어야 할 부분과 그냥 흘려들어도 좋은 부분에 관한 옥석은 구분하면서 말이다. 그러는 사이 경매로 투자에 성공했다는 사람들의 특징이 보이기 시작하였다. 경매 뒤에 숨어 있는 보이지 않는 함정과 지뢰에 대해서는 말을 하지 않는다는 것이 것이다. 낙찰자가 과대 포장하는 부분을 확인하고 싶어도 쉽지 않을 때가 많았다. 또한 낙찰자가 공개하기 싫어서 중간 부분을 생략하여 버려도 이를 확인하기도 쉽지 않았다. 왜냐면 개미가 기어가는 현장을 리얼하게 설명해줄 의무가 없기 때문이었다. 그런 이유로 경·공매를 남의 이야기를 통해 편하고 쉽게 접하는 것보다는 직접 체험하고 확인하면서 실무와 이론을 동시에 연마해야 한다는 판단이 들었다. 또한 수준이 올라갈수록 동호회 강좌정도로는 어렵다는 느낌이 밀려왔다. 부동산과 경·공매의 기초를 세우는 데에는 많은 도움을 받았지만, 그 이상으로 도약하려면 체계적인 공부를 하지 않고서는 '사상누각'이 되고 말 것이라는 절실함이었다. 자칫하면 눈 깜짝할 사이에 최소한 중형차 한 대 값이 없어지는 공포를 경험할 수 있는 곳이 바로 경매판이다. 비극의 주인공이 되지 않으려면 경·공매를 그만둘 때까지 쭉 공부하는 것 밖에 달리 방법이 없었다.

어느 정도 이론적인 부분이 갖추어지자 2004년 9월쯤부터는 안산법원을 주 타깃으로 정하고 실전을 시작하였다. 1주에 1~2회 입찰하였고 하루에 3건도 응찰한 기억도 있다. 이들 지역을 타깃으로 정한 이유는 시작상태에서는 종자돈이 많지 않았기 때문이다. 당시 이 지역의 다가구주택 경매물건은 전형적인 '깡통물건'이었다. 낙찰에 투입한 금액보다 소유권 취득 후 임대를 통해 받아들이는 임대보증금과 월세가 투입비용보다 더 나오는 것이었다. 즉 적은 투자액으로 다가구주택의 소유주가 되고, 임차보증금은 대출원금을 변제하고, 월차임으로는 대출이자를 공제하는 전략이면 직장인 이상의 연봉이 가능하다는 판단이 들었다.

와동, 선부동, 고잔동 등 다가구 주택의 당시 경락가는 1억8천~2억5천만원 사이 정도였다. 대지는 65~90평대, 세대수는 12~16세대가 대부분이었다. 세대당 보증금은 300~500만원, 월세 20~30만원 정도였다. 따라서 경락자금 대출을 이용하면 나머지 잔금은 50%전후 준비하고 소유권이전 후 보증금을 일부 변제하므로 낙찰이 가능하였다. 그런 판단으로 응찰은 여러 번 하였지만 낙찰은 한 건도 받지 못하였다. 이 시기에 여주, 수원법원을 동시에 다녔고, 그 이후로는 서울 서부, 중앙, 북부법원 물건에 관심을 가지고 입찰하기 시작하였다. 지금까지 공매와 경매의 응찰비율은 70 : 30 정도이다. 지난 8년 동안의 실적은 경·공매 물건에 약 80건 입찰하였고, 낙찰 받은 3건을 전부 공매로 취득하였다. 이 사례 중 2건을 보여드리겠다.

시중의 대형서점에 나가보면 독자를 혼란에 빠뜨리는 것이 두 가지가 있다. 너무 많은 경매서적이 있다는 것과, 또 하나는 부동산시장을 둘러싼 극단적인 입장의 차이다. 부동산 시장의 미래에 대해 '부동산은 끝났다' 라는 폭락론과 '또다시 폭등할 것이다' 는 폭등론이 그것이다. 정신 차리기가 어려운 것은 부동산학을 전공하고 있는 필자 역시 마찬가지다. 이런 난장판에 필자까지 가세해서 세상을 시끄럽게 하고 싶지는 않다. 시장의 미래를 점치는 자들치고 사이비가 아닌 자들이 없다는 점은 말씀드리고 싶다. 시장의 미래를 강요하는 불순한 의도를 가진 존재들에 불과하다. 오로지 자기들의 이익만을 위해 목청을 높이는 그들에 대해 무주택자이거나, 1주택자인 독자들이 민감하게 반응할 하등의 이유가 없다. 그럴 여유가 있다면 열심히 공부해서 매매로든 경매로든 남의 집 살이부터 벗어나시기를 바란다.

시장의 미래는 시장만이 알 뿐이다. 무슨 재주가 있어 몇 줄의 지식으로 시장의 장래를 점친다는 말인가. 자신들의 입장과 이익에 따른 '견강부회' 이고, 아전인수' 하고 있을 뿐이다. 이렇게 말하는 데에는 그럴만한 근거가 있다. 필자가 초보투자자 시절에도 폭락론이 있었다. 만약 그 당시 폭락론에 겁을 먹어 월급쟁이 생활에 만족했다면, 이 책에서 소개하는 20억 원대 다가구주택의 소유자가 어떻게 될 수 있었단 말인가. 아니다. 용기조차 내지 못했을 것이다. 폭락론자들은 중요한 점을 교묘하고도 의도적으로 빠뜨리곤 한다. 매매가격이 폭락하면 거기에 동반해서 전월세 임대가격이 어떻게 움직일지에 대한 부분에 대해서는 한마디도 하지 않고 있다. 폭락론자들에게 한마디만 물어보자. 향후 수도권에서 무주택자의 주거비용(전세 임대료 및 월세)의 부담이 어떻게 전개될 것인가에 대해서 말이다. 그들이 주장대로 집값이 폭락하면 집 없는 사람들의 주거비용이 매매가격 하락에 발맞추어 가벼워질 것이라고 보는지를 묻고 있다. 현실은 어떤가. 하루가 다르게 폭등하는 전월세 시장상황에서 집 없는 자들의 시름이 깊어가고 있다. 이것을 어떻게 설명할지 궁금하다. 경매시장도 예외가 아니다. 수도권에서 경락가격이 급상승하는 것을 목격하였다. 폭락논자들이 무책임하게 퍼뜨리는 허황된 논리에 빠져 투자의 기회를 놓치는 분들이 있을까봐 우려의 마음에서 경험을 근거로 한 말씀 드렸다.

3장까지는 이 책은 필자가 약 4년 여의 긴 시간을 전력 질주해서 마무리한 청파동 다가구주택의 투자가 핵심부분이다. 구도는 간단했다. 법정지상권성립여지 있는 다가구주택의 대지만을 공매로 낙찰 받았다. 그리고는 나 홀로 소송을 통해 법정지상권을 뭉개버린 다음. 건물주와의 협상을 통해 건물은 매매로 구입하였다. 얼핏 보면 어디서나 볼 수 있는 평범한 투자케이스 처럼 보일지 모르겠다. 그러나 여기에는 시중에 이미 나와 있는 어떤 경·공매관련 재테크 책에서도 흉내 내지 못하는 알찬 엑기스가 오롯이 담겨져 있다. 건물주(임차인)와 약 4년 여를 밀고 당기는 소송 전체과정의 이야기가 그것이다. 필자는 처음부터 끝까지 나 홀로 소송을 진행하면서 대법원판결까지 두 번을 받았다. 우여곡절도 많았다. 기각, 패소판결로 인해서 도중에 그만두고 싶은 마음이 들 때가 한두 번이 아니었고, 울고 싶은 때도 한두 번이 아니었다. 외롭고 고달팠다. 길고 지루한 소송과정이 말이다. 도중에 막히면 나도 건물주처럼 변호사를 선임해서 변호사 뒤로 숨어버리고 싶은 유혹을 느낄 때도 여러 번 있었다. 이 책을 통해 소개하는 실제소송에 동원되었던 각종 서식이나 판결문들은 여러분들이 차후에 비슷한 소송을 진행할 때 많은 참고가 될 것이다.

이쯤에서 당부하나를 드리고자 한다. 경·공매 투자를 시작하려고 하는 사람들 중에는 공통적으로 보이는 나쁜 버릇이 있다. '서두른다' 는 것이다. 오늘 공부 시작해서, 내일 낙찰 받고, 모레 수익 나는 일은 절대 없다. 또 하나 '초조해 한다' 는 것이다. 그러나 경매 판에 좋은 물건의 씨가 마를 일은 절대 없다. 자본주의가 망하지 않는 한 경매 판에는 새로운 물건이 지속적으로 공급된다는 점만 명심하자. 내가 먼저 이 세상을 떠날까, 아니면 내가 살아 있는 동안 자본주의가 붕괴할까. 아마 내가 먼저 죽어 이 세상을 떠날 가능성이 더 높은 듯하다. 서두르지 않을 수 있는 든든한 버팀목이다. 더 하나는 부동산 투자로 얼마 벌었다는 '남의 말에 유난히 약하다' 는 것이다. 사람들은 듣고 싶은 것만 듣고, 과정에는 귀를 닫는다. 결과 못지않게 중요한 것이 과정인데도 말이다. 세상에 공짜는 절대 없다는 것이 투자에서 얻은 교훈이다. 가치 있는 어떤 것도 거기에 상응하는 땀과 수고를 지불하지 않고 내 것이 되는 것은 없었다. 마지막으로 소개하는 4장에서는 필자가 지금까지 경험한 실제 투자사례와 이슈가 될 만한 사례들 중 도움이나 참고가 될 만한 투자건을 엄선하여 소개하였다.

이 책이 세상에 나오기까지 너무나 많은 분들의 땀과 사랑이 있었다. 늦게 시작한 부동산학과 법학공부를 예리함과 따뜻함으로 이끌어 주신 은사 이창석 교수님, 집합건물법학회 학회장이자 강남대 대우교수 박종두 교수님, 원고 내용에 조언을 아끼지 않은 김응용 법무사님께 이 자리를 빌려 감사의 마음을 드린다. 졸고가 책이 되어 세상에 나올 수 있게 산파역을 담당한 영진TSK 김태형 이사와 원고를 정성을 다해 좋은 책으로 만들어 주신 매경출판 관계자 여러분들에게도 고마움을 전한다.

또한 일과 자식들 뒷바라지로 한 평생을 성실하게 살아오시다 2008년에 영면하셔서 이제는 선산에 계신 선친(최충식)과 고향 김제를 지키고 계시는 어머님(송옥주)께는 불효자의 애틋하고 간절한 마음을 올린다. 그리고 가난했던 한 청년에게 금지옥엽 귀한 딸을 평생배필로 허락하고 묵묵히 믿고 성원해 주신 장인 어르신(김종남)과 장모님(강정순)께도 머리 숙여 깊은 감사의 마음을 표한다. 마지막으로 법원소송 1,500일의 주역인 사랑하는 아내 김귀순과 미래 퀀트를 꿈꾸는 자랑스러운 아들 선우, 의상디자이너를 꿈꾸는 예쁜 딸 지우에게도 사랑한다는 말을 꼭 전하고 싶다.

구룡산 자락 연구소에서 최 희

차 례

이 책의 전체는 남에게 들은 이야기가 아니다. 정처 없이 인터넷을
떠도는 이야기를 모아놓은 것은 더욱 아니다. 처음부터 끝까지
경매·공매투자를 통해 천당과 지옥을 오고가면서 경험한 실전사례들이다. 투자 오케스트라 실황 공연의 생생한 생
중계방송을 연상될 것이다. 기존의 경매 책들과는 재료에서부터 요리방법, 요리사가 전혀 다르다.

여러분들에게 바라는 점이 하나 있다. 기존의 요리를 먹던 마인드를 버려달라는 것이다. 새로운 요리법에 의해 만들
어진 음식이니 지금까지의 식상함에서 벗어나 전혀 새로운 마음으로 시식해 달라는 부탁이다. 그리고 냉정히 평가해
달라는 부탁을 감히 드린다. 기존에 많은 서적들은 경공매가 아직도 블루오션이라고 목소리 높여 합창이지만 진실은
이미 레드오션이다. 알 만한 사람은 다 안다. 그래서 블루오션을 찾아 나섰다. '물건선정-입찰가격결정-나 홀로 소
송-수익률극대화달성'을 통해 마침내 새로운 신천지를 발견했다.

여태까지 수많은 다른 고수들이 보여 주지 못한 부분, 아니 보여주지 않았던 부분을 보여드리겠다. 투자 수익률 높은
경매물건을 만나기가 쉽지 않지만, 노력여하에 따라서는 평범한 재료를 가지고도 최고의 파스타를 만들 수 있다는 것
을 말이다. 세상에 가장 비싼 것이 공짜라는 평범한 진리를 잊지 말자. 노력하자는 당부다. 그러면 가능하다. 성공의
열매는 달지만, 성공의 열매를 따먹기 위해서는 피나는 노력은 당연하다.

① 공부하라(피나는 법률공부 + 판례연구), ② 노력하라(물건분석 + 권리분석 + 가치분석 + 수익분석)
③ 경 공매는 재테크가 아니다(치열한 사업이다), ④ 낮은 성공률에 만족하라
⑤ 애정과 사랑 열정을 뿜어라.

그러면 어느 사이에 블루오션의 바다에서 유유히 헤엄치고 있는 자신을 발견하게 될 것이다. 사랑과 애정, 열정을 보
여주면 돌아섰던 돌부처도 다시 돌아앉을 것이다. 그럴 때까지는 전력으로 매진해주시기를 바란다. 여러분들에게
투자세계를 보여드리겠다. 1,700일간의 길고 외로운 전투였다. 그러나 그 열매는 달았다. 함께 가보자.

나는 경 · 공매 CEO다.

PART **1**

나 홀로 사투를 벌인
1,700일간의 전쟁

Chapter 01

카멜레온 같은 수익률 보는 각도에 따라 300%~1800%

누구나 느끼는 부족한 2%

누구에게나 세상을 살면서 늘 아쉽고 모자라는 부분이 가슴속에 존재한다. 100억을 가진 부자라도 가슴이 허전하기는 마찬가지일 것이다. 이 책을 읽고 있는 여러분들은 어떤가. 정도에 차이가 있을 뿐이다. 부동산 투자역시 마찬가지다.

부동산 투자를 하는 사람들로부터 자주 듣는 이야기가 있다.

두 가지가 목마르다고 한다. 하나는 공부에 관한 것이고 또 다른 하나는 투자자금이다. 투자자금이야 공동투자를 하든, 아니면 금융권으로부터 동원을 하는 방법으로 해결하면 된다. 그러나 지식이야 그럴 수 없는 것 아닌가. 전직 대통령이 그런 말씀을 하셨다. 머리는 빌려오면 된다고. 사안에 따라서는 그럴 수도 있겠지만 적어도 부동산 투자, 특히 경·공매 투자에서는 처음부터 끝까지 오로지 자신만의 힘과 실력, 판단만이 성공과 투자의 성패를 가를 뿐이다. 남의 머리 빌려서 정치하다가 당한 결과가 국가부도인 IMF이였다고 한다면 억지일까. 투자도 마찬가지다. 남의 머리에 의존해서 한 투자가 성공했다는 말은 들어본 적이 없다. 한두 번은 가능할지 몰라도 결국에는 한입에 털어 넣게 되고 만다. 누구의 입인지는 알 수 없지만 말이다. 공·경매 투자도 마찬가지다. 투자를 하면 할수록 공부의 중요성과 필요성을 절감하게 된다. 적어도 필자는 그랬다. 그래서 늦었지만 강남대학교에 입학하여 부동산학을 주 전공으로, 법학을 복수전공으로 하여 다시 공부하고 있다. 아울러 온-오프라인의 각종 경매강좌와 부동산관련 타임 강좌를 듣고 있다. 리필교육이기도 하고, 또한 투자의 흐름을 잃지 않으려는 목적에서이다.

벌써 강산이 한번 변했다

이런 이유로 인터넷 카페 활동을 시작한 것이 2004년부터니까 벌써 10여년에 이르고 있다. 지금 생각해도 참 부지런히 쫓아다녔다. 시작해서 1년 정도는 당시 '자칭 고수'라는 사람들에게 한수를 배우기 위해서 말이다. 정모 후에 이어지는 뒤풀이는 기본이고, 3~4차를 거치면 집에 도착하는 시간이 새벽 2시는 보통이였다. 어떨 때는 조간신문을 집어 들고 들어오는 경우도 여러 차례 있었다. 민사집행법, 민사소송법, 판례연구 등 관련 전문서적을 지금도 계속 공부하고 있고, 쏟아져 나오고 있는 경매와 세금관련 신간도 5권 이상을 읽는다. 책을 보면 저마다 저자의 혼과 색깔에 차이가 있다. 비록 5%만 건지고 나머지 95%는 다른 책에서도 볼 수 있는 중복된 내용이라 하더라도, 필자만의 권법연마를 위하여 전문서적과 일반 서적은 다양하게 탐독을 하는 이유이다. 서설이 길었다. 그렇게 쌓은 내공을 바탕으로 독자들은 지금까지 어떤 책에서도 보지 못했던 투자사례를 보게 될 것이다. 편안하게 따라와 주시기만 하면 된다. 처음에는 만화책으로 경공매 공부를 시작했던 필자가 1,700여일의 길고 험한 투자과정을 통해 전무후무한 수익률을 달성한 생생한 기록이다. 청파동 공매 물건을 보고는 가슴이 콩닥콩닥 거려서 눈을 뗄 수 없었다. 오로지 나만을 위해 태어난 물건이라는 느낌이 12,000볼트 고압에 단번에 감전당해 버렸다. 나처럼 누군가도 이 물건을 검색할 수도 있다고 생각하니 입찰 때까지 하루가 일 년처럼 느껴졌다. 한편으로는 지역적으로야 용산구 청파동이라는 미래가치가 확실히 보장된 지역이지만, 대지만 매각되는 이 물건의 특성상 초보자들은 쉽게 들어 올수 없다는 판단은 위로가 되었다. 입찰결과가 이를 증명해 주었다. 공동응찰 한 필자를 포함해서 3명만이 응찰했기 때문이다.

아직도 경·공매투자에서 한방이 있는가

결론부터 말씀드리자. 있다고도 할 수 있고, 없다고도 할 수 있다. 아직도 대박 한방은 있다는 것을 보여준 공매 입찰기록이다. 예전에 『경매 투자수익률 1,000%』라는 제목의 경매 책을 본 적 있었다. 수익률이 1,000%라니. 투자 원금의 10배 수익이란다. 허풍이 심하다는 생각에 책 자체에 믿음이 가질 않았다. 그러나 그럴 수 있을 뿐만 아니라 그 이상의 수익(률) 실현도 가능하다는 것을 보여드리겠다. 국내 경매관련 책에서 이런 내용을 다시는 보기 힘들 것이다. 이유는 간단하다. 깊이 있는 투자를 하고 그 생생한 기록을 남긴 책들이 전무하기 때문이다. 직접투자해서 대법원까지 직접 소송으로 난관을 헤쳐나간 사례

▮ 물건정보

소재지	서울 용산구 청파동3가	
물건관리번호	20(001	
재산종류	압류 재산	
위임기관	서울특별시	
물건용도	대지	물건세부용도
면적	대지 307.8㎡	

▮ 감정정보

감정평가금액	800,280,000 원	감정평가일자	2004/12/09
감정평가기관	한국감정원		
위치 및 부근현황	효창동 소재 일반주택가 소형차량 출입가능하며, 효창공원길 노선버스 및 지하철 6호선 효창공원역이 소재 하여 대중교통사정은 보통		
이용현황	사다리형으로 남서향완경사지대로서 다가구주택		
기타사항	제2종일반주거지역(7층이하)		

말이다. 미리 말씀해 놓는다. 대지를 낙찰 받고 그 대지상의 건물주를 상대로 지료 및 건물철거소송을 제기하자, 건물주가 동원한 변호사는 고위직 판사출신을 나의 소송파트너로 선임하여 주었다. 고맙고 감사했다. 제대로 된 선수와 멋진 한판을 치를 수 있도록 무대를 마련해 주었으니 말이다. 약체와 붙어서 이긴 경기보다 차라리 제대로 된 선수와 전면전을 벌인다면, 설사 패한다하더라도 후회는 하지 안하도 되는 것이 남자의 세계 아닌가. 개요를 보자.

수익률 1,800%인 청파동 공매물건의 개요

☞ 주 소 : 서울 용산 청파동 3가 100-000

☞ 공매신청기관 : 조세정리 2부(서울시청과 용산구청)

☞ 특이사항   : 법정지상권 성립여지 있음

☞ 대지면적　　：307.8㎡(대지만)

☞ 감정가격　　：800,280,000원(2004.12.9 감정가격)

☞ 최저입찰가：360,126,000원(감정가의 45%)

☞ 낙찰가격　　：382,550,000원

☞ 낙찰가률　　：감정가 대비 47.8%,

☞ 응찰자　　　：3명

　이처럼 법정지상권 성립여지 있는 물건은 초보자들은 입찰 가망은 높지 않고, 건물주가 입찰할 가능성이 높은 상황이었다. 2005년 이 물건에 공매로 응찰할 당시만 해도 법정지상권 성립여지 있는 물건은 특수물건 중에서도 특수물건에 속했다. 경쟁도 그리 치열하지 않고, 낙찰가격도 그리 높지 않았다. 특히 공매시장은 처녀지나 다름없는 실정이었다. 따라서 필자의 주위 사람들은 입찰을 너무 빨리 하는 것 아니냐, 높게 써서 바가지 쓰는 것 아니야 하는 부정적인 견해도 일부에는 있었다.

　물건의 특징을 보면 어느 정도는 일리가 있다는 생각도 들었다. 이유는 법정지상권 성립여지 있는 대지만이 공매 목적물이고, 그 지상에는 다가구 주택 16세대가 들어 서 있어 누가 봐도 쉽지 않을 것은 분명한 물건이었다. 그러나 필자의 판단은 달랐다. 조언은 조언일 뿐이었다. 투자의 처음과 끝은 투자자의 몫이다. 서울의 정 중앙인 용산구 청파동이고, 숙명여자대학교와 효창운동장, 백범김구 기념관의 인근이었다. 임대수요는 무한대였다. 봄 학기가 시작되는 2월 말이면 이사 가고 이사 오는 이삿짐 차들로 골목마다 전쟁이 벌어지는 지역이다. 또한 효창공원이 주는 도심 속의 쾌적함은 천혜의 주거공간과 녹지 시설을 보장하는 지역이었다. 이번 입찰에 건물주나 또 다른 응찰자가 있을 것이라고 판단하였다.

정확하게 적중한 필자의 가격예측력

입찰을 받자는 전략으로 최선을 다했다. 기본적으로 당일 최저가격의 2천만원은 더 써야 일단 안정권이라고 판단하였고, 한명이 더 응찰하는 것을 전제로 다시 227만원을 더 쓰기로 하고 거기에 맞추어 응찰가격을 제시하였다. 피말리는 가격 예상게임에서 과학적으로 계산하여 응찰한 계산이 적중하였다. 나중에 건물주에게 들은 이야기로는 자기는 379,000,000원에 입찰하여 2등, 컨설팅회사의 입찰가격은 365,000,000원으로 3등이었단다. 2등을 했던 건물주와는 약 360만원이 안 되는 가격으로 밍크고래 한 마리를 일단 움켜잡는데 성공했다.

청파동 공매물건 진행 시간표

☞ 2005년 11월 28일 ~ 11월30일 18:00 까지(인터넷 전자입찰 기간)

☞ 2005년 11월 30일 15시46분20초 응찰(온비드를 통한 전자입찰)

☞ 2005년 12월 01일 11시 개함(공매에서는 개찰이 아닌 개함이라고 함)

☞ 2005년 12월 01일 오후 1시 매각결정허가서 수령 캠코 본사 5층

☞ 2006년 01월 30일 대금납부완료일

(1차 대금 납부기한 1,000만 원 이상 60일, 1,000만 원 이하 7일)

☞ 2006년 02월 10일

[2차 납부기한 10일(최장 70일), (1,000만 원 이상) 미납 시 입찰보증금 몰수]

☞ 2005년 12월 01일 매각결정 허가서 수령 후 잔금납부하고 등기이전서류
취·등록세, 국민주택채권, 말소인지, 증지, 우표를 첨부하여 캠코 본사 5
층 접수 완료(소유권이전 등기는 소유권에 관한 서류를 제출하면 캠코에서 등기 이전함,
등기권리증은 우편이나, 직접수령 방법 중 선택)

☞ 2006년 01월 13일 배분(공매에서는 배당이 아닌 배분이라고 한다) 실행으로 이 사
건 종결.

이렇게 하여 일단 소유권 취득까지는 마무리 되었다. 그러나 싸움은 지금부
터라는 것을 여러분들도 느끼실 것이다.

☞ 자산관리공사 공매로 대지 입찰
☞ 낙찰
☞ 소유권취득
☞ 건물주상대로 지료소송
☞ 건물주상대로 건물철거소송
☞ 건물매입
☞ 기존 임차인 명도로 이어지는 기나긴 싸움에서 이제 1회전이 막 끝났을 뿐
이다.

청파동 공매물건 응찰현황표

입찰금액	납부하실금액	납부하신금액	납부하실잔액	보증금(수수료) 납부계좌
382,550,000 원	38,300,000 원 (보증금 : 38,300,000 원 수수료 : 0 원)	0 원	38,300,000 원	960010510510 (예금주 : 위탁) • 완납

입찰서제출시간	보증금(수수료) 납부계좌	입찰보증금상태 수수료상태	이체해제지
2005/11/30 15:46:20		이체완납(낙찰) 이체완납(낙찰)	? ?

mBid

📋 입찰자 정보

구분	입찰자	주민/법인번호	지분	주 소	연 락 처	E-Mail	비고
개인	최희	˙		서울 강남구 개포4동 11˙	02-3462-((010-4230-)	dual˙	t
개인	김귀순			서울%20강남구%20포이동 17 」	02-576-5... (018-268	182ᵍ	t

한국자산관리공사 공매물건 입찰사이트인 온비드 화면의 일부(입찰자 정보란)를 캡처한 사진 파일이다. 입찰자정보란을 보면 필자와 아내가 공동명의로 응찰한 것을 볼 수 있다.

평당 415만원에 낙찰 받은 청파동 대지 307.8㎡(92.17평)

위의 입찰목록 및 입찰자정보란을 물증으로 보여드려도 믿지 못하겠다는 분들도 있었다. 주변에서 말이다. 나만의 전략에 따라 이 물건에 대하여 현장답사는 하지 않았다.

시중의 경·공매 관련 책들을 보면 천편일률로 현장답사의 중요성을 노래하고 있다. 현장답사의 중요성을 말하는 이유와 내용 또한 한결 같이 똑같다. 비슷한 것이 아니라 똑같다. 부동산투자에서 현장조사의 중요성을 가볍게 보자는 말은 아니지만, 어떤 경우에는 빈번한 현장 방문이 오히려 투자의 걸림돌이 되거나, 오히려 (-)가 되는 경우도 얼마든지 발생한다. 필요에 따라서는 현장답사를 과감히 생략할 줄 아는 배짱도 필요하다. 그리고 그런 판단을 할 수 있는 투자자가 비로소 선수반열에 오른 것이다.

투자의 세계에서 자기만의 권법을 연마하여 자기만의 주관을 정립하고 있어야 흔들리지 않는다. 멘토나 경·공매의 지인들과 통화나 미팅에서 입찰관련 정보에 대한 조언을 구할 수는 있겠지만 참고사항에 그쳐야 한다. 진정한 고수라면 받는 조언은 참고에 그쳐야 한다는 것이다. 내가 입찰하고자 하는 물건에 대해서는 누구보다 많은 시간과 비용을 들여 분석에 분석을 거듭했다. 누구보다도 그 물건에 대해서는 가장 정확하게 파악하고 있는 것이다. 아무리 전문가라 할지라도 일반적인 대목에서야 응찰자보다 강할지라도 개별 물건에서는 이야기가 달라진다. 조언을 받아 입찰동기와 입찰가격에 영향을 받는다면 내공의 연마를 좀 더 하셔도 늦지 않다.

부동산투자에서 성공하기 위한 기본철학은 분명한 자기의 주관을 세우는 것이다. 동시에 부동산투자에서 입지요건과 권리분석도 중요하다. 그러나 더 중요한 것은 미래가치를 볼 줄 아는 것이다. 숨은 가치가 파악되면 동물적인 감각으로 전력 질주하는 것이다. 창공을 나는 독수리나, 굶주린 호랑이처럼 단 한 번의 공격으로 내 것을 만드는 것이다. 남들이 보기에는 어쩌면 무모해 보일지라도 말이다. 그것이 투자의 세계가 아닌가 한다.

과감히 현장조사를 생략하고 본선에 집중

느낌이 강하게 오는 물건은 현장답사를 하지 않는 버릇을 필자는 가지고 있다. 이 물건을 응찰하기로 결정은 했으면서도 응찰 전에 현장답사를 하지 않는 이유는 대강 다음과 같은 이유에서였다.

① 낙찰자는 대지의 소유주이지, 건물의 소유주는 아니라는 점.
② 감정평가서, 지적도, 토지대장의 공시지가를 통해 대지의 시세는 어느 정도 짐작할 수 있는 점.
③ 건물현황은 감정평가서와 건축물대장이 말해주며, 건물 노후도는 감정평가서의 이미지로 알 수 있는 점.
④ 감정평가서상 대지가 숙명여대 부근과 효창공원역 사이에 위치함을 알 수

있고, 도로는 건물 이미지와 승용차 이미지가 대각선으로 보이므로 경사도를 짐작 할 수 있고, 반지하이지만 앞뒤 고저차이가 있어 1층에 가까운 반지하임을 알 수 있는 점.

⑤ 역세권이고 숙명여대와 초·중·고가 주위에 위치하며, 효창운동장과 효창공원이 주위에 있어 공기 또한 쾌적하므로 전·월세 걱정은 하지 않아도 되는 점.

⑥ 입찰 당시 신문 등 방송 등에서 용산불패를 노래하고 있어, 부의 이동이 용산을 지향하고 있는 점 등이 임장활동을 하지 않게 된 이유였다.

이런 이유로 현장조사를 과감히 생략하고 본선에 집중했다. 남은 것은 얼마에 응찰할 것인가만 오로지 관심사였다. 부동산 관련서류를 3~4회 꼼꼼히 확인하는 것으로 입찰 준비를 마무리 하였다. 그리고는 아내와 공동명의로 입찰하였다. 주사위는 던져졌고, 화살은 시위를 떠났다. 결과를 덤덤히 기다릴 뿐이었다. 말로는 덤덤히 결과를 기다린다고 하지만 사실은 개찰일 전날은 거의 한숨도 제대로 자지 못했다. 공매물건에 응찰하고 이렇게 설레기는 처음이었다. 이유는 간단하다. 잠 못 들게 할 만큼 투자가치가 하늘을 찔렀기 때문이었다. 밤잠이 오지 않아서 30분 간격으로 눈을 떴다 감았다 하면서 헤아린 양의 숫자가 몇 만 마리는 족히 넘었을 것이다. 그리고 개찰일이 되었다. 하루 종일 온 신경이 핸드폰으로 집중되어 있었다. 응찰결과를 응찰자 핸드폰으로 알려주는 서비스를 자산관리공사가 시행하고 있었기 때문이었다. 응찰결과 문자서비스가 도착했다. 1등 응찰로 낙찰이란다.

잔금날짜가 잡힌 당일로 잔금납부

개찰일 당일에 핸드폰으로 최고가격으로 응찰하여 최고가매수인이 되었다는 문자 메시지가 도착하였다. 이제부터는 잔금납부까지 시간과의 싸움만 남아 있는 것이다. 공매가 취하되느냐, 아니면 잔금을 먼저 납부하느냐만 남아 있는 꼴이다. 2005년 12월 1일 13시에 낙찰허가를 받음과 동시에 잔금납부를 하였다. 대지가 307.8㎡이다. 아직도 ㎡보다는 평이라는 개념이 더 빨리 다가온다. 92.17평이다. 낙찰가격을 보시면 3억8,255만원이라는 것을 알 수 있을 것이다.

평당 415만원(=3억8,255만원/92.17평)에 낙찰에 성공한 것이다. 잔금날짜가 2006년 1월 30일로 잡혔다. 2005.12.01일 매각결정허가서를 1시에 수령하고 1초 후 곧 바로 잔금을 납부를 완료해 버렸다. 그리고는 소유권이전 신청까지 모든 일은 일사천리로 마무리해버렸다. 경·공매투자에서 잔금납부의 의미는 아주 크다. 시간적으로 싸움이 완전히 끝나버린 것을 의미한다. 잔금납부가 말이다. 채무자에게 해당 부동산의 경매를 취하시킬 수 있는 시간적 데드라인이 낙찰자가 잔금을 납부하기 전까지이다. 잔금을 납부하는 순간 경매사건은 사실상 종료된다. 잔금을 납부하는 순간을 기점으로 비록 등기부상에는 소유권이전이 이루어져 있지 않더라도 해당 부동산의 진정한 소유자가 된다. 9부 능선을 넘어가는 순간이었다. 잔금을 납부한 후 부동산 소재지에 도착하여 현장답사는 60초 만에 간단히 끝내고 돌아왔다. 그리고 당분간은 현장에는 얼씬도 하지 않았다. 행간의 의미는 여러분들이 상상해보시기 바란다. 그러나 이렇게 하여 1,700여 일간의 숨 막히는 대장정은 막이 오르고 있다.

공매와 경매를 넘나드는 이유

▌입찰상세정보

물건관리번호	20ㅣ -001	조회수	512
물건명	서울 용산구 청파동		
유효입찰자수	3명(현장 0명 / 인터넷 3명)		
개찰결과	낙찰	낙찰금액	382,550,000원
감정가격 (최초 최저입찰가)	800,280,000원	낙찰가율 (감정가격 대비)	47.8%
최저입찰가	360,126,000원	낙찰가율 (최저입찰가 대비)	106.23%

▌공매정보

자산구분	압류재산	담당부점	조세정리2부
회차/차수	94 - 001	개함일시	2005/12/01 11:00

경매가 이제는 먹을것이 별로 많지 않다는 것은 선수들 사이에서는 이미 공공연한 비밀이다. 아니 이제는 더 이상 비밀도 아니다. 초보투자자들만 못 듣고 있거나, 듣고도 못 들은 체 하고 있을 뿐이다. 감정가격 3억원짜리 아파트에 한번 유찰도 없이 감정가격 100%인 1차 입찰일에 20~30명씩 응찰해서 3억 2~3,000만원에 낙찰되어 버리는 세상이다. 이미 레드오션이다. 필자가 한국자산관리공사 공매물건에 관심을 더 두는 이유가 바로 여기에 있다. 물론 경매물건을 관심이 없다는 말은 아니다.

Chapter 02

법정지상권 뭉개기 전 과정을 생중계 방송

1,700일간 싸움의 판도라 상자를 개봉하는 이유

앞 페이지에서 예고한 바대로 청파동 대지의 낙찰에서 건물매입까지의 전 경기를 생중계로 보여드리겠다. 무슨 말인가. 라이브로 중계되는 생방송이어서 편집이 있을 수 없다. 가감 없이 있는 그대로를 여지없이 보여드리겠다는 것이다.

그럼에도 불구하고 생중계 방송료 치고는 책값이 너무 싸다. 붙일 수만 있다면 경매 책으로는 역사상 최고의 가격을 붙이고 싶다. 그래도 비싸지 않다는 것이 필자의 판단이다. 책값은 페이지가 아니라, 내용으로 정한다면 단군이래로 경·공매 책값으로는 최고의 값을 매겨도 비싸지 않다고 독자여러분도 동의 하실 것 같다. 내용을 읽어 보시면 말이다. 그러나 현실이 그러지 못함을 어쩌랴. 이런 책은 지금까지도 없었고, 앞으로도 나오기 어려울 것이다.

필자 역시도 온라인 동호회 활동과 경·공매 오픈강의를 비롯하여 부동산 관런 강좌를 빠지지 않고 듣고 있는 수강생이기도 하다. 일부강좌의 경우 내용에 신뢰가 가지 않거나, 잘못 설명하는 선생님들도 가끔은 본다. 강의 내용대로라면 실수를 할 수밖에 없는 내용까지도 버젓이 설명하는 선생님들도 있다.

경·공매는 ○백만 원에서 ○○억 원을 투자를 하는 것이고, 자기의 전 재산을 투자하면서도, 손쉽게 투자하고는 잘못된 결과로 회복하기 어려운 부상을 입는 경우를 보고 있다. 여러분들이 지금 가지고 있는 재산 목록을 한번 따져 봐주시기 바란다. 가장 비싼 귀금속이라고 할지라도 가장 작은 부동산보다도 비싸지 않을 것이다. 누가 뭐라고 해도 부동산이 재산 목록 1위라는 사실은 변하지 않을 것이다.

100만원도 안 넘는 휴대폰, 노트북 하나 구입하는 데에 얼마의 시간을 투자하는가. TV는 어떻고, 냉장고는 어떤가. 매장 방문, 전자상가, 휴대폰 전문매장, 인터넷 검색, 주위 사람들의 사용 장·단점 등 정보를 얻기 위해 많은 시간을 투자하지 않는가. 그렇다면 부동산 구입을 위한 낙찰시 투자액수 대비 투자시간을 휴대폰과 노트북에 투자하는 시간을 비례로 환산해 보자. 아슬아슬한 외줄타기를 계속해오고 계셨다는 것을 실감하실 것이다.

경매투자의 진실

시중의 대형서점을 가보면 참 많은 경매관련 책들이 출판되어 있는 것을 볼 수 있다. 한결같은 속삭임은 경매하면 큰 돈 벌 수 있고, 그 안에 금도끼, 은도

끼를 감추고 있다는 식의 허황된 환상과 달콤함으로 가득하다. 그러나 필자가 경험해본 경매세상을 그렇지 않았다. 경매는 그 속성상 같이 잘 먹고 잘 살 수 있는 구조가 아니다. 낙찰 받으려면 경쟁자보다는 한 푼이라도 더 써야하고, 내가 아는 가격정보를 상대방에게 컨닝 당하면 그동안 내가 지불한 수고는 물거품이 되고 만다. 솔직해져 보자. 돈이 된다면 고수들이 배불리 시식하고 한가로이 낮잠을 즐기는 사이에 하수들은 쓰레기 청소나 해야 하는 것이 경매판 이라고 하면 과격한 표현인가. 남에게 물어서는 하세월이다. 여러분들에게까지 돌아갈 것이 뭐가 있겠는가. 경매학원과 동호회에서 운영하는 고만고만한 경매강좌들은 우후죽순처럼 넘쳐나고, 20~30만원짜리 단기 싸구려 경·공매 강의는 발길에 채일 정도로 넘쳐나고 있는 것이 현실 아닌가.

경·공매시장에 법정지상권, 유치권, 공유지분은 양날의 칼이라는 것을 공부를 조금 하신 분들은 금방 동의 할 것이다. 벨 수도 있지만 베일수도 있다. 그런데도 벨 수만 있다고 광고하는 일부 강사님들과 주위 사람들이 넘쳐나고 있다. 허풍을 믿고 달려들었다가 베여봐야 아픔을 안다. 그런 현실이 안타까워 필자라도 '아니라고, 결코 그렇지 않다고!' 소리를 질러 보려고 판도라의 상자를 개봉한 것이다. 전쟁에서 승리하려면 오랜 기간 고된 훈련과 고도의 집중력, 그리고 외롭고 고독한 기나긴 시간과의 싸움에서 이겨내야 한다. 이것이 기본이다. 기본이 충실히 준비되어 있지 않는 승리는 적어도 경매판 에서는 존재하지 않는다.

경매시장에서 말하는 특수물건이라는 녀석들은 동네마트에서 취향에 따라

골라잡을 수 있는 치약, 칫솔이 아니라는 말이다. 당장은 내 목이 아프고 일부에서는 오해도 하시겠지만, 시간이 지나면 충정을 이해하는 사람들이 늘어날 것이다. 안타까운 마음에 사설이 길어졌다. 유능한 강사님들이 더 많다는 것 잘 안다. 또한 무상으로 노하우를 후학양성을 위해 노력하는 강사님들 많다는 것도 역시 잘 안다. 그러나 어떤 경우에도 투자의 결과는 자신의 몫이다. 피나는 노력을 지불한 후에 투자를 하더라도 늦지 않다. 본론으로 들어가자.

건물주가 건물만 낙찰 받은 사건개요

먼저 건물을 낙찰 받은 경락과정 뒷이야기를 보자. 필자는 건물 매수 후 건물주로부터 건물의 경매입찰 경위에 대해서 자세히 들었다.

당시 건물주는 50대 중반의 여성으로 몸이 좋지 않았다. 하루는 서초동 중앙지방법원에 볼일 있어 갔다가, 약을 먹기 위해 인근 사무실에 들러서 식수 한 모금 얻어먹으려했던 것이 '아뿔싸' 였다. 냉수한잔 얻어먹으러 무심코 들어갔던 사무실이 바로 첫 번째 단추를 잘못 끼우게 된 ○○ 경매 컨설팅 사무실이었던 것이다. 냉수한잔 얻어먹고 돌아서려는 초로의 할머니에게 컨설팅회사 직원이 한마디 했다.

- 좋은 경매물건이 있으니 관심 한번 가져보시라고!
- 투자금액 대비 최고의 수익률을 올릴 수 있다고!

그렇게 소개받은 물건이 바로 용산구 청파동의 16세대 다가구 주택이었다. 나중에 필자가 공매로 소유권을 취득한 대지위의 건물이었다. 투자액 대비 수익률이 아주 높고, 낙찰 후 임차인에게 전세 보증금만 받아도, 투자한 돈을 전액 회수가 가능하다는 권유를 받은 것이다. 귀가 솔깃하더란다. 전세보증금으로 투자금액 회수하고, 월세로 수익 올리면 된다고. 듣고 보니 말대로만 된다면 땅 짚고 헤엄치기 식이었다. 비극이 그렇게 시작될 줄은 꿈에도 상상도 하지 못했단다. 일단 정리를 해 보자.

건물만 낙찰받을 당시의 경매정보지

건물만 경매될 당시의 대강의 개요

▶ 대지권 없음

▶ 지층~3층까지

▶ 감정가격 : 385,533,369

▶ 응찰가격 : 407,000,000

▶ 응찰가율 : 105.57%

▶ 응찰자수 : 1명

▶ 특이사항 : 건축업자로부터 공사대금 765,440,000원에 대하여 유치권 신고
　　　　　　 있음

소유권이 이전된 건물 등기부등본

건물] 서울특별시 용산구 청파동

순위번호	등 기 목 적	접 수	등 기 원 인	권 리 자 및
3 (전 3)	임의경매	1999년5월12일 제14216호	1999년5월7일 서울지방 법원 경매개시 결정	채권자 감 　서울 중랑구 면목동 백 　서울 중랑구 망우동 178 순 　서울강북구 지양동 윤 　서울 중랑구 면목동
4 (전 4)	임의경매산청	2000년4월19일 제10590호	2000년4월14일 서울지방 법원 경매개시 결정	채권자 　파산재단 부산 동구 범일동
				부동산등기법 제177조의 6 내지 4번 등기를 2001년 054
5	4번임의경매신청등기말소	2003년1월6일 제319호	2002년12월26일 일부취하	
6	압류	2003년2월21일 제4540호	2003년2월14일 압류(세운13410-1395)	권리자 서울특별시
7	소유권이전	2004년8월30일 제26025호	2004년6월22일 임의경매로 인한 낙찰	소유자 이 　　-4** 서울 성북구 가락2동
7-1	7번등기명의인표시변경		2008년1월15일 전거	이 　 시 주소 서울특별시 2009년11월26일 부기

열람일시 : 2011년02월08일 오후 5시31분38초　　　　　　　2/8

당초 이 건의 진행과정 개요다. 경매정보지의 가격란을 보면 1차 감정(토지, 건물일괄매각)일 때 가격은 850,331,960원이었다. 무슨 이유인지 알 수 없지만, 토지는 매각대상에서 제외되어 건물만 경매가 진행되었다. 대지를 제외한 건물가격은 385,553,960원으로 조정되었다. 이런 조건에서 건물에는 공사비를 이유로 765,440,000원이 유치권신고가 되어 있었다.

등기부등본은 경매로 이○○씨가 건물 소유권을 취득한 내용을 보여주고 있다. 소유권 취득을 보여주는 건물등기부등본의 순위번호 7번을 보면 두 가지 사항을 알 수 있다. 하나는 2004년 6월에 낙찰 받았다는 것과, 또 하나는 소유자가 외국 영주권자라는 점이다. 일단 여러분은 소유자가 외국 영주권자라는 점을 꼭 기억해 주셨으면 한다.

이 물건을 2004년 5월에 407,000,000(감정가격대비 105,%)에 낙찰 받은 사람이 이○○씨다. 나중에 건물을 두고 '용호상박'의 나와 멋진 싸움을 한판 벌일 거물급 변호사를 선임한 사람이다. 개념정리를 굳이 하자면 그녀는 프로축구구단의 '구단주'에 해당한다.

407,000,000원에 낙찰받아 소유권을 취득한 이○○씨와 전면전을 벌려야 하는 상황이 된 것이다. 왼쪽 페이지의 등기부상 순위번호 17번 처분금지 가처분 권리는 지금 상태에서는 독자 여러분은 무시하셔도 된다.

연결되지 않는 두 장의 부동산 등기부

14	임의경매개시결정	2007년9월28일 제34407호	2007년9월27일 서울서부지방법원의 경매개시결정(2007타경	채권자 김 ○○ 안산시 상록구 사동1344
15	10번가처분등기말소	2008년3월3일 제8629호	2008년2월18일 해제	
16	14번임의경매개시결정등기말소	2008년5월30일 제23128호	2008년5월27일 취하	
17	가처분	2008년6월25일 제27054호	2008년6월24일 서울서부지방법원의 가처분결정(2008카합)	피보전권리 토지소유권에 기 대한 철거 청구권 채권자 최화 서울 강남구 개포동1 김규순 서울 강남구 개포동1 금지사항 매매, 증여, 전세권 기타일체의 처분행
18	강제경매개시결정	2008년10월27일 제42547호	2008년10월27일 서울서부지방법원의 강제경매개시결정(2008 타경	채권자 최화 서울 강남구 개포4동11 김규순

일시 : 2011년02월08일 오후 5시31분38초   4/8

14번 임의경매사건은 필자와는 관계가 없지만, 설명하기로 한다. 필자가 공매로 낙찰 받은 토지의 전 소유주 김○○씨와 채권 양도 - 양수 관계에서 채권자 김○○이 승계집행문을 가지고 임의경매를 신청한 것이다(아래 그림파일 참고).

이 정본은 재판장의 명에 의하여 피고 이 ○ 에 대한 강제집행을 실시하기 위하여 원고 김 ○의 승계인 김 ○ 에게 내어준다.

2006. 3. 30.

위 사건의 판결문은 대지의 전 소유자로부터 채권양도를 받아 승계집행문을 부여받은 사람이 2007년 건물에 대하여 강제집행신청을 하면서 첨부자료로 제출한 것을 입수한 것인데, 저자 또한 2007년에 같은 건물에 대하여 강제집행을 신청하여 이해관계인 자격이 있었으므로 열람·복사가 가능하였다.

필자가 대지를 공매시장에서 낚시질

필자가 대지를 낙찰 받기 전에 건물이 경매로 낙찰된 내역이다. 경매정보지를 정리해보자. 건물 소유자는 2004년에 지상의 건물을 경매컨설팅업체로부터 소개받아 입찰하여 감정가의 105%인 4억7백만원에 낙찰 받았다. 물건명세서에 유치권과 법정지상권 성립여부에 관한 기재가 있었으나, 건물 소유자는 감정가격을 넘겨 낙찰을 받고 말았다(감정가를 넘긴 이유에 대해서는 여러분들의 상상에 맡김). 건물만 경매된 경매사건에서 낙찰자는 감정가를 넘겨서 낙찰을 받았다.

냉수 한 잔 얻어먹은 값치고는 꽤나 비싼 대가를 치른 셈이다. 건물을 날린 대지 소유자는 2004년 건물을 낙찰받은 건물 소유자를 상대로 토지인도 및 철거 소송을 제기하여 원고 일부 승소를 하였으나, 건물 소유자에게 법정지상권이 인정되어 건물철거는 진행하지 못하고 대지의 지료만 지급받을 수 있었다. 그러다가 이번에는 대지가 공매시장에 매물로 등장한 것이 필자의 안테나에 걸린 것이다.

건물 소유자가 재일동포로 영주권자란다. 이 부분만 확대해서 좀 더 살펴보자.

| 7 | 소유권이전 | 2004년8월30일
제26025호 | 2004년6월22일
임의경매로 인한 낙찰 | 소유자 이   -4******
서울 송파구 가락2동 |
| 7-1 | 7번등기명의인표시변경 | | 2008년1월15일
전거 | 이   의 주소 서울특별시 용산구
2009년11월26일 부기 |

열람일시 : 2011년02월08일 오후 5시31분38초   2/8

소유자 표시의 주민등록 번호란을 보면 xxxxxx-4xxxxxx이다. 4로 표기된 것은 외국인 부동산등기용 등록번호임을 나타내고, 판결문상 주민등록 번호란은 xxxxxx-6xxxxxx인데 6으로 표기된 것은 소유자가 영주권자거나 외국인 거소 신고번호임을 알 수 있다. 영주권자라면 말이 우리나라 사람이지 실제로는 외국인과 별반 다를 게 없다. 왜냐면 영주권을 받은 나라에서 평생 살아도 되기 때문이다. 그런데 건물철거소송에 영주권자가 무슨 상관이 있다고 한가롭게 '국적' 타령이냐고 야단하시는 분들이 계실 것 같다. 그러나 중요한 문제다. 민사소송에서 중요한 핵심 사항이 바로 '송달' 문제다.

어떤 식으로든 채무자나 피고에게 적법한 절차를 통해 재판이 시작되었다는 사실을 반드시 통보하여야 한다. 이는 경매도 마찬가지다. 채무자나 보증인에게 경매개시결정 송달 없이 경매가 진행되지 않는다. 만약 송달 없이 진행된 경매는 절차상 하자로 취득한 소유권에 문제가 될 수도 있다.

제1심소송인 건물철거를 위한 소송의 대법원 홈페이지 사건내역의 출력물을 보면, 수차례 주소보정, 특별송달신청, 청구취지변경을 하고 있다. 소장 부본 송달이 되지 않아서 공시송달로 진행하여 확정된 사건임을 알 수 있다. 내국인의 주소보정은 보정명령서를 가지고 가까운 동사무소를 가면 주소확인이 가능하나, 건물 소유자가 내국인의 신분이 아니었기 때문에 출입국사무소에 가서 주소보정에 필요한 서류를 발급받는 다는 것은 번거롭기 그지없는 일이었다.

송달의 절차와 중요성

▪ **일반송달의의**

당사자 기타 소송관계인에게 소송상의 서류의 내용을 알 수 있는 기회를 주기 위하여 법원의 방식에 따라 하는 통지행위, 당사자의 절차보장의 기본 가운데 중요한 하나이다.

① 우편송달 : 법원사무관등이 소송서류를 송달장소에 등기우편으로 발송하는 송달방법, 발송시 송달된 것으로 본다(발신주의).

② 재송달 : 법원의 보정명령에 대하여 기존주소나, 다른 주소를 알 경우 송달장소 변경 및 기존주소지로 다시 송달 하는 것이다.

③ 특별송달 : 원래법률용어는 집행관송달이 정확한 표현이다. 법원의 우편송달로 인하여 폐문부재나 주소지에 살고 있으면서도 송달을 거부하는 경우 송달이 지연되어 소송이 지연 될 수밖에 없다. 법원의 주소보정명령서를 동사무소에 제출하여, 주민등록 초본을 발급받아 집행관 송달을 신청한다. 우편물에 의한 송달에 비하여 집행관 송달은 관할 구역 내 신속, 정확한 배달을 기대 할 수 있고, 공휴 일이나 해뜨기 전 후 송달을 실시가능, 송달의 일시를 지정하여 송달하는 것도 가능하다.

집행관에 의한 송달의 방법은 주간송달과 야간송달로 구별된다. 통상적으로 집행관 송달시 주간송달을 신청하며 미 송달시, 상대방이 직장인 일 수 있으므로 야간 송달을 신청하면 되는 것이다. 송달장소가 법원의 관할지역이 아니면, 담당법원 집행관실에서 관할법원 집행관실로 송달을 의뢰한다.

④ 공시송달 : 신청자가 상대방의 송달을 위해 노력한 내용을 주소보정 몇 0회 집행관송달 몇 0회 상대방의 주민등록 초본을 입증자료를 첨부하여, 신청인은 상대방의 송달을 위해 최선을 다하였으나, 상대방의 주소를 더 이상 찾을 수 없을 때, 담당 재판부에 공시송달을 청하면 재판부에서 검토하여, 공시송달 허가여부를 판단하는 것이다.

공시송달이 결정되면 법원게시판에 2주간 공시하여 개시하고, 2주후에도 상대방이 소장을 찾아가지 않으면 재판부에서는 송달된 것으로 처리하고 법원 재판부에서 순차적으로 사무를 진행을 하게 된다.

민법 제18조(주소)

① 생활의 근거되는 곳을 주소로 한다. ② 주소는 동시에 두 곳 이상 있을 수 있다.

제19조(거소)

주소를 알 수 없으면 거소를 주소로 본다.

제20조(거소)

국내에 주소 없는 자에 대하여는 국내에 있는 거소를 주소로 본다.

제21조(가주소)

어느 행위에 있어서 가주소를 정한 때에는 그 행위에 관하여는 이를 주소로 본다.

외국인, 재외국민 부동산 등록번호

부동산 등기법 제41조의2(등록번호의 부여 절차)

① 등기권리자의 성명 또는 명칭과 함께 적어야 할 부동산등기용 등록번호(이하 "등록번호"라 한다)는 다음 각 호의 방법에 따라 부여한다.

2. 주민등록번호가 없는 재외국민에 대한 등록번호는 대법원 소재지 관할 등기소의 등기관이 부여하고, 법인에 대한 등록번호는 주된 사무소(회사의 경우에는 본점, 외국회사의

경우에는 국내영업소를 말한다) 소재지 관할 등기소의 등기관이 부여한다.

4. 외국인에 대한 등록번호는 체류지(국내에 체류지가 없는 경우에는 대법원 소재지에 체류지가 있
   는 것으로 본다)를 관할하는 출입국관리사무소장이나 출입국관리사무소출장소장이 부
   여한다.

② 제1항제2호에 따른 등록번호의 부여 절차는 대법원규칙으로 정하고, 제1항제3호 및 제4
호에 따른 등록번호의 부여 절차는 대통령령으로 정한다.

승계집행문

민사집행법 제31조(승계집행문)

① 집행문은 판결에 표시된 채권자의 승계인을 위하여 내어 주거나 판결에 표시된 채무자
의 승계인에 대한 집행을 위하여 내어 줄 수 있다. 다만, 그 승계가 법원에 명백한 사실
이거나, 증명서로 승계를 증명한 때에 한한다.

② 제1항의 승계가 법원에 명백한 사실인 때에는 이를 집행문에 적어야 한다.

관련판례

대법원 1995. 12. 11. 선고 95마1262 결정〔부동산임의경매신청기각〕

건물 없는 토지에 저당권이 설정된 후 저당권설정자가 그 위에 건물을 건축하였다가 담보
권의 실행을 위한 경매절차에서 경매로 인하여 그 토지와 지상 건물이 소유자를 달리하였
을 경우에는, 민법 제366조의 법정지상권이 인정되지 아니할 뿐만 아니라 관습상의 법정지
상권도 인정되지 아니한다.

Chapter 03 팔자도 기구한 청파동 다가구 주택

이 땅의 주인은 필자와 집사람이다.

이제 이 땅의 주인은 필자와 집사람이다. 앞의 공매사건을 통해 대지 소유권을 취득한 것은 이미 확인하셨다. 말만 앞세우는 광대가 아니라는 것을 실전투자 사례로 보여드렸다.

깔끔하고 예쁘게(하자보수 후) 서있는 청파동 다가구주택 전경

그러나 본 게임은 지금부터라는 것을 여러분들도 느끼실 것이다. 본 게임인 전투 현장으로 여러분을 초대한다. 공매로 낙찰받은 법정지상권 성립여지 있는 용산구 청파동 다가구주택의 전쟁터를 생중계 해드리겠다는 것이다. 고기도 먹어본 사람이 맛을 알고, 전쟁도 해본 사람이 비참함을 안다는 말이 빈말이 아니다. 수억원 걸어 놓고 피 말리는 경·공매 전쟁을 해보지 않고서야 경·공매가 주는 스릴과 아찔함을 어떻게 알 것인가. 시중의 말로만 '벌었다는' 책들과는 차별성이 극명하게 드러나는 순간이다.

지방 중소도시에 있는 감정가격 6~7천만원짜리 다세대, 연립 경매물건 2~3건 낙찰 받고, 2~300만원 들여 울고 불고 살려달라는 애기 업은 새댁 강제 명도하고서 마치 개선장군처럼 허풍을 떠는 그런 싸구려 소설책이 아니다. 그런 정도 투자로 매월 받는 월세가 연봉이라느니, 팔자를 고쳤다느니 하는 책에 익숙한 독자들은 충격을 받지 않을 수 없을 것이다. 1,700일간 전투의 전 과정을 빼거나 보태지 않고, 있었던 그대로를 생중계해 드리겠다.

결승전이 열리는 경기장은 대법원이다. 나의 파트너는 전관예우를 한 몸에 받는 거물급 변호사다. 필자는 예선전부터 결승전까지 모든 경기를 나 홀로 소송을 통해 진행했다. 몸값에서 도저히 비교가 안 되는 선수끼리의 경기가 시작되고 있는 것이다. 어쩌면 손에 땀이 잡히지 않는 경기처럼 보인다. 너무나 쉽게 끝나버릴 것 같이 보인다는 말이다. 필자와 거물급 변호사가 펼치는 이 게임의 결과는 누가 봐도 뻔(?)한 것처럼 보일 수 있었다. 얼마 전에 국내 프로축구 'K리그'의 승부조작 파문으로 여러 사람이 다쳤다. 큰 파문이 일었다. 승부조작의 본질은 경기결과를 사전에 알고 싶다는 것이 전부다. 그래서 이런 저런 무리수를 둔 것이 다름 아닌 결과 만들기인 '승부조작'이었다. 필자와 거물급 변호사가 벌이는 게임에서 경기결과에 돈을 건다면 어떤 쪽으로 사람들이 몰릴까는 보지 않아도 보인다. 배당금은 작겠지만 확률은 높을 것이라고 몰려갈 것이 보인다. 그러나 결과는 경기가 끝나봐야 알게 된다. 명불허전이라는 말이 빈말이 될 수도 있다.

중간 부분을 생략한 등기부 등본

순위번호	등 기 목 적	접 수	등 기 원 인	권 리 자 및 기 타 사 항
				서울 강남구 개포4동1-
19	11번가압류등기말소	2009년3월10일 제8471호	2009년2월18일 취소결정	
20	가압류	2009년4월8일 제12612호	2009년4월8일 서울서부지방법원의 가압류 결정(2009카단	청구금액 금3,449,920 원 채권자 (선정당사자)최하 서울특별시 강남구 개포동-1 (선정자)김규순 서울특별시 강남구 개포동-1
21	가압류	2009년7월3일 제25942호	2009년7월3일 서울서부지방법원의 가압류결정(2009카드	청구금액 금20,000,000 원 채권자 김- 서울 용산구 서계동-
22	21번가압류등기말소	2009년9월9일 제34453호	2009년9월1일 해제	
23	소유권이전	2009년11월26일 제43314호	2009년11월25일 매매	소유자 최희 서울특별시 강남구 도곡동 183- 거래가액 금200,000,000원
24	18번강제경매개시결정등기말소	2009년12월1일 제44962호	2009년11월26일 취하	
25	13번강제경매개시결정등기말소	2009년12월1일 제44967호	2009년11월26일 취하	

[건물] 서울특별시 용산구 청파동 | 고유번호 1142-1996-

열람일시 : 2011년02월08일 오후 5시31분38초 | 5/8

앞 페이지의 등기부등본과 비교를 해보면 중간부분을 생략하고 있는 것을 볼 수 있다. 건물 등기부 23번을 보시고 여러분들이 여기에 오기까지 어떤 일들이 있었을까를 추측해 보시기 바란다(대지낙찰 2005.12.01). 하나씩 풀어가 보자.

대지 소유자로서 건물 소유자를 상대로 한 소송

예선전이 시작되고 있다. 대지를 낙찰 받은 후에 소송을 제기하기 위하여 건물 소유자에게 내용증명을 보내면서 우편물 배달증명서를 신청하여 받아본 결과 본인이 직접 수령한 것을 알 수 있었다.

예선전인 1심에서는 뜻밖의 결과가 나왔다. 필자가 완승을 거둔 것이다. 다윗이 골리앗을 사냥해버린 꼴이고, 고등학교 축구부가 국가대표를 상대로 3:0으로 이겨버린 꼴이 되어 버렸다. 판돈을 잘못 건 얼치기 노름꾼들이 땅을 치고 있다. 필자에게 판돈을 걸었다면 수십~수백 배의 당첨금을 돌려 받았을 텐데 하고 말이다. 그러나 아직은 실망하지 마시기 바란다, 준결승전-결승전으로 이어지는 흥미진진한 게임이 아직도 남아있다.

제1심 소송 확정 후 통상적인 항소기간이 지나 판결이 확정되었지만 문제는 송달이었다. 결국 건물 소유자에 대한 공시송달로 추완 항소가 받아들여져서 제2심을 진행할 수 있었다. 이어서 건물 소유자를 상대로 건물철거, 토지인도 및 지료청구 소송을 제기하여 전부 승소판결을 받았다.

제3심에서 건물 소유자의 대리인은 상고이유서 제출 시 대지의 전 소유자와 건물 신축 시공사와의 건축계약서, 공사대금 지불을 위한 약속어음 등 수 많은 자료들을 첨부하였으나 대법원은 이를 받아들이지 않았다. 왜냐하면 상고심은 법률심이므로 모든 사실관계 자료는 항소심까지 제출하여야 하기 때문이다.

건물주와 필자가 벌인 혈전의 현장들

10	가처분	2006년5월22일 제20055호	2006년5월18일 서울서부지방법원의 가처분결정(2006카합	피보전권리 건물철거 및 토지인도청구권 채권자 최화 서울 강남구 포이동-1 김규순 서울 강남구 포이동-1 금지사항 양도, 담보권설정, 기타 일체의 금지
11	가압류	2006년5월22일 제20060호	2006년5월18일 서울서부지방법원의 가압류 결정(2006카단	청구금액 금25,100,000원 채권자 최화 서울 강남구 포이동-1 김규순 서울 강남구 포이동-1
12	9번강제경매개시결정등기말소	2007년1월5일 제572호	2006년12월29일 취하	
13	강제경매개시결정	2007년3월15일 제9438호	2007년3월12일 서울서부지방법원의	채권자 최화

일시 : 2011년02월08일 오후 5시31분38초   3/8

앞의 건물등기부 등본의 순위번호 23번 이전의 일들이다. 등기부의 순위번호 10번, 11번, 13번 보면 대강 윤곽이 잡힐 것이다. 채권자가 필자와 집사람이다. 10번은 건물철거와 토지인도를 목적으로 한 가처분이고, 11번은 토지지료를 원인으로 가압류한 사건이다. 13번 강제경매는 2006가단 ○○ ○○ 건물철거 및 토지인도 토지지료 소송에서 원고 승소판결(필자의 승소)이 2007.02.28 선고되었다. 판결 결정문은 원고인 필자에게 송달되었고, 피고인 건물주에게는 공시송달로 처리되어 강제집행을 한 것이다. 필자는 2007.03.09 집행문을 받아 2007.03.12일에 1심 판결문 중 가집행을 할 수 있다는 주문에 따라 강제경매를 신청하여 건물주와 전면전에 돌입한 것이다.

송달증명기록들

2007.03.09	원고 최 희 송달증명	2007.03.09 발급
2007.03.09	원고 최 희 집행문부여신청	2007.03.09 발급
2007.03.13	원고 김귀순 집행문/송달/확정증명	2007.03.13 발급
2007.03.19	원고 김귀순 집행문부여신청	2007.03.19 발급
2007.03.19	원고 최 희, 김귀순 송달증명	2007.03.19 발급

순위번호 17번 가처분과 18번 강제경매개시결정등기

| 17 | 가처분 | 2008년6월25일 제27054호 | 2008년6월24일 서울서부지방법원의 가처분결정(2008카합 | 피보전권리 토지소유권에 기한 방해배제로서의 건물에 대한 철거 청구권 채권자 최희 서울 강남구 개포동1: 김귀순 서울 강남구 개포동1: 금지사항 매매, 증여, 전세권, 저당권, 임차권의 설정 기타일체의 처분행위 금지 |
| 18 | 강제경매개시결정 | 2008년10월27일 제42547호 | 2008년10월27일 서울서부지방법원의 강제경매개시결정(2008 타경 | 채권자 최희 서울 강남구 개포4동11 김귀순 |

일시 : 2011년02월08일 오후 5시31분38초   4/8

등기부등본 순위번호 17번의 가처분은 10번 2006.05.22자 2006 카합 ○○○은

13번 2007.03.25자이고, 2007타경 ○○○○사건 진행시 선순위 가처분으로서, 15

번 2008.03.03 해제를 이유로 말소 되었다.

부동산처분금지가처분 결정문

제21민사부

결 정

등본입니다.
201 ○○○. ○○월2 6 일
서울서부지방법원
법원주사 송

사 건   2008카합   부동산처분금지가처분

채 권 자   1. 최
             서울 강남구 개포동 1

           2. 김
             서울 강남구 개포동 1

채 무 자   이
             서울 용산구 서계동
           등기부상주소   서울 송파구 가락2동   301호

주 문

채무자는 별지 기재 부동산에 대하여 매매, 증여, 전세권·저당권·임차권의 설정 기타
일체의 처분행위를 하여서는 아니된다.

피보전권리의 내용   토지소유권에 기한 방해배제로서의 건물에 대한 철거 청구권

이 유

이 사건 부동산처분금지가처분 신청은 이유 있으므로 담보로 공탁보증보험증권(서울보증보
험주식회사 증권번호 제 100-000-200802463592호,최희외 1)을 제출받고 주문과 같이 결정한
다.

2008. 6. 24.

재 판 장 판 사   김

판 사   장

판 사   김

대지소유권을 취득한 다음 건물소유주에게 건물철거와 지료청구소송을 통해 승소판결을 받은 다음, 이를 근거로 건물소유자를 상대로 다시 '부동산처분금지가처분' 신청을 하여 받은 결정문이다.

　청구내역은 이 결정문의 주문을 보면 알 수 있다. 즉 채무자(건물주)는 이 부동산의 건물에 대해 매매, 증여, 전세권, 저당권, 임차권의 설정 기타 일체의 처분행위를 금지하고 있다. 형식적으로는 소유권을 보유하고 있지만, 소유자로서의 처분권한 일체를 박탈당한 것이다. 건물주가 해당 건물을 마음대로 처분하지 못하도록 발목을 확실히 잡는데 성공한 것이다. 일단 싸움에서 유리한 고지를 점령한 것이다. 이것이 핵심이다.

순위번호 18번 강제경매개시결정

강제경매개시결정에 관한 내용을 정리해서 설명해 보기로 하자.

서 울 서 부 지 방 법 원
결 정

사 건   2008카확   소송비용액확정

신 청 인   1. 최
             서울 강남구 개포동

           2. 김
             서울 강남구 개포동

피신청인   이
             서울 용산구 서계동

주 문

위 당사자 사이의 이 법원 2007. 2. 28. 선고 2006가단   , 2007. 9. 13. 선고

2007나   대법원 2008. 2. 1. 선고 2007다   건물철거등 사건 판결에 의하여

피신청인이 상환하여야 할 소송비용액은 금   원 임을 확정한다.

이 유

주문기재의 위 사건에 관하여 신청인이 그 소송비용액의 확정을 구하여온 바, 피신청인이

부담하여야 할 소송비용액은 별지 계산서와 같이 금   원임이 인정되므로

민사소송법 제 조 제 항, 제 조를 적용하여 주문과 같이 결정한다.

2008. 8. 20.

사 법 보 좌 관 강

등기부등본의 18번의 강제경매신청은 2006 가단 ○○○○은 건물철거소송에서 최종심인 대법원의 확정 판결로 인하여, 그 동안 소송과정에서 소용된 비용의 확정결정문을 가지고 강제집행을 실시한 것이다.

그 이유는 여러분이 앞장에서 보았듯이 2007 타경 ○○○○의 경매진행사건은 정지 상태로 더 이상 경매진행이 되지 않고 있었다. 추후 뒷부분에서 다시 설명하겠지만, 토지지료소송인 2심의 서울서부지방법원 항소부의 소송도중에 피고인 건물주의 대리인 변호사에 의해 잠정처분과 공탁으로 인하여 2007 타경 ○○○○사건은 정지 상태였다.

앞의 등기부등본과 이 등기부등본을 비교

47, 49, 50 페이지의 등기부등본과 이 등기부등본을 비교해 보자.

20	카압류	2009년4월8일 제12612호	2009년4월8일 서울서부지방법원의 카압류 결정(2009카단	청구금액 금3,449,920 원 채권자 (선정당사자)최화 서울특별시 강남구 개포동 (선정자)감규순 서울특별시 강남구 개포동
21	카압류	2009년7월3일 제25942호	2009년7월3일 서울서부지방법원의 카압류 결정(2009카	청구금액 금20,000,000 원 채권자 김 서울 용산구 서계동
22	21번가압류등기말소	2009년9월9일 제34453호	2009년9월1일 해제	
23	소유권이전	2009년11월26일 제44314호	2009년11월25일 매매	소유자 최희 서울특별시 강남구 도곡동 거래가액 금200,000,000원
24	18번강제경매개시결정등기말소	2009년12월1일 제44962호	2009년11월26일 취하	
25	13번강제경매개시결정등기말소	2009년12월1일 제44967호	2009년11월26일 취하	

건물주는 필지뿐만 아니라 다른 사람과도 싸움을 하고 있는 것을 알 수 있다. 21번을 보기로 하자. 용산구 서계동 김○○씨가 가압류 한 것을 확인 할 수 있다. 김○○씨는 건물주의 서계동 단독주택의 임차인으로서 만기가 지나서도 보증금 반환이 안 되어 이사를 못하고 있던, 임차인이 서계동과 청파동 다가구 주택을 가압류한 사건이다.

21번의 가압류 주소지를 보면 재미있는 점을 볼 수 있다. 이 다가구를 필자에게 매도 한 후에 건물주와 아들이 이 주택으로 이사(21번)를 하였다. 필자는 새로운 보금자리로 이동(필자의 다가구 주택 B02, B03에서 거주)하는 모자에게 특별한 선물을 해 줄 것이 없어, 21번 가압류권자의 주소지는 건물주 소유인 단독주택 용산구 서계동 1층 도배와 이사비용을 지출하여 주었다.

23번 건물등기부를 보면 필자 단독 소유로 소유권이 이전되고 있음을 볼 수 있지만, 앞장에서 보았듯이 토지 등기부와는 차이가 있다. 전체대지 중 5분의 1의 소유권은 필자 명의로, 5분의 4는 집사람인 김귀순으로 된 것을 확인할 수 있다. 23번에서 보듯이 건물은 건물소유자와 합의를 통해 매매로 소유권을 취득하였다. 따라서 순위번호 23번 이후는 전쟁이 끝난 관계로, 만화책처럼 낙서가 많았던 등기부를 깨끗한 백지처럼 정리한 모습이다. 경·공매로 소유권을 이전하는 방법은 매매로 이전할 때와는 다르다. 낙찰자가 부담하지 않아도 되는 등기부상 모든 권리는 촉탁말소대상이다. 이 부동산의 경우 토지는 '경락'으로 건물은 '일반매매'로 소유권이전 작업이 진행되고 있는 것을 볼 수 있다.

전쟁은 끝이 났다

등기부순위번호 23번으로 모든 경기가 종료되었다는 것이다. 즉 수십 번의 전투를 통해 마침내 완강하게 버티던 건물주로부터 항복문서를 받아낸 것이다. 매매형식을 통해 건물을 매입하였다. 매입가격은 등기부에 표시된 것처럼 2억원이었다. 이 대목에서 여러분들은 건물주가 얼마에 낙찰 받았던가를 기억해 주시면 된다. 비싸게 낙찰 받아 싸게 매각하지 않으면 안 되는 상황이다. 전쟁에서 지고 적장 앞에 무릎을 꿇고 피눈물을 쏟으면 목숨만 살려달라고 애걸하는 무능한 왕과 다를 바가 뭐가 있겠는가.

건물주는 땅을 치며 후회하지만, 한국 속담에 '죽은 자식 불ㅇ 만진다' 는 말이 있듯이 죽은 자식이 돌아오는 것은 아니지 않는가. 매매계약서에는 어쩔 수 없이 사인을 하면서도 못내 아쉬워하는 기색이 역력했다.

다 지나가 버린 것을 지금 회상하면 무얼 합니까~!

이제라도 이를 전화위복의 기회를 발판삼아서 복귀하면 될 것이라고 진심어린 위로를 드렸다. 악어의 눈물이 아니냐고 말하실 분들도 계시겠지만 필자의 진심이었다. 다시 기사회생하시기를 바라는 마음의 말이다.

필자에게는 경, 공매 8년 동안 이렇게 높은 수익률이 없었으며, 앞으로도 발생할 확률이 낮다고 생각된다. 이 물건의 행운을 나에게 안겨준 것은 388페이지에서 소개하게 될 하월곡동 사건이다. 하월곡동 물건에 입찰했다가 떨어졌지만 오히려 패찰이 복이 되었다. 만일 하월곡동 사건에서 낙찰을 받았다면 그 또한 높은 수익은 맛 보았겠지만, 자금조달 때문에 청파동 대지입찰을 강행하기 어려웠을 것이다. 입찰보증금은 어떻게든 해결하였겠지만, 잔금 조달에서 상당한 어려움을 겪었을 것이다. 이는 하월곡동 물건의 보상시기를 보면 알 수 있다. 전화위복이라는 말을 실감하게 된다.

미리 전체를 보여드렸다. 지금부터는 구체적으로 어떤 전략과 전술을 동원해서 개개의 전투를 치렀는지 함께 참관하자.

가집행

본집행과 가집행

본 집행은 채권자에게 종국적 만족을 주는 집행이며, 가집행은 채권자에게 가정적, 잠정적 만족을 주는 데 불과한 집행으로서 상급심에서 가집행의 선고 또는 본안판결이 최소, 변경 되면 바뀌는 한도에서 그 효력을 잃는다(민소 215조 1항). 다만 본집행이나 가집행이나 모든 집행의 만족적 단계까지 도달(만족집행)함에는 차이가 없고 이 점에서 보전집행과 구별된다.

04 소송의 또 다른 암초 송달과의 전쟁

내용증명과 판결문 전체를 보여드리기는 어렵다

저자는 잔금 납부 후 2005년 12월에 등기부상의 소유권 이전 작업을 완료했다. 건물주와의 싸움에서 칼자루를 쥔 것이다. 본격적인 전쟁을 시작하기 위한 유리한 고지를 선점한 것이다. 소유권 취득 후 2005년 12월 22일자 내용증명으로 첫 포문을 열었다. 내용은 '건물철거' 와 '토지인도' 가 주된 내용이었다. 2005년 12월 28일자 내용증명 송달증명원을 보면 수취인이 건물주라는 것을 알 수 있다. 참고로 송달의 종류를 보자. 여러분은 상황에 적당한 송달방법을 구사하면 된다.

송달(送達)의 종류

1. 교부송달 : 직접 건네 줌, 송달의 원칙.
2. 조우송달 : 송달 받을 사람을 송달 받을 장소 이외의 곳에서 만난 때에 송달서류를 교부하는 것.
3. 보충송달 : 송달 받을 장소에서 송달 받을 사람을 만나지 못했을 때 그 수

령대행인에게 송달서류를 교부하는 것.

4. 유치송달 : 송달 받을 사람이 정당한 사유 없이 송달받기를 거부하는 때 송달할 장소에 서류를 두어 교부.

5. 발송송달 : 송달장소를 알 수 없거나, 유치송달이나 보충송달을 할 수 없는 때 발송함으로서 송달된 것으로 간주.

6. 공시송달 : 당사자의 주소, 근무 장소 등을 알 수 없거나 일정조건에서 외국에 송달하여야 하는 경우, 보충적, 최후적 방법.

7. 민사소송규칙상의 특례 : 전화 등에 의한 송달, 변호사 사이의 직접 송달

우편물 배달증명원

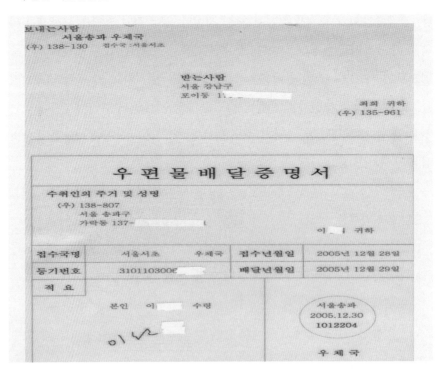

전혀 예상하지 못한 뜻밖의 암초

순항하던 것처럼 보이던 소송에서 전혀 예상하지 못한 복병이 나타났다. 전혀 예상하지 못한 곳에 매복병이 잠복해 있는 것처럼 말이다. 소송 진행의 핵심인 송달이 제대로 들어가지 않는 불상사가 발생한 것이다. 1심을 진행하던 중 건물주에게 보낸 '특별송달' 마저 먹혀들어가지 않았다. 건물소유자가 재일교포(재외국민)였다. 국적은 한국 사람이지만 주된 주소지가 동경인 재일교포였다.

참고로 내국인의 주민등록증에는 다음과 같이 분류하고 있다.

앞은 생년월일이고 - 1 2 3 4 5 6 중
▶ '1' 은 2000년 이전에 태어난 대한민국 국적의 남자고,
▶ '2' 는 2000년 이전에 태어난 대한민국 국적의 여자고,
▶ '3' 은 2000년 이후에 태어난 대한민국 국적의 남자고,
▶ '4' 는 2000년 이후에 태어난 대한민국 국적의 여자를 표시하는 구별법이다. 국내거주 동포나 외국인에게는 표시방법이 다르다.
▶ '5' 는 남자다. (국내거주 동포나 외국인에게는 별도 표시의 국내거소증이 발급된다.)
▶ '6' 은 여자다. (국내거주 동포나 외국인에게는 별도 표시의 국내거소증이 발급된다.)

앞에서도 언급한 것처럼 부동산 등기부의 소유자란을 잘 봐주시기 바란다. 주민번호 뒷부분 첫 자리가 '4' (외국인 부동산 등록번호)로 시작되고 있다. 송달이 쉽지 않게 된 것이다. 물론 그런다고 방법이 없는 것은 아니다. 특별송달이 송달불

능에 빠지자 필자는 다음 카드를 빼 들었다. 공시송달이다. 상대방의 소재나 수취거부로 송달불능상태에 빠지면 효과적으로 사용할 수 있는 카드가 바로 '공시송달'이다. 공시송달로 밀고 나갔다. 예상대로 효과만점이었다. 송달불능으로 인하여 공시송달로 사건이 종결되었다. 1심이 마무리되는가 싶었다. 그러나 이렇게 쉽사리 끝날 전투가 아니라는 것은 이미 예상 가능한 대목이었다.

건물주가 공시송달을 이유로 추완항소 제기

피고인 건물주(대리인 변호사)가 공시송달을 이유로 추완항소를 제기했다. 2라운드가 시작된 것이다.

먼저 1심 내역을 잠깐 보자.

▶ 2006.06.28 청구취지 및 청구원인 변경신청

▶ 2006.08.18 감정신청 제출

▶ 2006.10.12 감정인 류○○ 수수료납입통지 제출

위 3개의 날짜를 보면 건물철거 등에서 등은 지료청구가 숨어있고, 2006.06.28일에 청구취지 및 청구원 변경신청을 통해 지료를 추가하였다(2006가소 0000 토지지료 소 취하로 인하여). 소송 진행기록을 보면 1심 소송 도중에 청구취지 변경 및 정정이 3회 등장하지만 소송 진행과는 직접 상관이 없다. 따라서 그 내용에 대한 설명은 생략한다.

청구취지 변경 및 정정이 3회 신청된 소송기록

사건번호	2006가단3		사건명	건물철거등
원고	최 회 외 1명		피고	이·
재판부	민사3단독( )			
접수일	2006.01.13		종국결과	2007.02.28 원고승

진행내용   제출서류 ▾ | 선택

일 자	내 용	결 과
2006.03.20	원고 최 회외1 특별송달신청 제출	
2006.03.22	원고 최 회외1 기타 제출	
2006.05.01	원고 최 회외1 특별송달신청 제출	
2006.06.28	원고 최 회외1 청구취지 및 청구원인변경신청 제출	
2006.08.18	원고 최 회외1 감정신청 제출	
2006.08.22	원고 최 회외1 준비서면 제출	
2006.10.12	감정인 류! ᆞ 수수료납입통지 제출	
2006.11.24	원고 최 회외1 청구취지변경신청 제출	
2006.12.22	원고 최 회외1 청구취지정정신청 제출	
2007.03.09	원고 최 회 송달증명	2007.03.09 발급
2007.03.09	원고 최 회 집행문부여신청	2007.03.09 발급
2007.03.13	원고 김귀순 집행문/송달/확정증명	2007.03.13 발급
2007.03.19	원고 김귀순 집행문부여신청	2007.03.19 발급
2007.03.19	원고 최 희, 김귀순 송달증명	2007.03.19 발급
2007.03.22	원고 최 희, 김귀순 확정증명	2007.03.22 발급
2007.04.03	피고대리인 이· !, 이! ᆞ, 김! !, 윤! ᆞ, 정! ! 추후 보완 항소장 제출	

▶ 2007.02.28 선고가 된 것을 알 수 있고

▶ 2007.03.22 원고 최 희, 김귀순의 확정증명을 확인할 수 있다.

이 날짜는 소송에서 의미 있는 날짜이다. 원고와 피고가 판결문을 송달받고,

14일안에 2심인 항소(1심법원 항소부, 고등법원)를 할 수 있는 기간이며, 불변의 기일이다. 그러나 판결문이 송달된 후 14일이 지나서 항소가 가능한 것은 건물주의 변호사 ○○○ 가 추완 항소장의 제출로 가능했다.

건물철거 등 1심 소송판결문 맛보기

사 건	2006가단: 건물철거등
원 고	1. 최 희
	2. 김귀순
	원고들 주소 서울 강남구 포이동 1
	원고 2. 소송대리인 최희
피 고	이 -61
	현재 소재불명
	최후주소 서울 송파구 가락 2동 301호
변 론 종 결	2007. 1. 31.
판 결 선 고	2007. 2. 28.

주 문

1. 피고는 원고들에게 서울 용산구 청파동   개 307.8㎡ 지상의 별지 기재 건물을 철거하고, 위 대지를 인도하라.

2. 피고는 2005. 12. 21.부터 위 대지 인도일까지 원고 최희에게 월 ＇＇＇＇＇원, 원고 김귀순에게 월   0원의 각 비율로 계산한 돈을 지급하라.

3. 소송비용은 피고가 부담한다.

4. 제1, 2항은 가집행할 수 있다.

- 1 -

필자가 제기한 건물철거 등의 소송에서 1심법원은 100% 필자의 손을 들어준 소송판결문이다. 피고는 건물을 철거하고, 그동안까지는 지료를 지불하고, 이 소송에 소요된 소송비용은 피고가 부담하고, 이를 가집행 할 수 있다는 내용의 판결문이다. 이런 판결을 내린 이유를 들어보자.

건물철거등 1심 소송판결문의 중간부분

이 유

1. 기초사실

다음의 사실은 갑제1호증의 1, 2, 갑제2호증의 각 기재 및 이 법원의 감정인 류○에 대한 임료감정결과에 변론 전체의 취지를 종합하면 이를 인정할 수 있다.

가. 원고들은 2005. 12. 1. 서울 용산구 청파동 　　　　　 대 307.8㎡(이하, 이 사건 대지라 한다.)를 공매절차에서 원고 최희가 5분의 1 지분, 원고 김귀순이 5분의 4 지분으로 낙찰 받아, 같은 달 21. 위 각 지분대로 소유권이전등기를 마쳤다.

나. 피고는 2004. 6. 22. 이 사건 대지 위의 별지 기재 건물(이하, 이 사건 건물이라 한다.)을 임의경매절차에서 낙찰 받아, 같은 해 8. 30. 소유권이전등기를 마쳤다.

다. 이 사건 대지의 2005. 12. 21.부터 2006. 10. 10.까지의 월 차임은 　　　　원이다.

2. 판단

위 인정사실에 의하면, 피고는 이 사건 대지의 소유자인 원고들에게 이 사건 건물을 철거하고, 이 사건 대지를 인도할 의무가 있으며, 차임상당액의 부당이득반환으로 원고들이 구하는 2005. 12. 21.부터 이 사건 대지의 인도일까지 원고 최희에게 월 원(0원 × 1/5, 1원 단위에서 반올림, 이하 같다.), 원고 김귀순에게 월 (: ! × 4/5)의 각 비율로 계산한 돈을 지급할 의무가 있다.

- 2 -

건물철거 등 1심 소송판결문 결론부분

3. 결론

그렇다면, 원고들의 이 사건 청구는 이유 있어 모두 인용하기로 하여 주문과 같이 판결한다.

판사 김:

결론에 이르러서는 필자인 원고가 주장한 모든 내용들이 법률적으로 이유가 있단다. 1심의 판결문을 보면 알 수 있듯이 피고인 건물주의 입장이 딱하기는 하지만, 원고인 필자만 공격을 한 것이므로 잘 익은 맛있는 수박이 아닌, 땡감을 씹은 승리라고 생각한다.

독자 여러분들도 대법원에 판결문을 신청할 경우가 있을 것이다. 사건당사자와 제3자가 대법원에 판결문을 신청하는 경우에 차이점은, 당사자가 신청(관할법원)하는 경우 원고 최 희, 김 귀순이라고 표기되지만, 제3자가 신청하는 경우에는 원고 최 ○, 김○○ 이라고 표기되며, 목적물 부동산 또한 기호로 표시됨을 확인가능하며, 제3자가 신청한 판결문의 하단에는 위조 · 변조의 방지를 위한 천공부분과 바코드번호가 없다. 신청자에게는 이메일로 회신되며, 판결문이나, 결정문 신청 시 소정의 수수료가 부과된다.

항소심에서 패하자 상고를 제기

　피고는 항소심에서 패하자 상고를 제기했다. 고맙고 감사할 따름이다. 필자에게 소송실무를 완전히 경험할 실습장을 만들어 주었으니 말이다. 무대가 대법원으로 옮겨졌다. 결승전 최종 경기가 열리게 된 것이다. 지금까지 전적은 2:0 완승이다.

2심인 항소부 판결문 맛보기

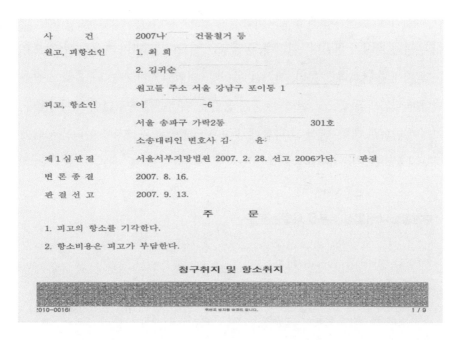

총 9페이지인 판결문 중 책의 페이지 상 한계로 인해 일부만을 보여드린다. 또한 판결문이라는 것이 그 것을 읽어 온전히 해독하기에는 판결문을 많이 접

한 법률전문가라도 인내의 한계를 자주 느낀단다. 1심에서 패하자, 2심인 항소심으로 끌고 간 소송에서 피고들이 또 다시 패소한 것을 볼 수 있다.

비교할 수 없는 몸값의 차이

건물주가 수천만원짜리 전쟁전문 용병을 동원했다면 나는 토종인 셈이었다. 상대방 변호사는 ○○○○를 받는 그 지역의 메이저출신이라면. 나는 산전수전 다 겪고 올라온 훈련선수출신이라고 해도 좋다. 적어도 몸값으로 따지면 적절한 비유이다. 민사소송에서 변호사를 선임할 때 들어가는 선임료는 여러분들이 추정해 보시기 바란다. 인지대, 송달료는 별도다. 필자가 지불한 몸값으로는 인지대 송달료와 교통비, 점심값 등이다. 대법원까지 가는 나 홀로 소송을 진행한 필자의 완승으로 끝났다. 물론 물증을 여러분께 숨김없이 제시하겠다. 그래야 믿의실 테니. 다만 그 다음에 찾아온 달콤한 결과까지를 여러분과 함께 나누지 못하는 것은 유감이다.

추완항소의 적법성 여부를 다투는 부분

[인정근거 : 당사자 사이에 다툼이 없는 사실, 갑 1호증의 1, 2, 갑 2, 3호증, 갑 9호증의 1, 2, 갑 14호증의 3, 을 1호증의 1, 2의 각 기재, 변론 전체의 취지]

2. 이 사건 추후보완 항소의 적법 여부에 관한 판단

살피건대, 제1심 법원이 피고에게 이 사건 소장, 변론기일통지서, 청구취지 및 원인정정신청서, 판결선고기일 통지서를 공시송달의 방법으로 송달하여 변론을 진행한 후 2007. 2. 28. 원고들 승소의 판결을 선고하였고 그 판결정본도 공시송달의 방법으로 피고에게 송달하였으며, 피고가 2007. 3. 22.경에야 비로소 제1심 판결이 선고되어 공시송달의 방법으로 피고에게 송달된 사실을 알고 2007. 4. 3.에 이 사건 추후보완 항소

청구취지와 항소취지

> 1. 청구취지
>
>   피고는 원고들에게 별지 부동산 목록 제1항 기재 대지 지상의 별지 부동산 목록 제2항 기재 건물을 철거하고 위 대지를 인도하며, 2005. 12. 21.부터 위 대지 인도일까지 원고 최희에게 월　　　원, 원고 김귀순에게 월 ˆ˜˜　원의 각 비율로 계산한 금액을 지급하라.
>
> 2. 항소취지
>
>   제1심 판결을 취소한다. 원고의 청구를 기각한다.
>
> ### 이　　　유
>
> 1. 기초사실
>
>   가. 김　　는 1997. 1. 29.경 학교법인 ·　　　　　의 교회 하원으로부터 별지 부동산 목록 제1항 기재 대지(이하 '이 사건 대지'라 한다)를 매수한 후 위 대지에 관하여 서울지방법원 서부지원 용산등기소 1997. 1. 30. 접수 제2409호로 김　　명의의 소유권

청구취지는 1심 판결문 중의 일부내용이고, 항소취지는 건물주(대리인 변호사)가 주장하는 내용이다.

건물철거 대지인도 부당이득금반환에 대한 부분

> 3. 본안에 관한 판단
>
> 가. 건물철거와 대지인도 및 부당이득반환의무의 발생
>
>   위 인정사실에 의하면 피고는 이 사건 건물을 낙찰받아 대금을 모두 납부하여 이 사건 건물의 소유권을 취득하였다고 할 것인데, 피고가 이 사건 건물을 소유하기 위하여 이 사건 건물부지인 이 사건 대지를 점유함으로써 이 사건 대지를 낙찰받아 대금을 모두 납부하여 이 사건 대지의 소유권을 취득하게 된 원고들의 이 사건 대지에 관한 소유권 행사를 방해하고 있다고 할 것이므로, 이 사건 대지를 점유할 정당한 권원이 있음을 주장·입증하지 못하는 한 원고들에게 이 사건 건물을 철거하고 이 사건 대지를

법정지상권 성립여부에 관한 부분

나. 법정지상권 성립 여부

　(1) 이에 대하여 피고는, 이 사건 대지와 건물은 모두 동일인인 김 .＿의 소유였

는데, 피고가 이 사건 건물에 관한 임의경매절차에서 이 사건 건물을 낙찰받아 2004. 6.

부당이득금 액수 산정에 관한 부분

다. 부당이득의 액수

　나아가 피고가 반환하여야 할 부당이득의 액수에 관하여 살펴건대, 통상의 경우

부동산의 점유·사용으로 인한 이득액은 그 부동산의 차임 상당액이라고 할 것인바,

제1심 법원 감정인 류   :의 임료감정결과에 의하면 2005. 12. 21.부터 2006. 10. 10.

까지 이 사건 대지의 임료는 월　　　　　원인 사실을 인정할 수 있고, ㄱ 이후의 차임

항소심의 결론부분

4. 결론

　그렇다면 원고들의 이 사건 청구는 모두 이유 있어 이를 각 인용하여야 할 것인바,

제1심 판결은 이와 결론을 같이하여 정당하므로 피고의 항소를 기각하기로 하여 주문

과 같이 판결한다.

　1심 법원의 판결이 정당했단다. 또다시 원고의 일방적인 승리로 2라운드가
끝이 났다. 그러자 피고는 싸움의 무대를 대법원으로 끌고 갔다.

대법원 판결문 3페이지 중 1페이지 일부

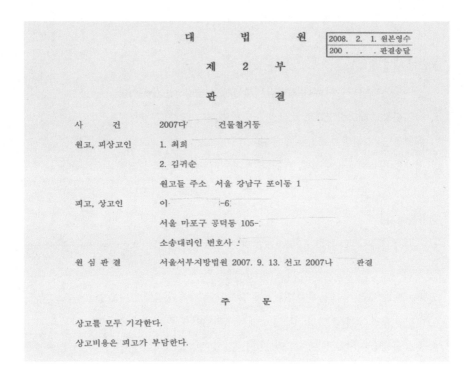

결정타이다. 피고가 제기한 상고가 최종심인 대법원에서 기각되었다. 피고
인 건물주는 더 이상 갈 곳이 없다. 예전에 유행했던 '내 마음 갈 곳을 잃어'인
셈이다. 3대0이다. 말 그대로 고등학교 축구부가 월드컵 국가대표를 상대로 세
경기를 내리 이겨버린 셈이다. 원고는 필자와 집사람이 나 홀로 소송을 진행했
고, 상대는 보시다시피 쟁쟁한 변호사였다.

우편물 배달 증명서

상대방에 배달완료시 보내는 사람에게 배달을 증명하는 문서이다.

등기신청시 배달증명으로 보낼 것을 말하면 된다

배달증명은 1천원이 추가로 부과된다.

상대방이 우편물을 수령 후 2일뒤에 보내는 사람주소로 이 증명서가 오게된다.

송달불능사유

1. 수취인 부재 : 송달받을 자가 장기 여행 중 또는 군입대하여 복무 중이어서 현재 부재 중인 때

2. 폐문부재 : 송달시 대문이나 현관문을 잠그고 온 가족이 집에 있지 않을 때

3. 수취인 불명 : 겉봉투에 표기된 주소에서 수취인이 누군지 알 수 없을 때

4. 주소 불명 : 봉투에 '동' 이나 '리' 만 표시하고 지번을 표기하지 않은 때(전체 주소가 맞지 않을 때)

5. 이사 불명 : 수취인이 이사를 하였는데 그 이사 간 곳을 알지 못할 때

수취인불명, 이사불명, 주소불명 등의 사유로는 발송송달을 못하지만, 폐문 부재일때는 가능

추완항소란...........

예로서 소송절차에서 공시송달로 판결이 확정되어 채무자가 이러한 사실을 알지 못하여 판결이 확정 된 경우, 또는 소송절차를 진행하다가 소송당사자의 사정상 판결문을 수령하지 못하여 위 불복기간을 도과한 자 등은 항소기간(판결문을 수령하고 그 익일로부터 2주)이 도과되었다고 하더라도 항소를 할 수 있는 제도가 추완항소인 것이다.

Chapter 05 필자보다 100배는 더 피곤했을 건물주

피고 변호사가 대법원에 제출한 자료들

1997년 4월 10일 도급인(필자의 토지 전 소유주), 수급인(건축업자)사이에 작성한 청파동다가구주택공사 도급계약서이다. 2심까지 패하자 3심인 상고심에 피고 변호사가 제출한 자료다. 그러나 모든 일이라는 것이 타이밍이라는 것이 있다. 3심인 대법원은 법률심이므로, 모든 입증 자료는 2심까지 제출하여야한다. 법률 전문가인 변호사가 그 사실을 모를 리 없었다. 그런데도 2심 때까지는 제출하지 않고 있다가 상고심에 가서야 제출했다. 이유야 알 수 없다. 지금의 자료들이 2심에서 제출되었다면 필자가 건물철거에서 승소하였을 것인가. 도급계약서등이 2심에서 제출되었다고 해도 필자는 승소할 수 있는 자료를 미리 준비하고 있었다.

만약 독자들이 원고가 되어 지금의 자료들이 2심에서 제출되었다고 해보자. 여러분들이 승소하였을 것인가. 결과가 달라질 가능성도 충분하다. 그렇다면 어떻게 된다는 말인가. 토지지료는 받을 수 있겠지만 건물철거소송에서 승리한다고는 할 수 없게 될지도 모른다.

다가구공사 도급계약서

建設工事 都給 契約書

■ 공사명 : 청파동 _____ 다가구 주택 신축공사

西紀 1997 年 4 月 10日

도급인 : 김_____

수급인 : 이_____

다가구 주택의 총 공사비 416,000,000원

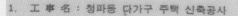

1. 工事 名 : 청파동 다가구 주택 신축공사
2. 工事 場所 : 서울특별시 용산구 청파동 ▮▮▮▮▮
3. 工事 期間 :　　着　工 : 1997 年 4 月 17日전 착공
　　　　　　　　　竣　工 : 1997 年 8 月 14日전 사용검사 완료

4. 都給 金額 : 一金 사억일천육백만원정 (￦ 416,000,000)
　　　　　　　부가가치세 면제 사업장임. (외선 인입 및 관련공사 포함임)

5. 旣成部分給의 時期및 方法 : 특약사항 참조
6. 瑕疵擔保 責任 期間 : 3년
7. 瑕疵補修 保證金率 : 3/1000
8. 遲滯償金率 : 매 징체일수당 3/1,000 (예산회계법을 준용)

都給人과 受給人은 이 契約書 및 工事 都給 契約條件과 별첨 設計圖 및 示方書
를 都給契約 을 체결하고 그 증거로 이 契約書 및 關聯 文書를 2통 작성하여 각 1
다.

西紀 1997 年 4 月 10日

都　給　人
　住　　　所　경기도 안산시 본오동 ▮▮▮▮▮ (3/2)
　姓　　　名　김 ▮▮▮ 쾌

受　給　人
　住　　　所　서울특별시 성북구 보문동 5가 ▮▮▮▮▮ (8)
　姓　　　名　이 ▮▮▮

전 토지소유주가 약속어음 발행 당시 작성한 각서

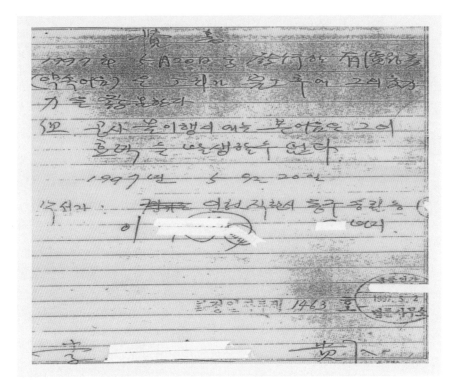

계약서 작성 40일 후 공사 계약금 약속어음

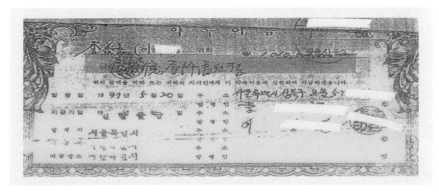

지금까지 보여드린 자료들과 이 토지 최초의 근저당권 설정일자를 참고하여 법정지상권과 관습법상 법정지상권의 성립여부에 대해서 여러분들이 비교해 보시기 바란다.

토지등기부 등본의 최초 근저당일자

【 을 구 】	(소유권 이외의 권리에 관한 사항)				
순위번호	등 기 목 적	접 수	등 기 원 인	권리자 및
1 (전 3)	근저당권설정	1997년6월23일 제18304호	1997년6월21일 설정계약	채권최고액 금1,200,000,000원 채무자 (주)

원고의 주문 2번 인정, 나머지 청구는 기각

사건번호	2004가단6¨	사건명	토지인도 등
원고	김1	피고	이;
재판부	민사2단독		
접수일	2004. 12. 10	종국결과	2006. 01. 20 원고일부승
원고소가	67,869,900	피고소가	
수리구분	제소	병합구분	없음
상소인		상소일	
상소각하일		보존여부	기록보존됨
송달료,보관금 종결에 따른 잔액조회		≫ 잔액조회	

필자의 전 대지 소유주와 건물주사이의 본안소송의 결과다. 종국결과를 보면 원고 일부 승으로 표시되어 있다. 원고 일부 승소를 의미한다. 원고의 주문 2번은 받아주고, 나머지 청구를 기각한다. 필자의 해석은 건물철거 부분이 기

각된 것으로 추정된다. 문서 보존시효 5년이 지나 자료가 없어, 원고의 청구취지를 올리지 못하는 부분에 대하여 양해를 부탁드린다.

토지인도의 판결문

사 건	2004가단 토지인도 등	1통을 부여합니다 2006년 2월14일 법원주사 김
원 고	김	
	수원시 권선구 구운동 94	甘, 가집행선고어 의함
	소송대리인 변호사 안	
	소송복대리인 변호사 정	2006 2.2. 송달 법원
피 고	이 ( )	2006 2./^ 확정
	서울 송파구 가락동 호	
	소송대리인 변호사 김 박	
변 론 종 결	2005. 12. 23.	
판 결 선 고	2006. 1. 20.	

주 문

1. 피고는 원고에게   7원을 지급하라.

2. 원고의 나머지 청구를 기각한다.

3. 소송비용 중 3분의 1은 원고가, 3분의 2는 피고가 각 부담한다.

4. 제1항은 가집행할 수 있다.

판결문 중 일부

가. 인정사실

[증거: 갑1 내지 4호증(가지번호 포함), 을5호증의 각 기재와 영상, 변론 전체의 취지]

(1) 별지 목록 제1항 기재 토지(이하 '이 사건 토지'라고 한다)와 그 지상의 같은 목록 제2항 기재 건물(이하 '이 사건 건물'이라 한다)은 모두 동일인인 원고의 소유였는데, 이 사건 건물에 관하여 서울중앙지방법원　타경　호로 임의경매절차가 진행되던 중 피고가 이를 낙찰받아 2004. 6. 22. 대금을 납부함으로써 소유권을 취득하였다.

(2) 이 사건 건물은 이 사건 토지의 중앙 부분에 위치하고 있고, 이 사건 건물을 사용하는 데에는 이 사건 토지 전부가 필요하며, 이 사건 토지의 지료에 관하여 원고와 피고 사이에 협의가 이루어지지 않았다.

피고인 건물주가 건물의 소유권을 취득한 경위와, 원고와 피고간에 지료합의가 이루어지지 않아 원고가 본안 소송을 통해 지료를 청구하는 것으로 추정된다.

필자와 집사람이 토지를 공매로 취득한 사실과 원고의 소유권 상실을 설명

(3) 그 후 이 사건 토지에 대한 국세징수법에 의한 공매절차에서 김　　과 최　가 이 사건 토지를 매수하여 2005. 12. 1. 매수대금을 납부함으로써 국세징수법 제　조 제1항에 의하여 이 사건 토지의 소유권을 취득하였고, 원고는 그 소유권을 상실하였다.

법정지상권을 인정하는 부분과 필자의 소유권 취득일 전까지 피고는 원고에게 지료를 지급하라는 판결내용이다.

> 나. 판단
>
> (1) 위 인정사실에 의하면, 이 사건 토지와 건물은 동일인인 원고의 소유에 속하였
> 다가 건물의 경매로 인하여 다른 소유자에 속하게 되었으므로, 이 사건 건물의 소유자
> 인 피고는 그 소유권 취득시기인 2004. 6. 22.에 이 사건 토지에 관하여 법정지상권을

> 취득하였다고 할 것이고, 따라서 피고는 2004. 6. 22.부터 원고가 소유권을 상실한
> 2005. 12. 1.까지의 지료를 원고에게 지급할 의무가 있다고 할 것이다.

피고는 토지지료에 대하여 무상사용을 주장한 것으로 추정되나, 재판부에서
는 무상사용을 인정하지 않고 지료 지급하라는 판결이다.

> (2) 이에 대하여 피고는, 원고의 귀책사유로 인하여 피고가 이 사건 건물을 사용하
> 지 못하고 있으므로 원고의 청구에 응할 수 없다는 취지로 주장하나, 을1, 2호증의 각
> 기재만으로는 피고의 위 주장사실을 인정하기에 부족하고, 달리 이 점을 인정할 증거
> 가 없으므로, 피고의 위 주장은 받아들일 수 없다.

법정지상권이 성립함으로 건물은 철거할 수 없고, 지료만 지급하라는 판결로
요약할 수 있다. 이 판결은 일단 필자에게는 유리하다고 할 수는 없는 판결이라
는 것이다. 그 판결이후 법정지상권을 뭉갤 수 있는 다른 방법을 찾아보기로 하
였다.

건물철거 내용증명

수신 아　　(서서 송파 가락동 　　　　　　　　
발신 최　희, 김귀순 의 대로 최 희 (서 강남 효태신)
제목 건물철거

서울 용산구 청파동3가 　　　토지 최　희 5/1, 김귀순 5/4
소유주입니다. 동번지 건물소유주 이선희님은 타경　　45　1, 30　　중복사건중에
　　30　으로 2004년 5월14일 낙찰을 받아 동년 2004년 8월30일부로
소유건물을 취득하였습니다.
그러나 이　　님이 경매로 소유한 청파동3가 　　　번지
법정지상권이나 지상권에 해당사항이 없어 건물철거를 요구합니다.

☀ 법정지상권은 우리나라 법령상 다음의 5가지 경우에만 적용됩니다.

　1 토지와 그 지상 건물이 동일인의 소유에 속하는 동안에 건물에 대하여만
　　　전세권을 설정한 후 경매 등 사유로 토지소유자가 변경된 경우 (민법 제305조 제1항)
　2 토지와 그 지상의 건물이 동일인 소유에 속하는 동안에 저당권이 설정된 후
　　　그 담보권의 실행으로 경매가 완료되어 토지와 건물 등의 소유자가 다르게
　　　되는 경우 (동법 제366조)
　3 토지와 그 지상의 건물이 동일인 소유에 속하는 동안에 가등기담보권,
　　　양도담보권, 매도담보권이 설정된 후 그 담보권이 실행으로 경매가 완료되어
　　　토지와 건물등의 소유자가 다르게 되는 경우 (가등기담보법 제10조)
　4 토지와 그 지상의 입목(立木)이 동일인 소유에 속하는 동안에 경매 기타의
　　　사유로 토지와 입목이 소유자가 다르게 되는 경우 (입목법 제6조)
　5 토지와 건물이 동일인에게 속하는 동안에 그 건물 또는 토지만이 매각되어
　　　쌍자의 소유자가 다르게 된 경우

위 내용의 문의사항 및 문의는 018-230-　　　 (최　희)

2005년　12월　28일

최　희, 김귀순

첨부서류
1 매세등기
2 등기부등본
3 토지대장
4 지적도

건물소유자를 상대로 보냈던 내용증명의 전부를 상세히 설명하기에는 부적절한 부분이 있다. 물론 여러분들에게 피와 살이 되는 학습의 진짜 엑기스라는 것을 모르는 바 아니다. 그럼에도 불구하고 일부만을 서술 할 수밖에 없는 상황을 이해해 주시기 바란다. 문제가 되지 않는 정도로 일부만을 공개하겠다. 일부만이라도 한 번 보자. 내용증명을 송달받고 1주일 안에 회신이 없으면 본안소송을 제기한다는 것이 주된 골자이다.

법정지상권은 부정되었다. 이제는 건물철거를 위한 본격적인 작전을 개시할 때가 된 것이다. 물론 건물을 정말로 철거하겠다는 것은 아니다. 압박을 하면서 대지와 건물의 소유권을 일치시키기 위한 작업을 시작한 것이다. 일단 내용증명을 날렸다. 법정지상권이 부정되었으니 여차하면 건물철거소송을 시작할 것이라는 내용의 내용증명이었다.

배짱인지 대책이 없는 건지

혹시나 했지만 역시나 였다. 예상은 했지만 내용증명을 받은 지 1주일이 지나도 회신이 없었다. 기다린다는 것이 더 이상 의미가 없다는 판단이 들었다. 2006년 새해 신정 선물로 건물철거 소장 접수를 스타트로 총 105개 사건번호로 필자와 건물주와의 대혈투(大血鬪)가 시작되었다. 국내에서 가장 많은 사건번호로 진행된 공방전이 아닌가 생각된다.

▶ 가압류신청 5건 중 1건은 대법원 3심까지

▶ 처분금지 가처분 신청 2건

▶ 건물철거 및 토지지료 소송은 대법원 3심까지

▶ 점유이전 금지가처분 신청 3번

▶ 지료증가청구 소송 대법원 3심까지

▶ 임차인명도 소송

▶ 가압류 현금공탁

▶ 채권추심 및 압류명령

▶ 강제집행신청 3건

▶ 대체집행, 건물퇴거

▶ 토지지료 20일분의 누락분등에 대한 소송을 진행하였다.

예선전부터 결승전까지 무대

법정지상권 용산구 청파동건의 소송 진행 결과이다. 원, 피고들의 정보차원에서 필자가 제기한 소송과 건물주가 방어차원에서 제기한 소송의 사건번호는 앞자리를 제외한 뒷자리는 0으로 대체하는 점 이해하시기 바란다. 번호가 연결되지 않는 이유는 그 사이에 다른 법원의 사건들이 있었다는 것을 의미한다. 네 곳(서부지법, 중앙지법, 동부지법, 대법원)의 생생한 전투현장이 기록이다. 먼저 원고인 필자가 제기한 사건이다.

① 서울시 마포구에 있는 서부지법(2006년1월13일 ~ 2010년7월12일)

번 호	법 원	사건 번호	접 수 일	결정, 선고, 취하, 해제일
2	서부지법	2006가단 3000	2006년 1월13일	2007년 2월28일
3	〃	카단 500	1월17일	2006년 1월27일
4	〃	가소 29000	2월 3일	7월 7일
5	〃	카단 4500	5월 4일	5월18일
6	(합의부)	카합 700	〃	〃
7	서부지법	2007카확 100	2007년3월22일	2007년11월19일취하
8	〃	타경 4000	3월 9일	2009년취하
15	〃	가소 180000	11월 6일	2008년12월11일
17	〃	2008카확 800	2008년2월18일	2008년8월20일
19	〃	카담 008	3월14일	3월19일
20	〃	카담 009	〃	〃
25	〃	타기 600	6월 3일	10월17일
26	(합의부)	카합 900	〃	6월24일
35	서부지법	카단 10000	9월29일	10월 2일
39	〃	카단 10700	10월13일	10월15일
40	(합의부)	카합 1800	〃	11월12일
41	서부지법	타경 16000	10월24일	2009년취하
42	〃	가단 96000	〃	2010년 1월15일
44	(항소부)	라　200	10월28일	2009년 2월 6일
47	서부지법	카단 11600	11월 3일	11월17일
48	〃	가　0008	11월18일	11월25일
49	〃	가　0009	〃	〃
50	(항소부)	나 90000	11월27일	2009년 9월17일
55	(항소부)	2009나 8000	2009년 1월 2일	2009년 7월23일
65	서부지법	타기　002	3월 9일	3월17일
66	〃	타기　003	〃	4월20일
67	〃	타기　004	〃	4월14일
68	〃	타기　005	〃	4월23일
69	〃	타기　006	〃	4월20일
70	〃	타기　007	〃	4월29일

71	서부지법	카단 2500	"	"
74	(항소부)	라 100	4월 1일	10월13일
75	서부지법	금 1300	4월 7일	5월 6일
81	(항소부)	라 004	4월29일	2010년 2월23일
82	"	라 005	"	"
83	"	라 006		"
84	"	라 008	5월 1일	"
85	"	라 002	5월 7일	3월 2일
90	서부지법	카기 1200	7월 2일	"
96	"	가소 123000	9월 1일	2009년11월19일
100	"	카담 0025	"	12월22일
101	"	2010카단 1600	2010년 2월22일	2010년3월 8일
102	"	가 100	3월15일	3월 말
103	"	가단 10000	2월22일	6월11일
104	"	타기 400	4월20일	5월27일
105	"	본 1700	7월 6일	8월초 자진전출

② 지하철 2호선 구의역에 있는 동부지법

번 호	법 원	사건 번호	접 수 일	결정, 선고, 취하, 해제일
9	동부지법	2007 타경 3000	2007년 3월14일	2009년취하
18	동부지법	2008 타채 1800	2008년 2월20일	2008년 3월 7일
38	동부지법	카단 10	20010월 8일	10월28일
43	동부지법	금 4300	10월27일	2009년말
97	동부지법	2009 카담 2154	2009년11월19일	2010년3월 8일

③ 지하철 2호선 서초역에 있는 대법원

번 호	법 원	사건 번호	접 수 일	종 결 일
64	대법원	마 300	2009년3월3일	3월27일
93	대법원	다 66000	2009년 8월24일	11월12일

건물주인 피고가 제기한 사건

① 서울시 마포구에 있는 서부지법

번호	법 원	사건 번호	접수일	결정, 선고, 취하, 해제일
10	항소부	2007 나 2000	2007년 4월 13일	2007년 9월 13일
11	서부지법	카기 007	4월 16일	4월 17일
12	서부지법	008	4월 17일	4월 18일
13	서부지법	금 0006	4월 25일	2008년 4월 20일
14	서부지법	금 0007	"	2008년 4월 20일
23	서부지법	2008 카기 800	2008년 5월 27일	2008년 5월 30일
24	서부지법	가단 40000	"	10월 13일
27	서부지법	금 1000	6월 2일	?
34	서부지법	카단 6000	7월 7일	2009년 3월 2일
63	서부지법	2009 금 700	2009년 ?	2009년 ?
90	서부지법	카기 1000	7월 2일	7월 3일

② 지하철 2호선 교대역에 있는 중앙지법(지료 공탁금 및 소송비용 필자분)

번호	법 원	사건 번호	접수일	결정, 선고, 취하, 해제일
21	중앙지법	2008 금 0003	5월23일	2008년 6월28일
22	"	금 0004	"	"
28	"	금 0081	6월26일	8월 5일
29	"	금 0082	"	"
30	"	금 00011	7월25일	10월 6일
31	"	금 00012	"	"
32	"	금 00085	8월25일	"
33	"	금 00086	"	"
36	"	금 00059	9월25일	10월 6일
37	"	금 00060	"	"
45	"	금 00001	10월27일	2009년 1월 2일
46	"	금 00002	"	"
51	"	금 00044	"	"
52	"	금 00045	"	"
53	"	금 00030	12월28일	"

54	"	금 00031	"	"
56	"	2009 금 0074	1월23일	2009년 2월 2일
57	"	금 0075	"	"
58	"	금 2600	2월20일	2009년 말
61	"	금 0016	2월27일	3월 5일
62	"	금 0017	"	"
72	"	금 0018	3월26일	4월 1일
73	"	금 0020	"	"
77	"	금 0024	4월27일	5월 6일
78	"	금 0025	"	"
79	"	금 2600	2월20일	6월 3일
80	"	금 7500	5월 1일	"
86	"	금 0041	5월27일	6월 3일
87	"	금 0043	"	"
88	"	금 00049	6월27일	7월 3일
89	"	금 00050	"	"
91	"	금 00059	7월27일	8월 4일
92	"	금 00060	"	"
94		금 00059	8월27일	9월 1일
95	"	금 00060	"	"

③ 지하철 2호선 구의역에 있는 동부지법

번 호	법 원	사건 번호	접 수 일	결정, 선고, 취하, 해제일
76	동부지법	카단 4000	2009년 4월 27일	2009년 7월 24일

④ 지하철 2호선 서초역에 있는 대법원

번 호	법 원	사건 번호	접 수 일	결정, 선고, 취하, 해제일
16	대법원	2007 다 70000	2007년 11월 14일	2008년 2월 1일

치열했을 공방전의 생생한 기록이다. 4개 법원을 방문횟수는 손으로 셀 수는 없지만, 약 100회 이상 방문을 한 것으로 기억된다. 전체를 합산해보면 총 사건

번호는 105번이지만 누락된 사건번호 또한 있을 것이다. 나 홀로 소송에 따른 법원출석에 소요된 시간비용은 도저히 불가능하니 포기하기로 하고, 계산이 가능한 부분에 대한 지출표를 한번 뽑아보자.

▶ 주유비

▶ 일행 밥값과 저녁호프 값(점유이전금지가처분 2차 집행시)

▶ 인지대, 송달료 등 부대비용

▶ 청구 및 준비서면(필자인건비)

▶ 답변서

▶ 소장 작성등

▶ 강제 개문시 열쇠 수리공과 현장 증인 2명 필요

많은 시간과 비용이 소요되었다. 지금 뒤돌아보면 바쁘고 지루했던 시간이 어떻게 흘러갔는지, 또 언제 흘러갔는지 이제는 기억도 가물가물 하다. 하루하루 마음을 졸인 155,520,000초, 1,800일(4년11개월)[(131,328,000초, 1,520일 건물주와의 법정싸움), (임차인 명도 15,552,000초, 180일), 공매입찰 긴의 기다림 8,640,000초, 100일)] 이라는 결코 짧지 않은 시간이다.

승리한 전쟁을 치르면서도 고통스러웠고, 많이 힘들었다. 하물며 막대한 전쟁비용을 지불하고도 일방적으로 패해 항복하지 않으면 안 된 건물주의 고달픔은 어떨까. 더욱이 그 비싼 수임료를 지불하고 전문용병은 물론이고 때로는 주변의 경매브로커까지 총동원하고도 패하고 말았으니 말이다.

필자보다 100배는 더 피곤했을 건물소유자

막대한 거금을 들여 싸움 전문 용병을 고용하고도, 전쟁이라고는 난생 처음 겪어보는 일등병에게 3전 연패를 당한 건물주의 기분은 어떠했을까. 상상이 어렵지 않다. 오기가 발동하는 것은 오히려 귀엽게 봐주자.

중앙법원에 공탁사건에서 건물주가 소송도중에 매월 1회씩 지료 현금 공탁을 하였다. 일등병을 골탕 먹이겠다는 오기 말고는 아무것도 없다. 건물철거 및 지료 소송을 통해 확정되어 부담해야할 지료를 필자 은행계좌로 송금해주면 간단한데도, 구지 중앙법원에 공탁하는 것이었다, 매월 1회 공탁금 수령을 위해 중앙지원에 갈 수 밖에 없었다. 이런 상황이 계속되자 서서히 짜증이 나기 시작했다. 지료를 공탁하러 매월 법원을 찾아오는 건물주에 비하면 아무것도 아니지만 말이다. 그러던 2008년 8월 12일에 서부지방법원에서 진짜 멱살잡이 한판이 벌어졌다.

난타전? 아니 일방적인 멱살잡이

▶ **최근기일내용** [» 상세보기]

일 자	시 각	기일구분	기일장소	결 과
2008.08.12	15:00	변론기일	민사법정 410호	변론종결
2008.09.30	10:00	판결선고기일	민사법정 410호	판결선고

• 최근 기일 순으로 일부만 보입니다. 반드시 상세보기로 확인하시기 바랍니다.

2008 가단 40000 청구이의사건에 관한 재판 8월12일 410호 15:00시였다.

필자의 사건은 15:25분 정도에 끝났다. 이날 이 법정의 사건은 약 15개였던 것으로 기억된다.

이 사건에서는 피고였던 필자와 건물주(원고)는 5번째로 호명되었다. 사건명은 2008 가단 40000으로 건물주가 제기한 강제집행불허를 요구하는 사건이다. 15:25분 사건이 종결되어 법정의 출입문은 2개여서 서로는 좌, 우측 문을 사용하여 퇴장하였다.

필자는 좌측 문을 퇴장하여 2~3m 지나고 있는데, 갑자기 며칠을 굶은 호랑이처럼 건물주가 필자에게 달려들어 멱살을 잡는 게 아닌가. 끝내 자신을 주체하지 못하고 건물주가 폭발하고 만 것이다. 지금까지는 그래도 신사(?)답게 법률 싸움이었다면, 지금은 멱살을 잡힌 진짜 한판이 벌어졌다. 당시 서부법원 410호 법정 출입구에서였다.

한판의 치열한 멱살잡이

● 당신이 돈이 그렇게 많고, 법을 그렇게 잘 알아?

□ 나는 돈이 없어서 변호사 선임할 비용도 없습니다!

● 돈이 없다고?

□ 이 멱살 놓고 애기하세요, 판사 앞에서 하시던가, 말로 안 되니 법에 호소할 뿐입니다!

● 너는 부모도 없냐?

□ 아뇨 다 계십니다!

● 이런 개나리 진달래 같은 새끼야 나랑 원수진 일 있냐?

□ 아뇨, 그런 거 없습니다!

● 그런데 왜 나를 죽이려고 그래, 왜 나를 죽이려고 지랄 하냐고!

□ 나를 죽이려고 하는 것은 아주머니입니다, 숨 못 쉬어 죽게 생겼으니 놓고 이야기합
   시다. 캑~! 캑~?

● 못 봐, 너 만 생각하면 자다가도 벌떡 일어나, 요즘 가슴 병이 도저서 병원 다니고 있
   어 그거 알아? 몰라. 이 ㅆ ㄲ ㅇ ~?

□ 이거 손 놓고 말로하세요 이런다고 해결될 일이 아닙니다!

계속되는 폭언과 함께 마치 무슨 음료 광고인 ○○씨처럼 잡은 멱살을 흔들어
대는 것이 아닌가. 힘이 보통이 아니었다. 돈 많은 사람은 다르구나! 할 정도였
다. 산삼으로 깍두기라도 담아 먹은 것처럼 힘이 셌다. 아니 힘이 아니고 분노
의 폭발이었으리라. 아무튼 천하장사 버금가는 힘에 필자는 숨쉬기도 힘든 상
태였다.

이 상황에서 피고인 필자는 어떤 행동도 취할 수 없었다. 아니 취하지 않았
다. 그 이유는 바로 다음인 16:30분 재판이 409호에서 예정 중이었기 때문이기
도 했지만, 입장을 바꿔놓고 생각하면 이해가 가는 측면도 있었다. 상대가 나이
60에 가까운 여자다. 힘이 세다고 해봐야 얼마나 세겠는가. 만약 밀치거나 , 한
대 때리기라도 하는 날에는 만사 물거품이다. 이점을 노리고 있다는 것도 느꼈

다. 즉 이제까지 법정공방을 통해 이룬 만리장성을 하루아침에 스커드 미사일로 날려버리는 결과를 초래한다는 생각이 머리를 스쳤다.

나중에 들었다 코치 받았다고

필자가 혹시 밀어서 원고인 건물주가 헐리우드 쇼를 하여 병원에라도 실려가면 결과야 뻔 한 것 아닌가.

다 된 밥에 코 빠트리는 형국이 되고 만다. 경찰서와 검찰청을 왕복하면서 건물주에게 폭행한 것에 처벌을 유보 할테니 합의를 부탁하면서 울고불고 하소연한 다음의 결과는 불을 보듯 뻔 한 상황이었다. 지금 생각해도 잘 참았다.

아수라장이 4층 통로여서 다른 사건 당사자들의 왕래가 많았다. 구경하는 사람들이야 신났겠지만, 필자는 '사람 살려요~?', '사람 죽어요~!'를 외칠 수밖에 없었다.

많은 사람들이 남대문 시장의 약장사의 구경을 보듯이 쳐다만 보고 있지 않는가. 이때 누군지는 몰라도 빨리 청원경찰을 부르라는 소리가 들림과 동시에 청원경찰이 사람들과 함께 나오는 것이었다.

청원경찰이 재빨리 제압을 하였지만, 굶주린 호랑이가 먹이를 아직 다 먹지 않았다는 듯이 필자의 멱살을 놓지 않았다. 구경꾼들은 저러다가 저 아저씨 숨막혀 죽는다며 발을 동동 굴렀다. 그제야 아저씨 3명이 가세하여 멱살 잡은 손을 간신히 떼어놓을 수 있었다. 정말 죽는 줄 알았다.

잠시 멍해진 정신을 가다듬고 그 자리를 뜨려고 엘리베이터를 타려는데, 호랑이도 그 엘리베이터를 타려는 듯이 기다리고 있었다. 함께 탈 수는 없었다. 청원경찰은 법정에 들어가고 멱살잡이를 구경하던 사람들도 언제 그런 일이 있었냐는 듯이 자기의 위치로 돌아갔다. 그렇게 그 자리에서 서성이고 있었는데, 안으로 들어갔던 청원경찰이 나와서 필자에게 410호 법정으로 들어오란다. 영문을 몰라 약간 당황하면서 법정으로 들어갔더니 재판장님이 한마디 하셨다. 모든 공판이 끝나면 나가라고. 지금 나가면 또 법정 밖에서 또 다툼이 발생한다고.

법정 안의 약 60여개의 눈동자가 필자에 일제히 꽂혔다. 이 공간을 빌어 따뜻하게 배려해준 당시 410호 재판장님에 감사의 마음을 전한다. 그렇게 시간을 보낸 다음 법정을 나와서 이번에도 엘리베이터를 타지 않고 계단을 이용하여 2층까지 걸어 내려갔다. 2층 로비에서 1층을 내려다보니 아직도 호랑이가 다른 사람과 무슨 통화를 하고 있었다. 5분쯤 후에도 아직도 열심히 누구가로부터 코치를 받는지 긴 통화가 계속되고 있었다. 아마도 작전 실패에 따른 후속전략을 세우는 것이 아닌가 하는 생각이 머리를 스쳤다. 필자는 냉정하고 현명한 대처로 실내외의 전략에서 완벽하게 승리할 수 있는 고지를 확실히 점령했다. 다음에 보여드리는 찢어진 T셔츠는 그 날 호랑이에게 받은 영광스런 훈장이다.

너무나 자랑스러운 명예훈장

건물주에게 먹살 잡혀 찢어진 T셔츠이다. 목 덜미부분이 찢어져 있는 것이 보일 것이다. 찢어진 T셔츠를 명예훈장으로 지금도 사무실에 고이 보관하고 있다.

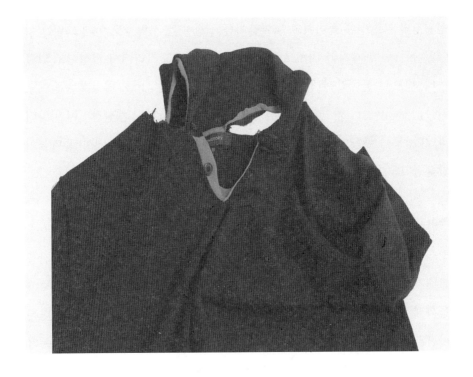

세상에서 가장 비싼 T셔츠로 기록되어도 손색이 없을 것이다. 1,700일간의 한판 진검승부의 전쟁에 대한 개요는 대강 이쯤에서 마무리하고 여러분들에게 구체적으로 도움이 되는 개별전투 현장 중계방송을 시작하자.

Chapter 06 그야말로 다윗과 골리앗의 싸움

예선전 성적은 3:0 필자의 완승

앞에서 전체 네 군데 전쟁터는 모두 보여드렸다. 예선전인 1심에서는 얼치기 도박꾼들이 예상을 비웃듯이 뜻밖의 결과가 나왔다. 필자가 완승을 거둔 것이다. 다윗이 골리앗을 사냥해버린 꼴이고, 고등학교 축구부가 국가대표를 상대로 3:0으로 이겨버린 꼴이 되어 버린 것이다. 그것도 내리 연거푸 세 판을 모두 말이다. 국가대표팀의 체면이 말이 아닌 상황이 되고 말았다. 판돈을 잘못 건 얼치기 노름꾼들이 땅을 쳤을 것이다. 필자에게 판돈을 걸었다면 수십 ~ 수백 배의 당첨금을 돌려받았을 텐데 하고 말이다.

물론 상식선에서 본다면 고등학교축구부가 국가대표와의 경기에서 이기지 못할 것이라고 생각하는 것은 당연하다. 그러나 필자가 경험해본 세상은 '1+1=2, 2+2=4'가 아닌 경우들도 있었다. 기적이라고까지 할 필요는 없을 것이다. 그러나 아직은 실망하지 마시기 바란다, 준결승전–결승전으로 이어지는 흥미진진한 게임이 이제부터 이다. 겨우 예선전이 끝났을 뿐이다.

재판부와 재판장이 바뀐 소송내역

사건번호	2006가단3:		사건명	건물철거등
원고	최 회 외 1명		피고	이×
재판부	민사3단독( )			
접수일	2006.01.13		종국결과	2007.02.28 원고승

진행내용   기 일 ▼

일 자	내 용	결 과
2006.07.21	변론기일(제404호법정 11:00)	속행
2006.08.18	변론기일(705-2호 심문실 14:30) 추정기일(추정사유:본안재판부로 재배당하기 위하여)	속행
2006.09.22	감정기일(심문실 706-2호 16:00)	시행
2006.11.22	변론기일(민사법정 404호 11:30)	속행
2006.12.20	변론기일(민사법정 404호 10:50)	속행
2007.01.31	변론기일(민사법정 404호 11:10)	변론종결
2007.02.28	판결선고기일(민사법정 404호 03:50)	판결선고

전 장에서 보았듯이 서부본안 1심은 피고 건물주에게 송달이 되지 않아 공시
송달로 판결이 선고되었다. 다음 그림을 보면 2006.01.13 소장을 접수하고,
2006.07.21 변론이 있던 것을 확인할 수 있다. 그러나 다음변론기일 2006.08.18
재판부가 변경되고, 재판장이 바뀐 것을 확인 할 수 있다. 추정사유는 본안 재
판부로 재배당하기 위해서라고 법원은 밝히고 있다.

소송을 위한 일련의 사전 작업들

건물주에게 2005.12.22. 첫 내용증명을 발송하였다. 토지지료와 건물철거를

내용으로 보냈으나 회신이 없었다. 2005.12.01. 잔금완납하고, 2005.12.21. 소유권을 이전한 다음 바로 다음날로 내용증명을 보낸 것이다. 1주가 지나도 회신은 없었다. 2005.12.28. 자로 2차로 내용증명을 날렸다. 내용의 강도를 조금 높여서 지료는 삭제하고, 건물철거만으로 내용 증명을 2차 발송하였다. 그래도 회신은 없었다. 건물주에게 새해맞이 선물로 특별히 보낼 것이 없어, 선물대신 본안 소송을 제기하였다. 선물치고는 평생 잊지 못할 선물이었을 것이다. 당연히 선물은 집으로 배달되지 않고, 목적물 부동산의 관할법원인 서울 서부지방법원에 소장을 접수 하였다.

2005.12.28자 내용증명은 건물주 본인이 직접 수령하였으나, 신정 선물은 서부지원으로 반송되었다.

한 번도 아닌, 두 번씩이나 같은 내용으로 말이다. 피고인 건물주는 필자의 전 토지소유주와의 법정지상권 공방에서 그 권리가 성립된다는 판결을 이해했는지, 유독 필자의 건물철거 송달은 기피한 것으로 추측한다.

▶ 2006.02.20 서부지원발송, 2006.03.10 폐문부재
▶ 2006.03.02 서부지원발송, 2006.03.13 폐문부재

이런 와중에 서부지원에서 2006.03.15자로 필자에게 우편물이 배달되었다. 피고의 주소를 보정하라는 내용이었다. 그래서 필자는 2006.03.20자 서부법원의 주소보정명령서를 가지고, 서울 양천구 목동에 있는 출입국 관리사무소를

방문하여 거소사실증명서를 발급받아 법원에 제출하였다. 주소보정후 법원진
행 절차는 대강 다음과 같다.

- ▶ 2006.05.01 집행관 송달신청(특별송달)을 접수 후,
- ▶ 2006.05.11 서부지원에서, 건물주의 송파구 관할인 동부지원 집행관실로 송달.
- ▶ 2006.02.00 건물주 폐문부재
- ▶ 2006.06.29 재판부 공시송달명령 결정하고
- ▶ 2006.07.01. 11:00 법원게시판 공시송달
- ▶ 2006.07.14. 11:00 공시송달 도달됨을 확인 할 수 있다.

참고로 '공시송달'의 의미를 잠깐 살펴보자. 송달은 피고, 또는 채무자가 소
송이 제기되었다는 사실 등을 확실히 알았다는 것을 법원이 확인하는 수단이
다. 소송을 제기당한 피고 또는 상대방이 주소지에 주민등록은 되어 있으나, 실
제 거주하지 않는다면 이것을 전달할 방법이 없는 것이 현실이다. 이런 경우에
는 주민등록등본과 주소지의 통장으로부터 불거주 증명서를 받아서 법원에 제
출하면, 법원은 이를 법원 게시판에 2주일간 공고하므로 송달이 된 것으로 간
주한다. 현실적으로 피고, 또는 채무자가 소송을 지연시키는 방법으로 송달불
능에 빠뜨리는 경우가 자주 있다. 이럴 때 공시송달은 효과적인 방법 중 하나가
될 수 있다.

당시 해당 소송의 법원 시간표

2006.01.13	소장접수	
2006.02.20	피고 이⬛에게 소장부본/소송안내서/답변서요약표 발송	2003.03.10 폐문부재
2006.03.02	피고 이⬛에게 소장부본/소송안내서/답변서요약표 발송	2006.03.13 폐문부재
2006.03.14	주소보정명령(소장부본-도과기간확인)	
2006.03.15	원고1 최 회에게 주소보정명령등본 발송	
2006.03.15	원고2 김귀순에게 주소보정명령등본 발송	
2006.03.20	원고 최 회외1 특별송달신청 제출	
2006.03.22	원고 최 회외1 기타 제출	
2006.03.28	피고 이⬛에게 소장부본/소송안내서/답변서요약표 발송	2006.04.27 폐문부재
2006.03.29	법원 서울동부지방법원 집행관 귀하에게 촉탁서 발송	
2006.04.25	주소보정명령(소장부본-도과기간확인)	
2006.04.25	원고1 최 회에게 주소보정명령등본 발송	
2006.04.25	원고2 김귀순에게 주소보정명령등본 발송	
2006.05.01	원고 최 회외1 특별송달신청 제출	
2006.05.10	피고 이⬛에게 소장부본/소송안내서/답변서요약표 발송	2006.06.02 폐문부재
2006.05.11	법원 서울동부지방법원 집행관 귀하에게 촉탁서 발송	
2006.06.28	원고 최 회외1 청구취지 및 청구원인변경신청 제출	
2006.06.29	공시송달명령	
2006.06.29	원고1 최 회에게 변론기일통지서 발송	2006.07.03 도달
2006.06.29	원고2 김귀순에게 변론기일통지서 발송	2006.07.03 도달
2006.06.29	피고 이⬛에게 소장부본/소송안내서/변론기일통지서(2006.7.21. 11:00) 발송(공시송달)	2006.07.14 0시 도달

서부법원 건물철거 소송의 성적표

사건번호	2006가단3○		사건명	건물철거등
원고	최 희 외 1명		피고	아○
재판부	민사3단독			
접수일	2006.01.13		종국결과	2007.02.28 원고승
원고소가	19,714,590		피고소가	
수리구분	제소		병합구분	없음
상소인	피고		상소일	2007.04.03
상소각하일			보존여부	기록보존됨

송달료,보관금 종결에 따른 잔액조회　　≫ 잔액조회

심급내용

법 원	사건번호	결 과
대법원	2007다77○	2008.02.01 심리불속행기각
서울서부지방법원	2007나2○	2007.09.13 항소기각

최근기일내용　≫ 상세보기

일 자	시 각	기일구분	기일장소	결 과
2006.11.22	11:30	변론기일	민사법정 404호	속행
2006.12.20	10:50	변론기일	민사법정 404호	속행
2007.01.31	11:10	변론기일	민사법정 404호	변론종결
2007.02.28	09:50	판결선고기일	민사법정 404호	판결선고

최근 기일 순으로 일부만 보입니다. 반드시 상세보기로 확인하시기 바랍니다.

최근 제출서류 접수내용　≫ 상세보기

일 자	내용
2008.10.09	원고1 최 희 송달및확정증명
2009.07.23	원고1(피상고인) 최 희 확정증명
2009.12.11	피고 아○ 열람및복사신청 제출
2010.11.18	원고1 최 희 판결정본

최근 제출서류 순으로 일부만 보입니다. 반드시 상세보기로 확인하시기 바랍니다.

관련사건내용

법 원	사건번호	결 과
서울서부지방법원	2007카확1○	신청사건
서울서부지방법원	2008카확9○	신청사건

청구취지 4가지가 모두 받아들여졌다

서 울 서 부 지 방 법 원

판 결

사 건	2006가단 건물철거등	
원 고	1. 최 희	
	2. 김귀순	
	원고들 주소 서울 강남구 포이동 1	
	원고 2. 소송대리인 최희	
피 고	이 -6	
	현재 소재불명	
	최후주소 서울 송파구 가락 2동	301호
변 론 종 결	2007. 1. 31.	
판 결 선 고	2007. 2. 28.	

주 문

1. 피고는 원고들에게 서울 용산구 청파동 재 307.8㎡ 지상의 별지 기재 건물을 철거하고, 위 대지를 인도하라.

2. 피고는 2005. 12. 21.부터 위 대지 인도일까지 원고 최희에게 월 원, 원고 김귀순에게 월 0원의 각 비율로 계산한 돈을 지급하라.

3. 소송비용은 피고가 부담한다.

4. 제1, 2항은 가집행할 수 있다.

필자가 청구한 청구취지 4가지가 모두 받아들여졌다. 청구취지에 대한 주문을 보자.

1. 주문 1. 건물주 이OO은 필자와 필자의 부인에게 대지위의 건물을 철거하고, 대지를 인도하라.
2. 주문 2. 소유권 이전 2005.12.21부터 대지인도 하는 날까지 토지지료를 필자와 필자의 부인에게 지급하라는 주문.
3. 주문 3. 원고 승으로 1심 소송비용과 감정평가 비용외 전부 지급하라는 주문. 다만 항소를 하게 되면 확정 판결이 안 된 상태 이므로 소송비용은 2.3심 판결을 보고 난 후 판단 할 사안이다.
4. 주문4. 건물주는 1. 건물을 철거와 대지를 인도하고 2. 토지지료 지급을 필자와 부인에게 이행하라는 뜻이나, 건물주가 미 이행 시 필자와 부인은 강제집행 등 을 직접 할 수 있다는 뜻이다.

가집행과 함께 소송비용까지 전액 피고들이 부담해야 한다는 완벽한 승리의 판결문이 떨어졌다. 그러나 아직은 긴장을 멈출 수 없다. 피고가 이쯤에서 경기를 포기하지 않을 것이라는 확신이 들었기 때문이다. 예선전에서 승리했다고 준결승전, 결승전까지 승리한다는 보장은 어디에도 없다.

피고인 건물주는 상당한 부동산 소유주로서 재력가이며 고급 수입차인 비OO, 700시리즈를 끌고 다니고 있었다. 필자의 전 소유주 김OO과 건물철거 및 토지지료소송에 관한 선고와 그 판결문의 내용을 변호사에게서 통보 받았을 것이다.

2006 가단 ○○○○ 건물주와 필자의 판결을 멀리서 바라보고 있을 것이라고 생각되었다. 또한 2005.12.28자 내용증명을 건물주가 직접수령 하고도 일절 대응을 안하는 것이 오히려 고민이었다. 짖는 개는 물지 못한다는 서양속담이 간 담을 서늘하게 했다. 필자의 행동을 멀리서 망원경으로 보는 생각이 들었다. 경제적으로 여유가 있으면서도 일절 무대응으로 일관하는 것에 뭔가가 있다는 불길함을 떨칠 수가 없었다. 1심에서 공시송달선고이므로 건물주가 항소할 것은 분명했다. 그거야 누구라도 그럴 수밖에 없지 않겠는가.

판결문을 보면 피고인 건물소유자의 현재주소가 불명이라고 나타나고 있다. 송달이 문제였을 것이라는 것을 느끼신 독자라면 초보수준을 넘어서고 있다고 자부하셔도 좋다. 제1심 확정 후 통상적인 항소기간이 지나 판결이 확정되자. 건물 소유자에 대한 소송이 공시송달로 진행되었다는 이유를 들어 추완 항소를 제기하였다. 준결승전이 벌어지게 된 것이다. 필자는 이미 예선전에 참가할 때부터 결승전까지를 염두에 두고 일정조정과 체력단련을 준비했다.

필자 역시 숨고르기를 하면서 체력을 안배했다. 마라톤을 100미터 달리기 식으로는 할 수 없는 노릇이다. 경기 도중에 밀릴수도 있고, 또는 먼저 한골을 먹을수도 있지만 중요한 것은 경기가 끝났을때 전광판의 점수가 내 쪽이 더 높은 것이 중요할 뿐이다. 그리고 경기 내내 잊지 않은 점이 또 하나 있다. 나 말고는 이 세상 누구도 이 경기를 대신해서 뛰어줄 선수가 없다는 점이 그것이었다. 그래서 전체 일정을 세세히 준비하고 시간 계산을 더욱 치밀하게 하지 않으면 안되었다. 제 2심이 계속되었다.

서부법원 준결승전 성적표

서 울 서 부 지 방 법 원

제 1 민 사 부

판   결

사 건	2007나 건물철거 등
원고, 피항소인	1. 최 희
	2. 김귀순
	원고들 주소 서울 강남구 포이동 1
피고, 항소인	이 -6
	서울 송파구 가락2동 301호
	소송대리인 변호사 김 윤
제 1 심 판 결	서울서부지방법원 2007. 2. 28. 선고 2006가단 판결
변 론 종 결	2007. 8. 16.
판 결 선 고	2007. 9. 13.

주   문

1. 피고의 항소를 기각한다.

2. 항소비용은 피고가 부담한다.

예선전에 이어 계속되는 준결승전 역시 필자의 완승이었다.

1. 피고의 항소를 기각한다. 피고인 건물주는 대리인 변호사를 선임하여 1심
   판결이 부당하다고 아래 항소취지와 같이 항소 하였으나, 2심인 서부지원
   항소부의 판단으로는 1심판결이 정당하다는 뜻이다(여러분들에게는 죄송하지
   만, 건물주 대리인 변호사의 항소이유서를 첨부할 수 없는 현실을 이해해 주시기를 바란다.
   다만 항소취지만을 짧게 올린다).

> 2. 항소취지
>   제1심 판결을 취소한다. 원고의 청구를 기각한다.

2. 항소비용은 피고가 부담한다. 건물주가 2심에 변호사 선임료 및 송달료,
   인지대등 2심에 소요된 비용은 건물주가 부담하는 것은 물론이고, 원고가
   지출한 2심 부대비용도 같이 부담하라는 뜻이다.

가까스로 금연에 성공한 필자를 다시 흡연자로

피고인 건물주가 제기한 항소심이 2007.09.13자로 기각 선고된 것을 확인하
고, 기분이 하늘을 찌르는 기쁨이었다. 이제 다 끝났다고 말이다. 그것을 기념
하기 위해 2007년9월 추석연휴를 가족과 함께 유럽여행을 14박15일로 떠났
다. 필자, 집사람, 당시 초등 6학년이던 아들, 초등 3학년이던 딸과 함께 이태

리, 프랑스, 영국, 스위스, 독일 5개국 패키지 상품이었다. 공항으로 가던 길에 집사람이 넌지시 말을 꺼낸다. 유럽여행보다 가족을 위해서 더 중요한 것이 있으니 약속해달란다. 이제 법원일도 다 끝 난 것 같은데 금연하란다. 약속했다.

인천공항에 도착하면 유럽행 비행기 타기 전에 공항에서 담배와 라이터를 버리겠다고 말이다. 체크인 후 탑승 전 이제 이것이 마지막 흡연이라 생각하고 담배연기를 내품었다. 비행기 운항시간은 16시간이었지만 참을만했다. 하긴 안 참으면 어떻게 할 것인가. 14박15일 여행 중에도 나이 드신 분들이 많아서였는지 다행히 흡연자는 한 분도 없었다. 운이 좋았다고 생각하면서 참았다.

힘들었지만 금연에 성공을 하였다. 아니 성공하였다고 생각했다. 그러나 금연도 잠시 1달을 넘기지 못 하였다. 다름 아닌 건물주의 2007.10.15 3심 대법원 상고를 제기한 것이다. 상고장 접수는 2심 법원인 서부지원 2심 항소부에 접수하였다는 것을 대법원 싸이트를 검색하여 알 수 있었다. 나도 모르게 인근 편의점으로 가 담배와 라이터를 구입하고, 담배연기를 내뿜고 있는 것이 아닌가. 줄 담배가 유혹한다.

1심 확정 후 필자는 소송비용 신청을 접수하였으나, 건물주가 항소를 하였고, 항소가 기각되자 다시 대법원에 상고 중인 상태에서 이번에는 피고인 건물주 또한 2007.11.19 소송비용신청서를 제출하였다. 따라서 다음 그림에서 보듯이 대법원에 제기된 상고심이 진행되고 있는 상태이므로 소송비용은 최종 확정되지 않아 일단 취하를 하였다.

소송비용 신청취하서

사건번호	2007카확1.	사건명	소송비용액확정
신청인	최희 외 1명	피신청인	이*
제3채무자		청구금액	0원
재판부	3(민사)단독()	담보내용	0원
접수일	2007.03.22	종국결과	2007.11.19 신청취하

2007.03.22	소장접수
2007.08.16	신청인 최희 보정서 제출
2007.11.19	피신청인 이* 소송비용신청 제출

피고가 허공을 향해 날린 맥없는 반격

상 고 취 지

1. 원심 판결을 파기한다.

1. 원고의 청구를 기각한다.

1. 소송비용은 1, 2, 3심 모두 원고의 부담으로 한다.

라는 판결을 구합니다.

이번에는 상고취지에서 보듯이 1. 2. 3의 내용을 이유로 대법원까지 가서 결승전을 치르자는 도전을 해 왔다. 필자가 사양할 이유는 없지 않겠는가(마찬가지로 건물주 대리인 변호사의 상고이유서를 첨부할 수 없는 현실을 이해해 주시기를 바란다. 다만 상고취지만을 짧게 올린다).

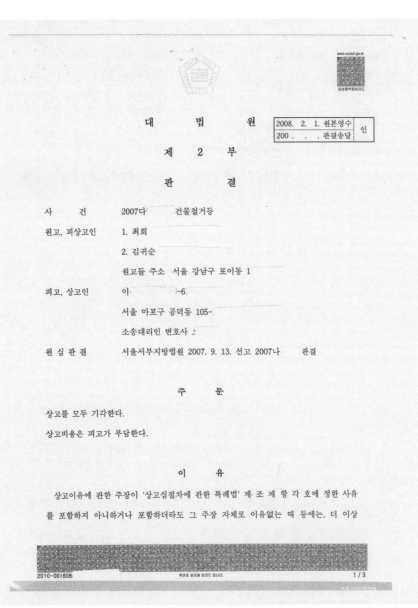

대 법 원

제 2 부

판 결

| 2008. 2. 1. 원본영수 | 인 |
| 200 . . . 판결송달 | |

사   건   2007다   건물철거등

원고, 피상고인   1. 최희

2. 김귀순

원고들 주소 서울 강남구 포이동 1

피고, 상고인   이   -6

서울 마포구 공덕동 105-

소송대리인 변호사

원 심 판 결   서울서부지방법원 2007. 9. 13. 선고 2007나   판결

주   문

상고를 모두 기각한다.

상고비용은 피고가 부담한다.

이   유

상고이유에 관한 주장이 '상고심절차에 관한 특례법' 제·조 제·항 각 호에 정한 사유

를 포함하지 아니하거나 포함하더라도 그 주장 자체로 이유없는 때 등에는, 더 이상

제3심에서 건물 소유자의 대리인은 상고이유서 제출 시 대지의 전 소유자와 건물 신축 시공사와의 건축계약서, 공사대금 지불을 위한 약속어음 등 수 많은 자료들을 첨부하였으나 대법원은 이를 받아들이지 않았다. 왜냐하면 상고심은 법률심이다. 따라서 모든 사실관계 자료는 항소심까지 제출하여야 하기 때문이다. 판결문 역시 간략하다. 두 장으로 구성된 판결문 전문을 올려본다.

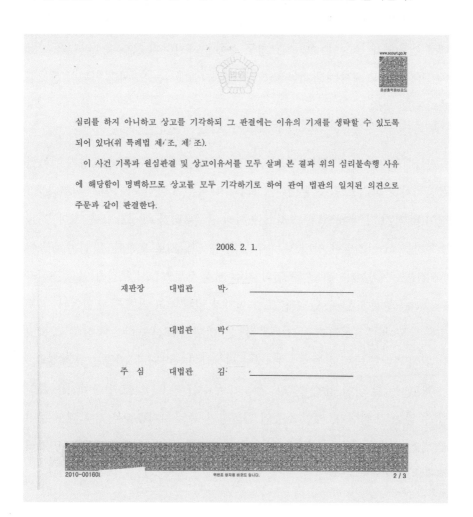

심리를 하지 아니하고 상고를 기각하되 그 판결에는 이유의 기재를 생략할 수 있도록 되어 있다(위 특례법 제 조, 제 조).

이 사건 기록과 원심판결 및 상고이유서를 모두 살펴 본 결과 위의 심리불속행 사유에 해당함이 명백하므로 상고를 모두 기각하기로 하여 관여 법관의 일치된 의견으로 주문과 같이 판결한다.

2008. 2. 1.

재판장 대법관 박 _____

대법관 박 _____

주 심 대법관 김 _____

2010-00160l   위변조 방지용 바코드 입니다.   2 / 3

1. 상고를 모두 기각한다. 2심의 서부지법 항소부의 판결은 정당하다는 뜻이다.

2. 상고비용은 피고가 부담한다. 피고가 1.2.3심 소송에 들어간 비용 모두를 부담하라는 뜻이다.

예선전부터 결승전에 이르기까지 완벽한 깔끔한 승리다. 건물 소유자를 상대로 건물철거, 토지인도 및 지료청구 소송을 제기하여 전부 승소판결을 받았다. 법적인 경기에서는 완벽한 승리였지만, 현실에서는 또 여러 일들이 산처럼 기다리고 있었다.

건물철거소송이 대법원에서 최종확정 되었다. 이제는 달콤하고 향기 가득한 꿀단지가 기다리고 있을 뿐이다. 그러나 아직은 좋아만 하기에는 이르다. 할 일이 몇 가지 더 남아 있다. 그리고 오히려 지금부터가 더 중요할 수 있다. 건물 소유자는 더욱 기발한 방법으로 게릴라전을 벌일지도 모른다. 방심은 금물이다. 건물주 주변에는 전문법조인과 이런 저런 브로커들이 포진해 있을 것이라는 생각을 충분히 할 수 있었다. 또한 필자가 잊지 않고 있는 점이 있었다. 흥분 또한 금물이다. 표현하지 않고 묵묵히 마지막까지 최선을 다해야 한다. 그리고 난 뒤에 축배를 들어도 늦지 않는 것이 세상살이가 아닌가. 긴장을 늦추기에는 아직 넘어야할 산이 첩첩이었다. 성능이 우수한 청소기라도 얼룩까지는 흡입할 수 없는 것 아닌가. 메인 소송인 건물철거 및 토지지료를 이겨다 해도 주위로 튀긴 파편과 얼룩은 어떻게 할 것인가. 고삐를 더 쥘 수밖에 없었다. 필자의 주권을 찾기 위해 말이다.

대미를 장식한 송달 확정 증명원

송달/확정증명원

사   건 : 서울서부지방법원   2006가단   건물철거등
            서울서부지방법원   2007나   건물철거등
            대법원   2007디   건물철거등

원   고 : 최 희 외 1명

피   고 : 이

증명신청인 : 원고1 최 희

위 사건에 관하여 아래와 같이 송달 및 확정되었음을 증명합니다.

피고 이   : 2008. 2. 11. 송달, 2008. 2. 11. 확정. 끝.

2008. 2. 18.

서울서부지방법원

법원주사 윤

본 증명(문서번호:본안1심 110)에 관하여 문의할 사항이 있으시면 3271-17 (로 문의하시기 바랍니다.

　지금 보시고 계시는 이 한 장의「송달/확정증명원」이 2006.01.03 ~ 2008.02.11
까지 25개월간, 피고 건물주와의 1.2.3심의 소송에 대한 판결이 피고에게 송달
되어서 사건이 종결되었다는 것을 보여주고 있다.

Chapter 07

건물주를 상대로 한 건물가처분 및 강제집행신청

기각되어 족보(건물등기부등본)에는 안 올라갔다

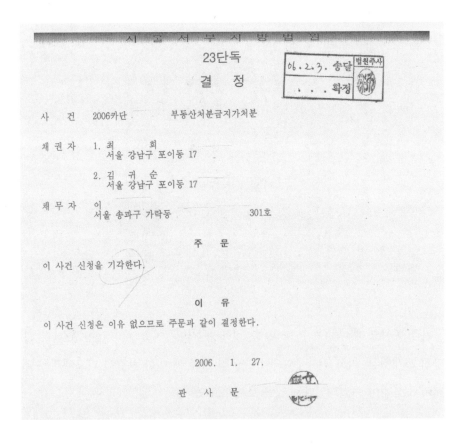

선제공격이 필요하다고 판단될 때는 과감한 선제공격이 전체 판의 분위기를 좌우하는 결정적인 역할을 한다. 그럴 필요가 느껴졌다. 2005년 낙찰로 대지 소유권 취득 후 향후 건물주와의 소송 등을 대비해서 예방조치를 취하기로 하였다. 건물주의 매도 등을 막기를 위한 조치가 필요한 것으로 판단된 것이다. 처분의 우려가 있다고 보았다. 건물을 잡아두기로 하였다. 등기부에 처분금지가처분신청을 하기로 하였다. 건물철거 소송(2006.01.03)제기 후 2주 후 (2006.01.17)에 접수 하였다. 이를 위하여 가처분의 피 보전권리는 건물철거에 및 토지인도청구권으로 하고, 부수내용은 매매, 증여, 전세권, 저당권, 임차권 설정 기타 일체의 처분금지를 주 내용으로 정하였다. 이에 입각해서 보전처분에 관련된 소장을 이번에도 직접 작성하였다. 건물의 소재지인 관청인 용산구청을 방문하여 등록세 고지서를 발급받아. 이를 납부하고, 납부영수증을 첨부하여, 서부법원에 방문하여 접수하였다. 1심결과는 기각이었다. 전반전이 끝나기 전에 한골 먹은 꼴이 되고 말았다. 兵家에서 전세가 잠깐 불리한 경우야 다반사 아니겠는가.

처분금지가처분신청을 하지 않았다면

▶ 내 건물 내가 팔았다는데 누가 뭐라고 할 말 있나요.
▶ 재판해서 판결문 나오면 이런 짓 쓸데없을 걸요.
▶ 재판을 하는 난리를 치든 맘대로 하세요.
▶ 맘대로 하지 않고 법대로 하고 있습니다.

▶ 나도 할 말 많이 있쇼오~ 재산을 빼돌린 것이 아니고 돈이 모자라 팔았다니까요.

▶ 그것도 ○○한테 가서 말해 보세요.

▶ 닭 쫓던 개 지붕 쳐다보는 꼴 나겠네.

▶ 그래도 판결문 보고 이야기 합시다.

▶ 많이 아는 척 혼자 까불더니, 허전하시겠네.

이런 상황을 미연에 방지하기 위한 장치가 바로 처분금지 조치이다. 법원은 채무자가 채권자의 채권회수를 방해하는 행위에 대해 긴급한 경우에 한해 제한적으로 허용하고 있는 것이다. 그런데 처분금지가처분신청을 법원이 기각했다. 채권자인 필자의 요구를 받아들여주지 않았다. 시간이 촉박해졌다. 서두르지 않을 수 없었다. 법원자료를 보면서 살펴보면

▶ 접수일 2006.01.17

▶ 기각일 2006.01.27

사건번호	2006카단5		사건명	부동산처분금지가처분
채권자	최희 외 1명		채무자	이:
제3채무자			청구금액	254, 별
재판부	23단독()		담보내용	254, l
접수일	2006.01.17		종국결과	2006.01.27 기각
수리구분			병합구분	없음
기록보존인계일	2006.06.04			
항고인			항고일	

기각 사유 검토에 들어갔다

1심 단독판사님이 기각사유로 삼은 부분에 대해서 정밀진단에 들어갔다. 몇 가지 빌미를 제공한 것이 밝혀졌다. 수정 보완했다

가처분신청이 단독판사로부터 기각결정을 받은 후, 2개월 정도 시간적 여유를 가진 다음 1심 합의부에서 결정 되었다.

사건번호	2006카합7	사건명	부동산처분금지가처분
채권자	최희 외 1명	채무자	이
제3채무자		청구금액	254, 7원
재판부	제21민사부(다)	담보내용	254, 원
접수일	2006.05.04	종국결과	2006.05.18 인용
수리구분		병합구분	없음
기록보존인계일	2010.05.26		
항고인		항고일	

결과는 모두 받아들여졌다. 가처분은 합의부에, 가압류는 단독에서 결정되었다. 건물등기부에 2줄 낙서하여 다시 압박하기로 하였다.

앞에서 잠깐 말씀드린 바와 같이 다른 공부를 통해서 채무자 소유의 부동산 등기부에 '가처분'과 '가압류'를 등기했을 때 법적 효과를 알아보시기 바란다. 그리고 이때 채무자가 느끼게 되는 심적 부담감도 고려하면서 계속 따라와 주시기 바란다.

한 번에 두 마리 토끼 잡았다

2개월 휴식 후 한 번에 두 마리 토끼 잡은 모습이다. 10번 가처분 등기와 11번 가압류등기가 선명하다. 등기 경료일자가 2006년 5월22일로 동일하다. 상황이 이렇게 흘러가자 채무자이자 건물주는 다급해지지 않을 수 없었을 것이다. 나중에 채무자로부터 직접 확인하였다.

● 변호사님 뭐 이런 인간이 다 있나요.

▢ 그러게요, 우리가 임자를 제대로 만난 것 같아요.

● 그런 말씀 마시고 어떻게 좀 해보세요.

▢ 염려마세요, 내게도 복안이 있으니까.

● 염려 말라는 말만 되풀이하지 마시고 다시는 다른 생각 못하게 좀 해주시라니까요.

▢ 알았어요, 아무려면 내가 누군데 당하고만 있겠어요.

● 아무튼 나는 변호사님만 믿고 있다는 것 잘 아시죠.

그들끼리의 대화 내용일부였단다.

합의부의 부동산 처분금지가처분 결정문

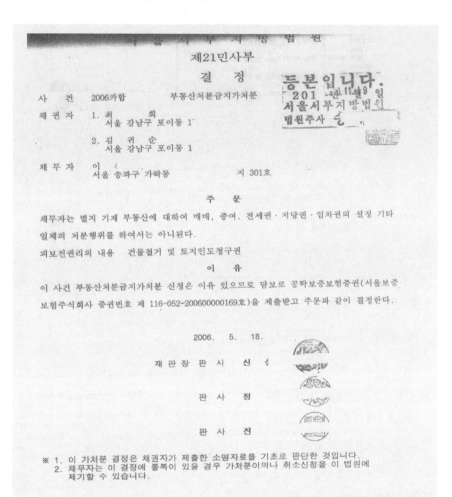

서 울 서 부 지 방 법 원
제21민사부

결 정

등본입니다.
201 년 11월 9 일
서울서부지방법원
법원주사 손

사 건   2006카합   부동산처분금지가처분
채 권 자   1. 최   희
            서울 강남구 포이동 1
         2. 김 귀 순
            서울 강남구 포이동 1
채 무 자   이
            서울 송파구 가락동   지 301호

주 문

채무자는 별지 기재 부동산에 대하여 매매, 증여, 전세권·저당권·임차권의 설정 기타
일체의 처분행위를 하여서는 아니된다.
피보전권리의 내용   건물철거 및 토지인도청구권

이 유

이 사건 부동산처분금지가처분 신청은 이유 있으므로 담보로 공탁보증보험증권(서울보증
보험주식회사 증권번호 제 116-052-200600000169호)을 제출받고 주문과 같이 결정한다.

2006. 5. 18.

재 판 장 판 사   신

판 사   정

판 사   전

※ 1. 이 가처분 결정은 채권자가 제출한 소명자료를 기초로 판단한 것입니다.
   2. 채무자는 이 결정에 불복이 있을 경우 가처분이의나 취소신청을 이 법원에
      제기할 수 있습니다.

1심에서 가처분 기각 후, 2개월 후 1심 합의부에서 부동산 처분금지가처분신
청이 받아들여진 것이다. 그 결정문이다. 전반전에 한 골 먹어 0 : 1 로 진 상태
에서 끝난 1차전 경기를 멋지게 뒤집었다.

가처분결정과 같은 날 떨어진 가압류 결정문

서 울 서 부 지 방 법 원
23단독
결   정

사   건   2006카단   부동산가압류

채 권 자   1. 최   희
             서울 강남구 포이

           2. 김 귀 순
             서울 강남구 포이동 17

채 무 자   이
             서울 송파구 가락동   지 301호

주   문

채무자 소유의 별지 기재 부동산을 가압류한다.

채무자는 다음 청구금액을 공탁하고 집행정지 또는 그 취소를 신청할 수 있다.

청구채권의 내용   토지임대료

청구금액   금   원

이   유

이 사건 부동산가압류 신청은 이유 있으므로 담보로 공탁보증보험증권(서울보증보험주식

회사 증권번호 제 116-052-200600000168호)을 제출받고 주문과 같이 결정한다.

2006. 5. 18.

판   사   진

※ 1. 이 가압류 결정은 채권자가 제출한 소명자료를 기초로 판단한 것입니다.
  2. 채무자는 이 결정에 불복이 있을 경우 가압류이의나 취소신청을 이 법원에
     제기할 수 있습니다.

재판부는 서로 달랐지만 가처분결정과 가압류 결정이 같은 날 떨어졌다.

강제경매 신청을 하다

<h1>서울서부지방법원</h1>
<h1>결 정</h1>

사   건   2007타경   부동산강제경매

채 권 자   최희 (
          서울 강남구 포이동 」

          김귀순
          서울 강남구 포이동

채 무 자   이   -4
          서울 송파구 가락2동   301호

소 유 자   채무자와 같음

주 문

별지 기재 부동산에 대하여 경매절차를 개시하고 채권자를 위하여 이를 압류한다.

청구금액

금   원 및 위 돈에 대한 2007. 3. 2.부터 다 갚을때까지 연20%의 비율에 의
한 지연이자금

이 유

위 청구금액의 변제에 충당하기 위한 서울서부지방법원 2006가단   호 건물철거등
사건의 집행력 있는 판결 정본에 의한 채권자의 신청은 이유 있으므로 주문과 같이
결정한다.

2007. 3. 12.

사 법 보 좌 관 지   .

서부지법에 신청했던 강제경매개시결정이 2007년 3월 12일에 결정이 났다. 경매신청이 이유 있단다. 본격적인 압박 작전이 시작된 것이다. 1심에서 건물 철거와 토지 인도시까지 필자와 집사람에게 매월 일정액을 지료로 지급하라는 판결문과 집행문을 첨부하여 가집행에 의한 강제경매를 신청한 것이다.

강제경매기입 등기된 등기부등본

10	가처분	2006년5월22일 제20055호	2006년5월18일 서울서부지방법원의 가처분 결정(2006카합	피보전권리 건물철거 및 토지인도청구권 채권자 최화 서울 강남구 포이동 1 김귀순 서울 강남구 포이동 1 금지사항 양도, 담보권설정, 기타 일체의 금지
11	가압류	2006년5월22일 제20060호	2006년5월18일 서울서부지방법원의 가압류 결정(2006카단	청구금액 금25,100,000원 채권자 최화 서울 강남구 포이동 1 김귀순 서울 강남구 포이동 1
12	9번강제경매개시결정등기말소	2007년1월5일 제572호	2006년12월29일 취하	
13	강제경매개시결정	2007년3월15일 제9438호	2007년3월12일 서울서부지방법원의	채권자 최화

발행일시 : 2011년02월08일 오후 5시31분38초　　　　　　3/8

앞에서도 잠깐 말씀드렸고, 지금 보시는 것처럼 순위번호 10, 2006년 5월 22일자로 일단 처분금지가처분등기를 설정해 놓았다. 이 가처분등기가 제1순위 권리였다. 즉 최선순위가처분등기였다. 경매 지식을 잠깐 빌려오자. 말소기준보다 앞서는 처분금지가처분등기는 경매결과로 말소되지 않는다. 권리자가 누구든 상관없다. 이 경매물건에서 최선순위 가처분권리자와 경매신청권자가 동일하다. 그런데 경매진행에서 이 가처분이 걸림돌이 된다는 통지가 왔다. 선순위 가처분으로 인해 정상적으로 경매가 진행되지 않는다는 것이었다. 저자는 법원의 원활한 강제집행을 위해 요청에 따라 문제가 된 10번의 가처분을 해제 하였다.

원활한 경매진행에 방해가 된 선순위 가처분(흠결사항 참조)

서울서부지방법원
보 정 명 령
채권자 최희, 채권자 김귀순 귀하

사　　건　　2007타경　　부동산강제경매
　　　　　　2007타경　　(중복)
채 권 자　　최희 외 1
채 무 자　　이
소 유 자　　채무자와 같음

귀하는 이 명령이 송달된 날로부터 5일 안에 다음 흠결사항을 보정하시기
바랍니다.

흠 결 사 항
1. 가처분등기가 최선순위 이어서 말소되어야만 진행이 가능합니다.(사실상정지
상태이니 말소등본제출하면 진행합니다.)

2007. 11. 2.

사 법 보 좌 관　지

선순위 처분금지가처분을 말소하고 말소된 등기부등본을 제출하였다. 흠결 사항이 보정되어 경매가 정상적으로 진행되는 데에는 더 이상 문제가 없게 되 었다. 이는 적진을 향해 진격하기 위해 모든 준비가 끝났다는 것을 의미한다.

강제집행시 선순위 가처분

최선순위의 처분금지가처분등기 또는 순위보전의 가등기가 있는 부동산

① 강제집행과의 우열

처분금지가처분이나 소유권이전청구권보전의 가등기가 매각에 의하여 소멸하는 근저당권 등 타물권이나 가압류의 등기보다 후에 경료된 경우에는 가처분권자는 매수인에게 대항할 수 없고 대금납부후 그 가처분등기나 가등기를 말소하게 되므로(1988.4.28. 87마1169, 대결 1997.1.16. 96마231), 경매의 개시나 진행을 방해할 사유가 되지 않는다(단 담보가등기는 최선순위라 하더라도 경매로 인하여 말소된다). 가처분채권자는 매각절차가 개시되었다는 이유로 제3자이의 등 집행이의를 신청할 권한은 없으나 후에 본안소송에서 승소판결을 얻은 때에 비로소 그 강제집행의 결과를 부인할 수 있다(가처분상대적우위설, 대결1993.2.19. 92마903).

② 가처분금지가 처분등기의 경우

최선순위의 처분금지가처분등기가 있는 경우에는 그 가처분등기가 매각허가에 의하여 소멸되지 않으므로 가처분채권자가 본안소송에서 승소하게 되면 경매의 효력을 가지고 가처분채권자에게 대항할 수 없게 되므로 매수인은 소유권을 성실하게 되고, 가처분채권자는 경매로 인하여 그 권리행사에 지장을 받지 아니할 것이다. 반대로 만약 가처분채권자가 본안소송에서 패소하여 그

가처분이 최소되면 그 경매는 완전히 유효하게 될 것이다.

가처분

다툼의 대상(계쟁물)에 관한 가처분(민집 300조 1항)

채권자가 금전 이외의 물건이나 권리를 대상으로 하는 청구권을 가지고 있을 때 그 강제집행시까지 다툼의 대상(계쟁물)이 처분, 멸실되는 등 법률적, 사실적 변경이 생기는 것을 방지하고자 다툼의 대상의 현상을 동결시키는 보전처분이다. 청구권을 보전하기 위한 제도임에는 가압류와 같으나 그 청구권이 금전채권이 아니라는 점과 그 대상이 채무자의 일반재산이 아닌 특정 물건이나 권리라는 점에서 다르다. 금전채권으로는 다툼의 대상에 관한 가처분이 허용되지 않는다.

법원경매에서 중복이란?

여러 명의 채권자 중 1인이 먼저 경매신청을 하여 경매개시결정을 한 후에 다른 채권자가 추가로 경매신청을 함으로써 민사집행법 87조 1항에 의하여 이중경매개시결정을 한 경우(예: 선행사건과 후행사건의 목적물이 완전히 일치하거나 한 사건의 목적물이 더 많고 그 것이 나머지 사건의 목적물을 모두 포함하고 있는 경우)

나 홀로 소송이 말처럼 쉽지는 않을 것이라는 것은 여러분들도 짐작 하실 것입니다. 건물주가 선임한 전문법률가를 상대로 대법원까지 재판을 유지하고 끌고 간다는 것은 사실은 고독하고 외로웠다. 내가 허점을 보이면 상대는 무섭게 파고 들어왔다. 知彼知己면 百戰百勝이라는 병가의 말씀은 수천 년이 지난 오늘날에도 진실이다. 전투를 시작하기 전에 먼저 상대방을 파악할 줄 알아야 한다. 그래야만 제대로 된 전략수립이 가능하기 때문이다.

청파동 다가구주택 투자건에서 필자가 창이라면 건물주는 방패였고, 필자가 城을 공격하는 형세라면 건물주는 성안에서 공격을 막아내는 형세였다. 어떤 군사학 서적에 본 것으로 기억난다. 성을 공격하는 군대가 세배 이상의 군사력과 지혜가 있어야 성을 함락시킬 수 있다고. 건물을 사수하려는 건물주 역시 사력을 다해 방어전선을 형성하고는 일보불퇴의 각오로 서로는 한판을 벌였다. 전쟁도 그렇고, 인생도 그렇듯이 굴곡 없는 과정이 어디 있으랴. 승기를 잡았다고 판단하고 의기양양해 할 때가 더 위험할 때일 수 있다. 싸움에서 잠시 유리해졌다고 해서 판이 끝났다고 생각하는 장수는 장수도 아니다. 긴장이 풀린 상태에서 당하는 일격으로 전쟁이 끝나 버릴 수도 있다.

전투에서는 이기고 전쟁에서는 비참하게 져버리게 될 수 있다는 것이다. 돌아올 수 있을 만큼만 전진하고, 필요하다면 전술상 일단 퇴각도 할 줄 아는 지도자가 아니라면 병력전부가 적의 매복공격에 궤멸 당할 수도 있다. 한판 전투에서 졌다고 주저앉을 필자가 아니다.

전쟁에서 이겨야겠다는 집념은 건물주보다 훨씬 강했을 것이다. 이유는 간단하다. 부동산투자를 사업으로 여기고 전력으로 질주했다. 재테크가 아니라 사업 말이다. 벌어도 그만이고, 아니어도 그만인 부업이 아니란 것이다. 사업은 목숨을 걸고 해도 성공가능성이 높지 않다. 여기서 다시 말씀드릴 점은 지금까지는 물론이고, 모든 소장 작성과 신청 소송 진행을 필자 홀로 진행한 '나 홀로 소송'이었다는 것이다. 시중의 다른 책들과 차별성을 갖는 소중한 부분이다. 2장을 통해서 계속 보도록 하자.

나는 경·공매 CEO다.

PART **2**

경기가 모두 끝날때까지
끝난 것이 아니다

Chapter 01 건물주의 송파 집합건물 등기부 만화책 만들기

知彼해야 百勝한다

번호	접 수	소재지번,건물명칭 및 번호	건물내역
1 (1)	1999년4월20일	서울특별시 송파구 가락동	철근콘크리트조 평슬래브 지붕 11층 근린생활시설및 주택 지하2층 503.22㎡ 지하1층 535.86㎡ 1층 486.72㎡ 2층 311.92㎡ 3층 178.12㎡

[건물] 서울특별시 송파구 가락동 137- 　제2층 제201호

【 표 제 부 】 (1동의 건물의 표시)

'知彼知己면 百戰百勝' 이라는 병가의 말씀은 수천 년이 지난 오늘날에도 진실이다. 앞에서 경매개시를 위한 구체적인 작업들을 보았다. 구체적인 전투를 시작하기 전에 먼저 상대방을 파악할 줄 알아야 한다. 그래야만 제대로 된 전략 수립이 가능하기 때문이다.

126 나는 경·공매 CEO다.

집합건물 4개호 중 ①번째 201호

합건물] 서울특별시 송파구 가락동 ᆫ,○○ᆯ○ 제2층 제201호

【 갑 구 】				(소유권에 관한 사항)
위번호	등 기 목 적	접 수	등 기 원 인	권 리 자 및
1 전 2)	소유권이전	1999년4월20일 제32685호	1998년9월11일 매매	소유자 이 서울 강남구 개포동 189
				부동산등기법 제177조의 6 ㅈ 05월 10일 전산이기
1-1	1번등기명의인표시변경		1999년5월17일 전거	이 의 주소 서울 송파구 1999년12월28일 부기
2	소유권이전	1999년12월28일 제105905호	1999년11월10일 매매	소유자 이 일본국 도쿄도 수마다구

강제경매개시결정, 가압류 기입등기

8	강제경매개시결정	2007년3월16일 제22991호	2007년3월15일 서울동부지방법원의 강제경매개시결정(2007 타경	채권자 최화 서울 강남구 포이동1 김귀순 서울 강남구 포이동1
9	가압류	2008년10월28일 제78068호	2008년10월26일 서울동부지방법원의 가압류 결정(2008카단	청구금액 금27,000,000 원(채권자 채권자2. 김귀순 금21,(채권자 최화 서울특별시 강남구 개포4동 1 김귀순 서울특별시 강남구 개포4동 1
10	압류	2009년5월25일 제44347초	2009년5월15일 압류(교통행정과-16	권리자 서울특별시송파구

일시 : 2011년02월08일 오후 5시27분24초

4/8

피고인 건물주가 소유하고 있는 다른 부동산에 가압류를 하였다. 자산동결을 통하여 양손 묶어놓기 위한 1단계 작전이다. 건물주의 집합건물의 4개호에 대하여 각각 가압류 및 강제경매를 신청하였다. 참고로 이 집합건물은 지하 2층 ~ 지상 11층으로 이루어져 있는 주상복합건물이었다.

등기부를 통해서 알 수 있듯이 201호, 202호, 203호로 2층 전체와 301호는 3층 전체를 소유하고 있었다. 상당한 재력을 가지고 있는 것을 알 수 있다. 나의 파트너가 재력가라는 것이 싸움에서 어떤 영향을 미칠지는 일단 전투가 시작되어 봐야 알겠지만, 체력이 약하다는 것보다는 긍정적이다. 전투자체는 힘이 들지라도, 채권을 회수하는 과정은 빈털터리보다는 양호할 것으로 판단했다. 물론 필자의 판단에 불과하지만 말이다.

집합건물 4개호 중 ②번째 202호

합건물] 서울특별시 송파구 가락동			제2층 제202호	
【 갑 구 】			(소유권에 관한 사항)	
위번호	등 기 목 적	접 수	등 기 원 인	권 리 자
1 전 2)	소유권이전	1999년4월20일 제32686호	1998년9월11일 매매	소유자 이 서울 강남구 개포동
				부동산등기법 제177조의 05월 10일 전산이기
1-1	1번등기명의인표시변경		1999년5월17일 전거	이 최 주소 서울 송 1999년12월28일 부기
2	소유권이전	1999년12월28일 제105905호	1999년11월10일 매매	소유자 이 일본국 도쿄도 수미

강제경매개시결정, 가압류 기입등기

8	강제경매개시결정	2007년3월16일
		제22991호
			2007년3월15일
			서울동부지방법원의
			강제경매개시결정(2007
			타경
				채권자
				최화
				  서울 강남구 포이동
				김귀순
				  서울 강남구 포이동1

9	가압류	2008년10월28일
		제78068호
			2008년10월28일
			서울동부지방법원의
			가압류
			결정(2008카단
				청구금액 금27,000,000
				    채권자2. 김규
				채권자
				  최화
				    서울특별시 강남구 거
				김규순
				    서울특별시 강남구 거

10	9번가압류등기말소	2009년9월10일 제74975호	2009년7월24일 취소결정	

집합건물 4개호 중 ③번째 203호

[집합건물] 서울특별시 송파구 가락동			'제2층 제203호	
【　　　갑　　　구　　　】			（ 소유권에 관한 사항 ）	
순위번호	등 기 목 적	접　　수	등 기 원 인	권 리 자
1 (전 2)	소유권이전	1999년4월20일 제32687호	1998년9월11일 매매	소유자 이 서울 강남구 개포동 부동산등기법 제177조의 (05월 10일 전산이기
1-1	1번등기명의인표시변경		1999년5월17일 전거	이 의 주소 서울 송피 1999년12월28일 부기
2	압류	1999년11월2일 제89863호	1999년10월27일 압류 (세일13410-1871)	권리자 서울시송파구
3	소유권이전	1999년12월28일 제105905호	1999년11월10일 매매	소유자 이 일본국 도교도 수마다

강제경매개시결정, 가압류 기입등기

11	강제경매개시결정	2007년3월16일 제22991호	2007년3월15일 서울동부지방법원의 강제경매개시결정(2007 타경	채권자 최화 서울 강남구 포이동1 김규순 서울 강남구 포이동1
12	가압류	2008년10월28일	2008년10월28일	청구금액 금27,000,000 원(채권자1. 최화

집합건물 4개호 중 ④번째 301호

[합건물] 서울특별시 송파구 가락동			제3층 제301호	
【 갑 구 】			(소유권에 관한 사항)	
위번호	등 기 목 적	접 수	등 기 원 인	권 리 자 및
1 (전 2)	소유권이전	1999년4월20일 제32688호	1997년11월20일 매매	소유자 고, 서울 강남구 개포동 189
				부동산등기법 제177조의 6 저 05월 10일 전산이기
1-1	1번등기명의인표시변경	1999년9월3일 제73212호	1999년5월17일 전거	고 의 주소 서울 송파구
2	소유권이전	1999년12월28일 제105906호	1999년11월10일 매매	소유자 이 일본국 도쿄도 수머다구

강제경매개시결정, 가압류 기입등기

11	강제경매개시결정	2007년3월16일 제22991호	2007년3월15일 서울동부지방법원의 강제경매개시결정(2007 타경	채권자 최화 서울 강남구 포이동1 김규순 서울 강남구 포이동1
12	가압류	2008년10월22일	2008년10월21일	청구금액 금124,830,000

일시 : 2011년02월08일 오후 4시57분19초   4/7

[건물] 서울특별시 송파구 가락동			제3층 제301호	
[번호	등 기 목 적	접 수	등 기 원 인	권 리 자 !
		제74805호	서울동부지방법원의 카압류결정(2008카단	채권자 유ㅓ 군포시 산본동 1119-4
13	카압류	2008년10월28일 제78068호	2008년10월28일 서울동부지방법원의 카압류 결정(2008카단	청구금액 금27,000,000 원 채권자2. 김귀순 채권자 최화

재력가의 부동산 등기부에 낙서들이 하나씩 늘어나고 있다. 낙서가 늘어나는 것만큼 채무자가 궁지로 몰리는 것은 당연하다. 독자들 중에서는 필자가 심하다고 생각하는 분들도 계시겠지만, 이는 전투의 기본을 몰라서 하는 말이다. 싸움에서 이겨 적장의 무릎을 꿇린 다음 관용을 베풀 것인가. 싸움에 져서 적장 앞에 무릎을 꿇리고 상대의 처분에 내 목과 내 가정의 장래에 대하여 선처를 빌 것인가. 인조가 삼전도에서 삼배구곡을 행한 비극은 역사적인 사실만은 아닐 수도 있다. 어느 쪽이어하는가를 더 이상 고민할 필요가 있을까.

서울동부지방법원
결   정

사   건   2007타경: 부동산강제경매
채 권 자   최회   외 1
채 무 자   이   외 1
소 유 자   이

주   문

이 사건에 당원 2006타경: 부동산임의경매사건을 병합한다.

이   유

이 사건에 관하여 병합하여 매각하는 것이 상당하다고 인정되므로 주문과
같이 결정한다.

2007. 3. 15.

사 법 보 좌 관   정 :

법원경매에서 병합이란?

여러 명의 채권자가 동시에 경매신청을 하거나 아직 경매개시결정을 하지 아니한 동안에 동일 부동산에 대하여 다른 채권자로부터 경매신청을 병합하여 1개의 경매개시결정을 한 경우(예: 선행사건과 후행사건의 목적물이 일부만 서로 중복되는 경우)

한 개의 부동산에 두 개 이상의 경매신청이 있는 경우 법원은 심리를 통해 어느 한 사건으로 경매를 진행한다. 그리고 매각목록과 매각명세서에 이를 기록한다.

가압류

가압류는 금전채권이나 금전으로 환산할 수 있는 채권의 집행을 보전할 목적으로 미리 채무자의 재산을 동결시켜 채무자로부터 그 재산에 대한 처분권을 감정적으로 뺏앗는 집행보전제도이다. 이는 채무자의 일반재산의 감소를 방지하고 하는 것으로 금전채권이나 금전으로 환산할 수 있는 채권에 대한 보전수단이라는 점에서 다툼이 대상(계쟁물)에 대한 청구권보전을 위한 그 현상변경을 금지하는 가처분과 구별되며, 단순히 재산을 동결하는 데 그친다는 점에서 금전을 직접 추심할 수 있는 권능을 주는 단행적 가처분과도 다르다. 가압류 후 금전의 지급을 명하는 확정판결이 있게 되면 가압류는 본압류로 이전되어 가압류된 재산에 대한 금전채권의 강제집행절차를 밟게 된다.

Chapter 02 장군, 명군, 장군, 명군, 그리고 장군

대지 낙찰로 2005년에 대지소유권 이전 후 건물주(이**소유) 건물등기부에 가처분을 경료 하였다는 것은 앞에서 살펴본 바대로 이다. 처분금지 가처분등기를 설정하고 난 다음 곧 바로 '가압류 보전처분' 신청 작업을 시작하였다.

소송에서 최종 승소하는데 까지는 상당한 시간이 걸린다. 따라서 승소하고도 집행에 걸림돌이 될 만한 장애물들을 미리 제거하자는 것이다. 가압류에 관련된 기본적인 서류는 인터넷에 거의 다 떠 있다. 필자 역시 기본적으로 인터넷을 통한자료는 참고로 활용하는 편이다. 모자라는 부분은 법률서적을 통하여 준비한다. 보전처분의 내용은 이번에도 직접 정리하였다. 서류작성 후 관할관청인 용산 구청을 방문하여 등록세 납부 영수증을 발급받아 이를 완납하였다. 부동산 등기부에 등록된 사항을 말소하거나, 새로이 등록하고자 할 때는 먼저 등록세를 납부하고 그 영수증을 첨부해야 하기 때문이다. 피 보전권리 내용은 토지지료로 정하였다. 서부지법 1심 법원에 가압류신청을 접수하고 인용 전 담보제공명령서를 송달받았다. 그리고는 담보제공명령서를 지참하고 보증보험회사에 방문하여 보증 보험료를 납부하여, 보증보험서를 발급받아 법원에 제출하였다. 1심 법원에서는 인용되었다. 즉 필자의 가압류 신청이 받아들여졌다. 다음의 필자가 신청한 가압류 신청의 결정문이다.

피 보전권리 주 내용은 토지지료

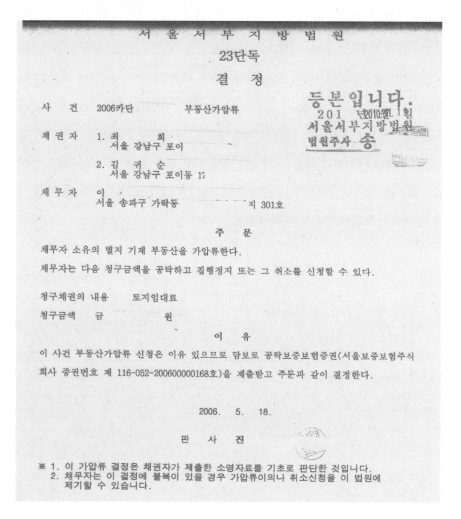

서울서부지방법원
23단독
결 정

등본입니다.
201 년2010. 1. 월
서울서부지방법원
법원주사 송

사 건   2006카단   부동산가압류

채 권 자   1. 최   회
         서울 강남구 포이

        2. 김 귀 순
         서울 강남구 포이동 1'

채 무 자   이
         서울 송파구 가락동   지 301호

주 문

채무자 소유의 별지 기재 부동산을 가압류한다.

채무자는 다음 청구금액을 공탁하고 집행정지 또는 그 취소를 신청할 수 있다.

청구채권의 내용   토지임대료
청구금액   금   원

이 유

이 사건 부동산가압류 신청은 이유 있으므로 담보로 공탁보증보험증권(서울보증보험주식회사 증권번호 제 116-052-200600000168호)을 제출받고 주문과 같이 결정한다.

2006. 5. 18.

판 사 진

※ 1. 이 가압류 결정은 채권자가 제출한 소명자료를 기초로 판단한 것입니다.
   2. 채무자는 이 결정에 불복이 있을 경우 가압류이의나 취소신청을 이 법원에 제기할 수 있습니다.

주문을 보자

『채무자 소유의 별지 기재 부동산을 가압류한다.

채무자는 다음 청구금액을 공탁하고 집행정지 또는 그 취소를 신청할 수 있다.』

이유를 보자

『이 사건 부동산가압류 신청은 이유 있으므로 담보로 공탁보증보험증권(서울보증보험주식회사 증권번호 제 1**-0**-2*************호)을 제출받고 주문과 같이 결정한다』

이때까지만 해도 순조로웠다. 표 중간부분에 청구채권의 내용 란에 '토지임대료'라는 항이 보일 것이다. 청구금액은 일부로 삭제했다. 이 책 전체를 통해 문제가 될 만한 사항이나 내용은 삭제하지 않을 수 없는 점을 여러분들에게 양해를 구한다. 다시 말씀드리지만 출판물에 의한 명예훼손 등으로 시비가 걸릴 가능성을 차단하고자 하는 고육책이다.

10	가처분	2006년5월22일 제20055호	2006년5월18일 서울서부지방법원와 가처분결정(2006카합)	피보전권리 건물철거 및 토지인도청구권 채권자 최화 서울 강남구 포이동 1 김귀순 서울 강남구 포이동 1 금지사항 양도, 담보권설정, 기타 일체의 금지
11	가압류	2006년5월22일 제20060호	2006년5월18일 서울서부지방법원와 가압류 결정(2006카단	청구금액 금25,100,000원 채권자 최화 서울 강남구 포이동 1 김귀순 서울 강남구 포이동 1
12	9번강제경매개시결정등기말소	2007년1월5일 제572호	2006년12월29일 취하	
13	강제경매개시결정	2007년3월15일 제9438호	2007년3월12일 서울서부지방법원와	채권자 최화

일시 : 2011년02월08일 오후 5시31분38초   3/8

가압류가 설정된 건물등기부등본

1주일 정도 지나 건물등기부등본을 확인하니 가압류등기가 설정된 것을 확인할 수 있었다.

서 울 동 부 지 방 법 원

민사제13단독

담 보 제 공 명 령

사　건　　2008카단 102　　부동산가압류

채 권 자　1. 최　　회
　　　　　　　　서울 강남구 개포4동

　　　　　　2. 김 귀 순
　　　　　　　　서울 강남구 개포4동

채 무 자　이
　　　　　　　서울 송파구 가락2동 137-
　　　　　등기부상주소　　서울 송파구 가락동 137-

위 사건에 대하여 채권자들에게 담보로 이 명령을 고지받은 날부터 7 일 이내에 채무자를 위하여 금 2,700,000 (이백칠십만)원을 공탁할 것을 명한다.

채권자는 위 금액을 보험금액으로 하는 지급보증위탁계약을 체결한 문서를 제출할 수 있다.

2008. 10. 21.

판 사 정

※ 공탁소에 공탁을 하신 후, 반드시 위에서 정한 기일 내에 공탁서 사본을 담당재판부에 제출하여주시기 바랍니다.

---

1) 담보제공명령(현금공탁)을 살펴보자. 이 사건은 필자가 건물주의 송파구 집합건물 4개호에 대하여 2007 타경 0000 강제경매 신청 후 동부지법에 가압류를 신청하여 결정을 받기 전에 담보제공명령을 재판부에 결정하는데 담보제공방법은 2가지로 현금공탁과 공탁보증보험증권으로 하는 방법이 그것이다.
앞에서 보았듯이 서부지법은 2006 카단 0000은 보증보험으로, 동부지법 2008 카단 102000은 현금공탁으로 결정되었다. 현금공탁은 가압류 액의 10%로 명하였다. 담보제공명령은 필자의 사건의 경우를 설명한 것이다. 실무에서는 각 법원의 결정에 따르면 될 것이다.

가압류 보전을 위한 금전 공탁서

동부지법 부동산 가압류에 대하여 담보제공명령(2008.10.21)에 따라 동부지법 2008.10.27일 필자는 현금공탁을 하였다.

건물등기부에 낙서된 두 번째 가압류

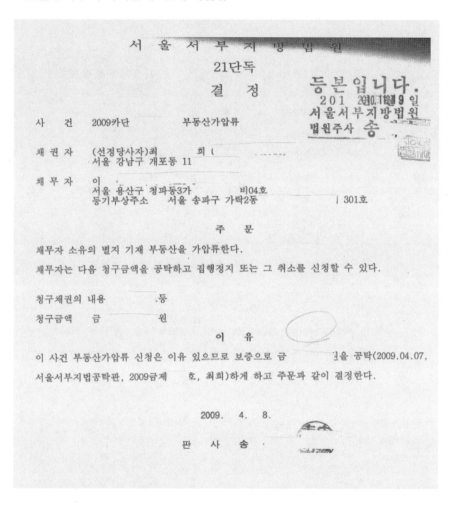

이렇게 되자 다시 건물주의 반격이 시작되었다. 토지임대료에 의한 '가압류 설정등기'를 말소해 달라는 청구를 서부지방법원에 제기한 것이다. 2라운드가 시작되고 있었다.

또다시 시작된 건물소유자의 반격

서 울 서 부 지 방 법 원

결   정

사 건	2008카단 가압류취소
신 청 인	이
	서울 송파구 가락동 301호
	송달장소 서울 양천구 신정동 100
	송달영수인 김 , 김
피 신 청 인	1. 최희
	2. 김귀순
	피신청인들 주소 서울 강남구 포이동

주   문

1. 신청인과 피신청인들 사이의 이 법원 2006카단   부동산가압류 신청사건에 관하여 이 법원이 2006. 5. 18. 한 가압류결정을 취소한다.

2. 소송비용은 피신청인들이 부담한다.

신 청 취 지

주문과 같다.

이 소송의 결론부터 말씀드리자. 건물주가 제기한 가압류취소 소송으로 인하여 2006년에 제기하여 설정된 가압류는 말소되었다. 2008년 청구이의 소송 1심에서 저자가 패하였기 때문이다. 토지임대료에 의한 가압류말소를 청구한 건물소유자의 청구에 대한 서울서부지방법원의 1심 판결 결정문이다.

주문을 보자

1.『신청인(건물주)과 피신청인(토지주인 필자와 집사람)들 사이의 이 법원 2006 카단****** 부동산 가압류 신청사건에 관하여 이 법원이 2006. 5.18. 한 가압류결정을 취소한다.』

2.『소송비용은 피신청인들이 부담한다.』는 판결이다. 건물주의 청구를 100% 인용한 결정이었다.

3. 결론

  그렇다면 이 사건 가압류결정은 그 피보전권리가 모두 소멸되어 더 이상 유지

없게 되었으므로, 신청인의 이 사건 가압류 취소신청은 이유 있어 주문과 같이 결

다.

2009. 2. 18.

판 사 김

주문을 3.의 결론과 같은 결론으로 건물소유자의 청구를 '가압류말소청구취지'를 받아들여 등기부의 가압류를 말소하라는 결정이 떨어졌다. 필자가 패소한 것이다.

법원이 이 같은 판단한 이유는 건물주가 2007년 **월에 현금으로 토지임대료,

즉 지료를 공탁 후 가압류말소를 청구한 것이다. 즉 확정된 지료만큼의 가압류 액수와 월 지료를 서부법원과 중앙법원에 매월 공탁하고 가압류 취소소송을 제기한 것이다.

2009년 가압류 취소소송을 2심에 대하여 서부지법 2심에 항고를 하였다. 1심은 단독판사 심리로 결정된다(1심 합의부인 경우 3명). 이에 비해 항소심(동지법 항소부또는 고등법원)은 3명의 판사로 구성되어 재판장 1명과 배석판사 2명으로 이루어진 3명의 판사가 사건을 심리한다. 아무래도 단독판사가 홀로 하는 심리보다는 더 상세하게 심리하게 된다.

손자병법을 보면 가장 잘 싸우는 것에 관한 명문장이 등장한다. '싸우지 않고 승리하는 것이 진정한 승리' 란다. 그러나 오늘날 경매판에서 벌어지는 전투의 양상을 보면 싸우지 않고 이길 수 있는 방법이 별로 없다. 싸우지 않고 이길 수 있으려면 상대방도 싸움에 관한 내공이 높아야 하는데 우리의 현실은 그러지 못한다는데 그 이유가 있다. 차선책으로 싸워서라도 이겨야 한다면 최선을 다해 승리해야 한다는 것도 손자의 지론이다. 하여튼 객관적인 전세는 필자에게 그다지 유리하지 못한 것이 사실이었다. 적어도 이번 전투에서는 말이다. 객관적인 전세가 불리하다고 해서 싸워보지도 않고 이대로 물러설 필자가 아니다.

객관적인 형세로 보아서 불리한 멍군

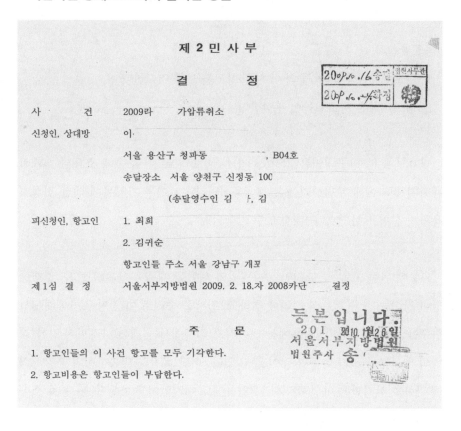

제 2 민 사 부

결   정

사   건   2009라   가압류취소

신청인, 상대방   이

서울 용산구 청파동   , B04호

송달장소 서울 양천구 신정동 100

(송달영수인 김   , 김

피신청인, 항고인   1. 최희

2. 김귀순

항고인들 주소 서울 강남구 개포

제1심 결정   서울서부지방법원 2009. 2. 18.자 2008카단   결정

주   문

1. 항고인들의 이 사건 항고를 모두 기각한다.

2. 항고비용은 항고인들이 부담한다.

신청인의 송달장소를 보면 건물주가 사는 곳이 아닌 법무사 사무실임을 알 수 있다. 항고 이유로는 2007가소 ○○○○○○지료 증가에 관한 1심 본안 소송이 진행 중이라는 것을 이유로 들었다. 소송결과에 따라 지료증가 여지가 있다는 것을 주장했다. 즉 토지임대료 증가부분에 대하여 가압류 보전이 차액 분으로 누적된 부분만큼 추가 지료가 성립된다는 취지였다. 그러나 지금에서 보듯이 항소심인 2심에서도 기각되었다. 필자의 청구들 받아들여 주지 않았다. 이 소송에서는 필자가 완패했다.

주문을 보자.
1.『항고인(필자와 집사람)들의 이 사건 항고를 모두 기각한다.』
2.『항고비용은 항고인들이 부담한다.』

필자의 모든 청구내역을 기각(받아들이지 않고)하고, 이 소송에 소요된 재판비용까지 필자에게 부담하라는 결정내용이었다. 그 이후 가압류에 대한 집행비용확정 신청을 하였으나 1.2심 모두 기각되었다.

싸움에 관한 고전 중 고전인 손자병법의 패했을 때 부분을 살펴보자. 전쟁에 망한 장수는 작은 전투의 승리에 취하고, 전쟁을 승리로 이끈 장수는 패배에서 한수를 다시 배운단다. 전투에서는 이기고 전쟁에서는 패해 나라까지 망한 패망의 역사는 우리가 너무나 많이 알고 있다. 비단 국가와 민족사이의 흥망성쇠에 관한 이야기만은 아닐 것이다. 개인사에도 여지없이 적용된다. 나 홀로 소송을 진행하는 동안 전문법조인이 파트너인 소송에서 나의 정당한 청구가 일방적으로 기각되어 버리면 만감이 교차하게 된다. 자신감 상실은 더 말할 것도 없이 말이다. 경우에 따라서는 이쯤에서 소송을 접고 상대방과 적당히 타협하려는 약한 마음까지 생기는 것도 인지상정이다. 그러나 이는 전쟁의 본질을 망각한 필패의 지름길이란다. 102%동의한다. 유리한 고지를 점하고 협상에 들어가야지, 청구가 기각되어 상대방이 기세가 등등한 상황에서 서투른 협상시도는 전체 판을 망치고 만다는 것이 필자의 판단이다. 뼈저리게 경험한 사항이다.

건물주가 신청한 가압류말소 촉탁신청서

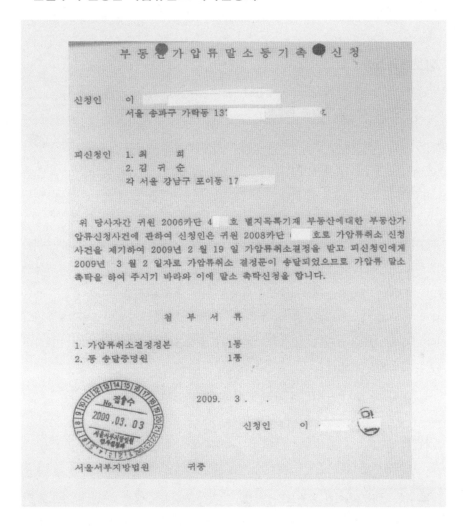

부동산가압류말소등기촉탁신청

신청인   이⬛⬛⬛
         서울 송파구 가락동 13⬛⬛⬛⬛⬛

피신청인 1. 최 희
          2. 김 귀 순
          각 서울 강남구 포이동 17⬛⬛

위 당사자간 귀원 2006카단 4⬛호 별지목록기재 부동산에 대한 부동산가
압류신청사건에 관하여 신청인은 귀원 2008카단 ⬛호로 가압류취소 신청
사건을 제기하여 2009년 2월 19일 가압류취소결정을 받고 피신청인에게
2009년 3월 2일자로 가압류취소 결정문이 송달되었으므로 가압류 말소
촉탁을 하여 주시기 바라와 이에 말소 촉탁신청을 합니다.

첨 부 서 류

1. 가압류취소결정정본   1통
2. 동 송달증명원   1통

2009. 3. .

신청인   이 ⬛⬛⬛

서울서부지방법원   귀중

건물주는 가압류 취소 결정문을 받아 그것을 근거로 가압류 말소 등기촉탁을
신청하였다. 건물소유주의 파상공세가 이어지고 있는 것을 볼 수 있다.

담보제공명령

법원은 통상 보전처분을 발하기에 앞서 일정한 기간(보통 3일 내지 5일)을 정하여 일정액의 담보를 제공하라는 명령을 발하는데, 변론 또는 심문절차에 채무자가 참가한 사건 등에서는 통상 채권자가 담보를 제공할 것을 조건으로 하는 정지조건부 보전처분을 하고 있다.

채무자가 여럿인 경우에도 각 채무자에 대하여 개별적으로 담보제공을 명하는 것이 원칙이지만, 손해가 여러 채무자에게 불가분적으로 생기거나 본안소송이 필수적 공동소송인 경우에는 "채권자는 채무자들을 위하여 공동보증으로 금 원을 공탁하라"는 내용의 이른바 공동보증을 명할 수 있다. 이 경우에는 채무자 전원에 대하여 담보사유가 소멸되어야 담보취소를 할 수 있다. 채권자가 여럿인 경우에도 개별보증이 원칙이나 연대하여 제공할 것을 명할 수 있다.

가압류

가압류는 금전채권이나 금전으로 환산할 수 있는 채권의 집행을 보전할 목적으로 미리 채무자의 재산을 동결시켜 채무자로부터 그 재산에 대한 처분권을 감정적으로 빼앗는 집행보전제도이다. 이는 채무자의 일반재산의 감소를 방지하고 하는 것으로 금전채권이나 금전으로 환산할 수 있는 채권에 대한 보전수단이라는 점에서 다툼이 대상(계쟁물)에 대한 청구권보전을 위한 그 현상변경을 금지하는 가처분과 구별되며, 단순히 재산을 동결하는 데 그친다는 점에서 금전을 직접 추심할 수 있는 권능을 주는 단행적 가처분과도 다르다. 가압류 후 금전의 지급을 명하는 확정판결이 있게 되면 가압류는 본 압류로 이전되어 가압류된 재산에 대한 금전채권의 강제집행절차를 밟게 된다.

가압류 취소

보전처분의 취소를 구하는 소송은 보전처분의 발령요건을 존부(피보전권리의 존부, 보전의 필요성의 유무)를 다투는 것이 아니라, 현재 보전처분을 유지할 수 없는 사유(취소사유)가 존재함을 이유로 하는 것이므로 적극적으로 그와 같은 사유가 있음을 주장하게 되는 신청인(채무자)이 원고에 대응하는 지위를 갖게 되고, 그 부존재를 주장하는 채권자가 피고에 대응하는 지위에서 방어하게 된다.

취소절차는 일단 유효하게 발령된 보전처분을 보전처분 신청절차와는 별개의 절차에 의하여 실효시키는 제도라는 점에서 당해 보전처분 신청절차 내에서 보전처분 신청의 당부를 재심사하는 이의제도와 구별된다.

Chapter 03

해지기전에 돌아올 수 있을 만큼만 나아가라

필자가 창이라면 건물주는 방패였고, 필자가 城을 공격하는 형세라면 건물주는 성안에서 공격을 막아내는 형세였다. 어떤 군사학 서적에서 본 것으로 기억난다. 성을 공격하는 군대가 세배 이상의 군사력과 지혜가 있어야 성을 함락시킬 수 있다고. 건물을 사수하려는 건물주 역시 사력을 다해 방어전선을 형성하고는 일보불퇴의 각오로 서로는 한판을 벌이고 있는 것이다. 피차는 배수의 진을 치고 맞붙고 있었지만, 전쟁에서 이겨야겠다는 집념은 건물주보다 훨씬 강했을 것이다. 이유는 간단하다. 필자는 부동산투자를 사업으로 여기고 전력으로 질주했다. 벌어도 그만이고, 아니어도 그만인 재테크 차원의 부업이 아니란 것이다. 사업은 목숨을 걸고 해도 성공가능성이 높지 않다.

사업에서 실패했을 때 받았던 쓰디쓴 대접의 기억은 평생을 두고도 잊을 수가 없다. 어떻게 잊을 수 있다는 말인가. 전쟁도 그렇고, 사업도, 인생도 그렇듯이 굴곡 없는 과정이 어디 있으랴. 중요한 것은 슬픈 전철을 두 번 다시 밟지 않는 것이고, 훌훌 털고 다시 시작하는 용기일 것이다. 그 과정의 전부를 여과 없이 보여주는 것이 이 책이 다른 책들과는 차별성을 갖는 소중한 부분이다.

건물주가 제기한 청구이의소송 판결문

서 울 서 부 지 방 법 원

판   결

사   건   2008가단   청구이의
원   고   이   -6
            서울 송파구 가락2동 :   301호
            송달장소 서울 양천구 신정동 10   2호
            (송달영수인 김   , 김   )

피   고   1. 최희
            2. 김귀순
            피고들 주소 서울 강남구 개포동 11

변 론 종 결   2008. 8. 12.
판 결 선 고   2008. 9. 30.

주   문

1. 피고 최희의 원고에 대한 서울서부지방법원 2007. 2. 28. 선고 2006가단   호 판
   결에 기한 강제집행 가운데 위 판결주문 중 금원의 지급을 명하는 부분과 관련된
   강제집행은 2008. 5. 28.부터 원고가 피고 최희에게 별지 목록 제1항 기재 대지를
   인도하는 날까지 월 (   )원의 비율로 계산한 돈을 초과하는 부분에 한하여 이를
   불허한다.

2. 피고 김귀순의 원고에 대한 서울서부지방법원 2007. 2. 28. 선고 2006가단   호

판결에 기한 강제집행 가운데 위 판결주문 중 금원의 지급을 명하는 부분과 관련된 강제집행은 2008. 5. 28.부터 원고가 피고 김귀순에게 별지 목록 제1항 기재 대지를 인도하는 날까지 월 　　　　　 원의 비율로 계산한 돈을 초과하는 부분에 한하여 이를 불허한다.

3. 원고의 피고들에 대한 나머지 청구를 각 기각한다.

4. 이 법원이 2008카기 　　　 강제집행정지 신청사건에 관하여 2008. 5. 30. 한 강제집행 정지결정은 위 제1, 2항 기재 돈을 초과하는 부분에 한하여 이를 인가한다.

5. 소송비용 중 80%는 원고가, 나머지 20%는 피고들이 각 부담한다.

6. 제4항은 가집행할 수 있다.

청 구 취 지

피고들의 원고에 대한 서울서부지방법원 2007. 2. 28. 선고 2006가단: 　 호 판결에 기한 강제집행을 불허한다.

동시에 본안의 소송은 계속진행 되었지만, 지금 보시는 것처럼 건물주가 제기한 청구이의소송 1심 판결 선고에서 필자가 패하였다. 다음 그림은 필자에게 패소판결을 내린 청구취지이다.

건물주가 제기한 청구이의소송의 주문

1. ① 2006 가단 ○○○○사건에서 지료 판결된 금원에 대해서 2005.12.21 ~ 2008.05.27 까지는 연체가 없고,

② 2008.05.28부터 필자에게 대지 인도하는 날까지, 1심 지료확정 판결된 지료 ○○○○○○원, 이를 초과하는 부분에 대해서는 강제집행을 할 수 없다는 뜻이다.

③ 지료 증가분 가지고 강제집행 할 수 없다는 뜻.

2. 1번 해석과 동일하며 필자와 집사람이다.

3. 건물주는 건물철거하고, 대지인도를 하라는 뜻이다.

4. 잠정처분 결정시 2008 금 ○○○○ 현금공탁 ○○○○○○○원, 현금 공탁한 ○○ ○○○○○원 이상 의 지료 연체 시 강제집행을 할 수 있다는 뜻이다.

5. 재판비용 중 5분의 4는 원고인 건물주가 부담하고, 나머지는 피고들이 공동으로 부담한다는 뜻이다.

6. 건물주가 공탁금이상의 지료연체 시 공탁금을 제외한 부분에 대하여 가집행이 가능하다는 뜻이다.

건물주가 제기한 청구이의소송 청구취지

피고들(이 소송사건에서 소송을 제기 당한 필자와 집사람)의 원고(건물주: 이**)에 대한 서울서부지방법원 2007. 2. 28. 선고 2006가단*****호 판결에 기한 강제집행을 불허한다.

건물철거와 토지지료에 대한 1심 판결에서 승소한 것에 반하는 판결이다. 즉 토지지료 채권에 대하여 강제집행을 하지 못하게 해달라는 의미이다. 토종인 필자가 나 홀로 소송을 한다는 것이 쉬운 일이라고 생각해본 적은 없었다. 2심 항소부에 즉시 항소를 하였다. 이 소송에서 원고인 건물주가 불필요하게 '청구이의 소송'을 제기하는지 알 수 없다는 필자의 주장과 건물주가 자진해서 건물 철거하고 대지인도 하면 될 것이다. 라는 내용이다. 창과 방패가 격렬히 부딪히고 있는 중이다.

계속되는 창의 패소

제 1 민 사 부

판　　결

사　　　　건　　2008나　　　　청구이의

원고, 피항소인　　이　　　　　-6

　　　　　　　　서울 용산구 청파동 3가　　　　　B 04호

　　　　　　　　송달장소　서울 양천구 신정동 100

피고(선정당사자), 항소인

　　　　　　　　최희

　　　　　　　　서울 강남구 개포동 1

제 1 심 판 결　　서울서부지방법원 2008. 9. 30. 선고 2008가단　　　　결

변 론 종 결　　2009. 4. 9.

판 결 선 고　　2009. 9. 17.

주　　문

1. 피고(선정당사자)의 항소를 기각한다.

2. 항소비용은 피고(선정당사자)가 부담한다.

그랬더니 지금과 같은 주문이 떨어졌다.

1. 피고(선정당사자)의 항소를 기각한다. 필자가 위에서 주장한 1심 패소부분 내용은 청구이의 소송과는 관계가 없다는 뜻이다.

2. 항소비용은 피고(선정당사자)가 부담한다. 필자가 대표니까 필자인 선정당사자가 부담하라는 뜻이다.

치열한 난타전의 기록

사건번호	2008나9		사건명	청구이의
원고	이		피 고	최희
재판부	제1민사부(항소)(나) (전화:02-3271·			
접수일	2008.11.27		종국결과	2009.09.17 항소기각
원고소가			피고소가	100
수리구분	제소		병합구분	없음
상소인			상소일	
상소각하일				
송달료,보관금 종결에 따른 잔액조회			≫ 잔액조회	

심급내용

법 원	사건번호	결 과
서울서부지방법원 2009.06.23	2008가단4; 기일변경명령	2008.09.30 원고일부승
2009.06.24	원고(피항소인) 이· ·에게 화해권고결정정본 발송	2009.06.25 도달
2009.06.24	피고1(선정당사자,항소인) 최희에게 화해권고결정정본 발송	2009.06.26 도달
2009.06.25	판결선고기일(305호 법정 10:00) 추정기일(추정사유:화해권고결정 결과를 지켜보기 위하여)	기일변경
2009.06.29	원고(피항소인) 이· ·에게 화해권고결정경정결정 정본 발송	2009.07.01 도달
2009.06.29	피고1(선정당사자,항소인) 최희에게 화해권고결정 경정결정정본 발송	2009.07.03 도달
2009.07.02	원고 이 이의신청	
2009.07.02	원고 이 이의신청서 제출	

화해권고결정으로 원고인 건물주가 제기한 이의신청서에 대한 법원의 기록이다. 2008나9000사건에서 2008.06.23자는 화해권고 결정이고, 피고인 필자가 2007 가소 ○○○○○○지료증가에서 패한 내용과 원고인 건물주가 항소하지 않았다는 내용이다.

양자의 화해를 위한 화해권고 결정문

서 울 서 부 지 방 법 원

제 1 민 사 부

화해권고결정

사   건   2008나   청구이의

원고, 피항소인   이

서울 용산구 청파동3가

송달장소 서울 양천구 신정동 100

피고(선정당사자), 항소인

최희

서울 강남구 개포4동 117

제 1 심 판 결   서울서부지방법원 2008. 9. 30. 선고 2008가단4   판결

위 사건의 공평한 해결을 위하여 당사자의 이익, 그 밖의 모든 사정 및 아래의 참작사정을 고려하여 다음과 같이 결정한다.

결 정 사 항

1. 피고(선정당사자) 및 선정자의 원고에 대한 서울서부지방법원 2007. 2. 28. 선고 2006가단32   호 판결에 기한 강제집행 가운데 위 판결주문 중 금원의 지급을 명하는 부분과 관련된 강제집행은 2008. 5. 28.부터 원고가 피고(선정당사자) 및 선정자

화해권고 결정문의 중간부분은 생략했다.

참 작 사 정

1. 피고(선정당사자) 및 선정자는 지료가 지료증감소송에 의해 지료가 인상될 것이라고

   주장하나, 지료증감소송은 1심에서 피고(선정당사자) 및 선정자가 패소하였다.

2. 원고는 2008. 5. 28. 이후의 일부 지료에 대해서도 피고(선정당사자) 및 선정자를 상

   대로 공탁하였으나, 원고가 항소하지 않아 이를 항소심에서는 고려할 수 없다.

2009. 6. 23.

재판장   판사   정

판사   황

서 울 서 부 지 방 법 원
제 1 민 사 부
결   정

사   건   2008나9?   청구이의

원고, 피항소인   이⋯⋯⋯⋯⋯

서울 용산구 청파동3가 1

송달장소   서울 양천구 신정동 10(

피고(선정당사자), 항소인

최희 ⋯⋯⋯

서울 강남구 개포4동 11?

주   문

위 사건에 관하여 이 법원이 2009. 6. 23. 한 화해권고결정 중 주문 제1항을 다음과 같이 경정한다.

°1. 가. 피고(선정당사자)의 원고에 대한 서울서부지방법원 2007. 2. 28. 선고 2006가단
:   ⋯ 판결에 기한 강제집행 가운데 위 판결주문 중 금원의 지급을 명하는
부분과 관련된 강제집행은 2008. 5. 28.부터 원고가 피고(선정당사자)에게 별지
목록 제1항 기재 대지를 인도하는 날까지 월   ?원의 비율로 계산한 돈을
초과하는 부분에 한하여 이를 불허한다.

2008.06.23 화해권고 결정의 하자를 보완한 2008.06.29 결정문에서 보면 2008.06.23 경정한다는 내용은 주문과 이유이다. 그러자 2008.06.23 화해권고 결정문을 2008.06.25 송달 받고, 2008.06.29 경정된 결정문을 2008.07.01 송달 받고, 2008.07.02 재판부에 이의 신청서를 제출한 것이다.

건물주가 제기한 이의신청서

이 의 신 청 서

사건번호   2008 나 9(청구이의   [담당재판부 : 제 1민사부   ]
원   고   이
피   고   최   회

위 사건에 관하여 원고는 2009 .   7 . 1 .아래 결정(해당란에 √표)을 송달 받
았으나, 이에 불복하여 이의신청을 합니다.

■ 화해권고 결정
□ 조정에 갈음하는 결정
□ 이행권고결정

2009.   7.   .
이의신청인 : 원   고   이   서명)

승기를 잡았다고 판단한 건물주의 의기양양함을 볼 수 있다. 법원이 제시한
화해권고 결정에 이의를 제기한 것이다. 싸움에서 중요한 점은 잠시 유리해졌
다고 해서 판이 끝났다고 생각하는 장수는 장수도 아니다. 돌아올 수 있을 만큼
만 전진하고, 필요하면 피해 없이 일단 퇴각할 줄 아는 지도자가 아니면 부하전
체가 적의 매복공격에 궤멸당할 수도 있다.

청구이의 소

'청구에관한이의의 소' 라 함은 채무자가 집행권에 표시된 청구권에 관하여 생긴 이의를 내세워 그 집행권원이 가지는 집행력의 배제를 구하는 소를 말한다(민집 44조). 청구에 관한 이의의 소는 확정된 종국판결 기타 유효한 집행권원에 표시된 청구권에 대한 실체상의 사유를 주장하여 그 집행력의 배제를 목적으로 하는 것이므로 그 집행권원의 내용이 금전채권을 위한 집행이든지 비금전채권을 위한 집행이든지 상관없다.

Chapter 04

2심에서도 물먹었다, 건물주의 파상공세로

이번에는 2심에서도 물먹었다

청구이의 2심 항소제기가 기각 당했다. 이미 보았듯이 단독판사가 진행한 1심에 이어서 항소심에서 또다시 필자가 패소하였다. 공방은 치열했다. 차지하려는 자와 빼앗기지 않으려는 자의 사이에 벌어지는 공방이 치열하지 않을 수 없었다. 전투 도중에 건물주는 2006가단 ○○○○건물철거 및 토지인도 소송사건의 밀린 토지 지료를 전부 서부지법에 공탁하였다. 또한 소송도중에 밀린 지료는 중앙지법에 매월 공탁을 하였다. 이는 필자의 카드를 어느 정도 읽고 있었다는 것을 의미한다. 지료체납을 원인으로 제기된 2007 타경 ○○○○강제경매를 방어하겠다는 것을 의미한다. 방패는 공탁을 통해 창의 공격을 일단 무디게 만든 다음, 대대적인 반격에 나서겠다는 의도였다. 그리고 그것을 통해 전쟁을 승리로 결말내겠다는 것이 분명했다. 적어도 이때까지는 방패의 전술이 더 효과적인 것처럼 보였다. 겉으로 드러나는 부분만을 보자면 확실히 창이 밀리는 것처럼 보였다. 방패의 기고만장에 보는 눈을 한참 시리게 하던 때였다.

건물주가 제기한 시간벌기

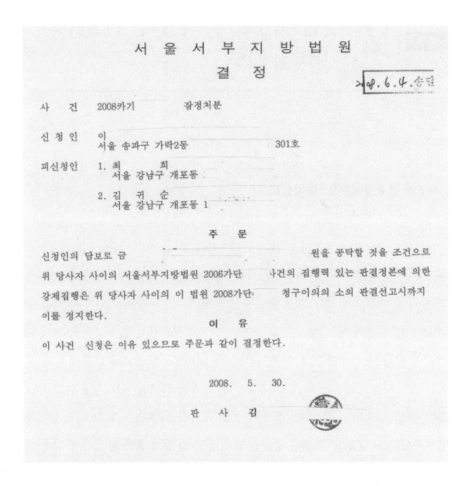

서 울 서 부 지 방 법 원
결 정

>08.6.4.송달

사 건   2008카기   잠정처분

신 청 인   이
          서울 송파구 가락2동   301호

피신청인   1. 최   희
             서울 강남구 개포동

          2. 김 귀 순
             서울 강남구 개포동 1

주 문

신청인의 담보로 금   원을 공탁할 것을 조건으로
위 당사자 사이의 서울서부지방법원 2006가단   사건의 집행력 있는 판결정본에 의한
강제집행은 위 당사자 사이의 이 법원 2008가단   청구이의의 소의 판결선고시까지
이를 정지한다.

이 유

이 사건 신청은 이유 있으므로 주문과 같이 결정한다.

2008. 5. 30.

판 사 김

건물주가 제기한 2008 카기 ○○○잠정처분신청에 대한 법원의 결정문(2008.05.30)이다. 금 ○○○○○○○ 원을 공탁하는 조건으로 2006 가단 건물철거 및 토지지료를 원인으로 한 2007 타경 ○○○○사건(경매신청사건)과 2008 가단 ○○○○○사건(지료)에 대한 확정판결 선고시까지 그 집행을 정지한다는 취지다.

건물주가 제출한 금전공탁서

금전 공탁서(재판상의 보증) 895

공탁번호	2008년 금 제 15 호	2008. 6. 02	2008. 6. 일 신청	법령조항	민집법

공 탁 자	성 명 (상호, 명칭)	이	피 공 탁 자	성 명 (상호, 명칭)	별지기재와 같음
	주민등록번호 (법인등록번호)	-6		주민등록번호 (법인등록번호)	별지기재와 같음
	주 소 (본점, 주사무소)	서울 송파구 가락2동		주 소 (본점, 주사무소)	별지기재와 같음
	전화번호			전화번호	

| 공 탁 금 액 | 한글 만원 | 보관 은행 | 신한은행 서부법원지점 은행 지점 |
| | 숫자 (원정 | | |

| 법원의 명칭과 사 건 | 서울서부지방 법원 2008카기 강제처분 사건 | | |
| | 당사자 | 원고 신청인 채권자 | 이 | 피고 피신청인 채무자 | 최 희 김귀순 |

공탁 원인 사실
1. 가압류보증
2. 가처분보증
3. 가압류 취소보증
4. 가처분 취소보증
5. 강제집행 정지의 보증
6. 강제집행 취소의 보증
7. 강제집행 속행의 보증
8. 소송비용 담보
9. 가집행 담보
10. 가집행을 면하기 위한 담보
11. 기타( )

| 비고(첨부서류 등) | □ 계좌납입신청 |

1. 공탁으로 인하여 소멸하는 질권,
   전세권 또는 저당권
2. 반대급부 내용

위와 같이 신청합니다.
대리인 주소 서울 양천구 신정동 1009-1
전화번호 02)2602-5
공탁자 성명 이 (인) 성명 법무사 검 인(인)

위 공탁을 수리합니다.
공탁금을 2008. 6. 월 3 일까지 위 보관은행의 공탁관 계좌에 납입하시기 바랍니다.
위 납입기일까지 공탁금을 납입하지 않을 때는 이 공탁 수리결정의 효력이 상실됩니다.
년 2008. 6. 02 일 서울서부지방법원
법원 지원 공탁관 공탁관 희

위 공탁금이 납입되었음을 증명합니다.
년 2008. 6. 02 일
공탁금 보관은행(공탁관) (인)

2008.05.30 잠정처분 결정 후 2008년 6월 2일 현금 공탁한 서류이다. 공탁의 원인사실을 보면 '5. 강제집행 정지의 보증' 란에 표시한 것을 볼 수 있다. '청구이의 소송'을 2008.05.27 소장접수 한 후 3일이 지나서 잠정처분(2008.05.30) 결정에서 조건인 금전공탁을 2일 후 2008.06.02 현금공탁 하였다. 이로서 건물주는 필자의 공격으로부터 얼마간의 시간을 확보하였다고 할 수 있다.

계속되는 건물주의 파상공세

13	강제경매개시결정	2007년3월15일 제9438호	2007년3월12일 서울서부지방법원의	채권자 최희

열람일시 : 2011년02월08일 오후 5시31분38초

3/8

건물] 서울특별시 용산구 청파동]

순위번호	등 기 목 적	접 수	등 기 원 인	권 리 자
			강제경매개시결정(2007 타경	서울 강남구 포이동 김규순 서울 강남구 포이동

이로 인하여 저자가 2007년 3월 12일에 신청한 경매사건 '2007타경0000'은 완전히 정지 마비된 상태가 되고 말았다. 살아 있어도 살아 있는 것이 아니다. 식물인간과 비슷한 상태가 되고 만 것이다.

2007년 3월 15일 등기부 등본(순위번호 몇13번)에는 강제경매개기결정이 기입되어 있었다. 경매신청권자는 필자다. 지료 미납 연체 채권을 원인으로 강제경

매를 신청한 것을 법원이 받아들여 경매가 진행된 단계에 이른 것이다. 그런데 뜻하지 않은 곳에서 복병이 나타났다. 법원은 사전에 몇 가지 사항을 보정하지 않으면 경매를 더 이상 진행시키지 않겠다는 것이다.

　계속되는 패소로 법원이 보정하라는 내용을 완전히 이행하기에는 어려움이 있었다. 이에 필자는 전혀 다른 각도에서 해답을 찾기로 하였다. 전장에서도 비슷한 상황이 있다. 상대편의 주력군대가 포진해 있는 강력한 곳을 정면으로 공격해서는 전투에서 승리하기 어렵다. 승리하기 어려울 뿐만 아니라 승리한다고 해도 아군도 막대한 대가를 치러야 하는 것이 보통이다. 이때는 기습을 하거나 돌아가는 것이 훨씬 더 효과적일 때가 많다. 상대방의 약한 고리를 급습하기로 하였다. 예상하지 못한 부분에 화력을 집중해서 단기간의 공격으로 약한 고리를 끊어 버리는 것이다.

서 울 서 부 지 방 법 원
결 정

사 건   2008카확   소송비용액확정

신 청 인   1. 최   회
           서울 강남구 개포동 11   _

           2. 김 귀 순
           서울 강남구 개포동 11

피신청인   이
           서울 용산구 서계동 3 _

주 문

위 당사자 사이의 이 법원 2007. 2. 28. 선고 2006가단   , 2007. 9. 13. 선고
2007나   , 대법원 2008. 2. 1. 선고 2007다   건물철거등 사건 판결에 의하여
피신청인이 상환하여야 할 소송비용액은 금   0 원 임을 확정한다.

이 유

주문기재의 위 사건에 관하여 신청인이 그 소송비용액의 확정을 구하여온 바, 피신청인이
부담하여야 할 소송비용액은 별지 계산서와 같이 금 1   원임이 인정되므로
민사소송법 제 ㅌ 제 항, 제 조를 적용하여 주문과 같이 결정한다.

2008. 8. 20.

사 법 보 좌 관 강

건물주와 용병의 전략대로 판이 이대로 흘러가도록 내버려 둘 수는 없었다.
소송비용을 원인으로 추가소송을 제기했다. 2008년 2월18일 신청서 접수하였
고, 2008.08.20에 결정을 받았다.

그리고 2008.10.24일 소송비용에 대한 송달확정 증명을 부여받았다. 이를 원인으로 2008타경 ○○○○○을 다시 접수하여 경매 중복사건으로 접수를 완료하였다.

소송비용 확정을 원인으로 강제경매결정문

서울서부지방법원
결 정

사   건   2008타경   부동산강제경매
채 권 자   최희
             서울 강남구 개포4동 1

             김귀순
             서울 강남구 개포4동 11

채 무 자   이   4(
             서울 용산구 청파동3가   비04호
             [등기부상 주소 : 서울 송파구   301호]

소 유 자   채무자와 같음

주   문

별지 기재 부동산에 대하여 경매절차를 개시하고 채권자를 위하여 이를 압류한다.

청구금액

금   원 및 위 돈에 대한 2008. 8. 21.부터 다갚을때까지 연20%의 비율에 의한 지연이자금

이   유

위 청구금액의 변제에 충당하기 위한 서울서부지방법원 2008카확   호 소송비용액확정사건의 집행력 있는 결정 정본에 의한 채권자의 신청은 이유 있으므로 주문과 같이 결정한다.

2008. 10. 27.

서울서부지방법원
통 지 서

사 건   (갑) 2007타경.   부동산강제경매
         (을) 2007타경 1   부동산임의경매
         (병) 2008타경   부동산강제경매

채 권 자   (갑) 최희 외 1
         (을) 김
         (병) 최희 외 1

채 무 자   (갑) 이
         (을) 이
         (병) 이

소 유 자   (갑) 채무자와 같음

청 구 금 액 (갑) 채권자   금   :   49,240원
         (을) 채권자   금   35,077원
         (병) 채권자   금   2,930원

(갑)채권자로부터 별지기재의 부동산에 대하여 경매신정이 있어 이 법원이
이미 개시결정을 하였는 바, (을),(병)채권자로부터 같은 부동산에 대하여 다시
경매신청이 있음을 통지합니다.

2008. 10. 27.

법원주사보 강

세 개의 경매사건이 보일 것이다.

① 갑 필자가 2006 가단 ○○○○토지지료 채권으로 강제경매 2007 타경 ○○○
   ○○

② 을 전 토지소유주의 채권을 승계한 임의경매 2007 타경 ○○○○○

③ 병 필자가 2008 카확 000 소송 비용확정 채권으로 강제경매 2008 타경 ○
   ○○○○○

이쯤 되면 건물주도 정신 차리기가 쉽지 않을 것이다.

13번, 14번, 18번의 3건의 경매신청 접수내역

13	강제경매개시결정	2007년3월15일 제9438호	2007년3월12일 서울서부지방법원의	채권자 최화
			강제경매개시결정(2007 타경	서울 강남구 포이동 ⌐ 김규순 서울 강남구 포이동 ⌐
14	임의경매개시결정	2007년9월28일 제34407호	2007년9월27일 서울서부지방법원의 경매개시결정(2007타경	채권자 김⌐ 안산시 상록구 사동134
18	강제경매개시결정	2008년10월27일 제42547호	2008년10월27일 서울서부지방법원의 강제경매개시결정(2008 타경	채권자 최화 서울 강남구 개포4동1⌐ 김규순

그러자 법원이 아래와 같은 보정명령을 내렸다.

서울서부지방법원
보 정 명 령

채권자 최희, 채권자 김귀순 귀하

사 건 2007타경   부동산강제경매
        2008타경: 중복)
채 권 자 최희 외 1
채 무 자 이
소 유 자 채무자와 같음

귀하는 이 명령이 송달된 날로부터 7일 안에 다음 흠결사항을 보정하시기
바랍니다.

흠 결 사 항

1. 이 사건의 청구이의소송의 결과를 제출하시고, 속행여부를 소명하기 바랍니다.

2009. 11. 26.

사 법 보 좌 관 박

1. 이 사건의 청구이의소송의 결과를 제출하시고, 속행여부를 소명하기 바랍니다. 라는 보정명령을 보내왔다. 앞에서 본 것처럼 2008 가단 ○○○○○사건에서 원고인 건물주가 일부 승소하였다. 따라서 선행 사건인 갑의 경매사건을 취하 하여야만, 을의 경매사건이 진행되고, 여기서 병인 필자는 배당을 받을 수 있다. 그러나 문제는 그리 간단하지 않았다. 갑인 필자는 청구이의 소송에 항소한 상태이므로 군이 갑의 강제경매를 취하 할 수 없었다. 따라서 선행사건이 정지이므로, 후행 사건 또한 진행이 되지 않고 정지가 되는 것이다.

권리행사최고 및 담보취소

서 울 서 부 지 방 법 원
23단독
결 정

사 건   2009카담   권리행사최고및담보취소

신 청 인   이
         서울 송파구 가락2동   301호

피신청인   1. 최   회 (
            서울 강남구 개포

         2. 김 귀 순
            서울 강남구 개포동

주 문

이 법원 2008카기   잠정처분 신청사건에 관하여 신청인이 2008. 6. 2.
서울서부지방법원 공탁관에게 08금제   호로 공탁한   원의 담보는
이를 취소한다.

이 유

이 사건 담보의 취소에 관한 담보권리자의 동의가 있었으므로 민사소송법 제 조
제 항에 의하여 주문과 같이 결정한다.

2009. 12. 24.

판 사 허

◇ 유의사항 ◇

이 재판에 대하여 불복이 있는 경우 재판을 고지받은 날부터 1주 이내에 항고장을
이 법원에 제출하여 즉시항고할 수 있습니다.

080

또한 필자의 2심 항소심은 기각되었지만, 2007 타경 ○○○○○ 강제경매가 정지된 상태로, 취하가 되지 않았기 때문에, 공탁금을 수령할 수 없었다. 밀고 당기는 협상이 시작되었다. 간단하지 않은 협상이었다. 그러나 무슨 일이든 시작이 있으면 끝이 있는 법. 건물주와 건물 매매에 관한 합의를 이루어 냈다. 더 이상 등기부의 낙서를 즐길 이유가 사라진 것이다. 건물등기부를 깨끗이 정리했다. 경매를 취하함과 동시에 건물주에게 공탁금을 수령 할 수 있도록 담보취하에 동의해 주었다.

저자는 2009년 건물매수시점에서 '권리행사최고 및 담보취소' 에 동의하였다. 건물매매대금을 치르고 나서 약속대로 위임장 및 인감증명서를 발급하여 주었다. 동시이행으로 건물주는 소유권이전에 필요한 부동산매도용 인감증명서와 매매계약서에 사인을 하지 않을 수 없었다.

법원경매에서 중복이란?

여러 명의 채권자 중 1인이 먼저 경매신청을 하여 경매개시결정을 한 후에 다른 채권자가 추가로 경매신청을 함으로써 민사집행법 87조 1항에 의하여 이중경매개시결정을 한 경우(예: 선행사건과 후행사건의 목적물이 완전히 일치하거나 한 사건의 목적물이 더 많고 그 것이 나머지 사건의 목적물을 모두 포함하고 있는 경우)

잠정처분

청구에 관한 이의의 소는 강제집행의 개시 및 속행에 영향이 없으므로(민집 46조 1항), 채무자가 강제집행의 속행을 저지하기 위해서는 청구에 관한 이의의 소를 제기한 후, 법원으로부터 강제집행의 정지를 명하는 잠정처분을 받아 집행기관에 이를 제출하여야 한다. 위 잠정처분에 의하지 아니하고 일반적인 가처분의 방법에 의한 강제집행정지는 허용되지 아니한다(대결 1986.5.30 86그76 등).

담보취소

담보사유의 소멸 : 담보를 제공한 원인이 부존재하거나 손해발생의 가능성이 없는 경우로서, 채권자가 본안의 승소확정판결을 얻은 때가 이에 해당한다. 채권자가 보전처분 결정 전에 보전처분의 신청을 취하한 경우에는 권리행사 최고 등 담보의 취소절차 없이 취하증명을 제출하여 공탁금을 회수할 수 있다.

Chapter 05

이쪽은 법으로 공격하고 저쪽은 돈으로 막아내고

두 군데 부동산에 대하여 전격적인 경매신청

2007년 저자는 서부지원에 2006가단 ○○○○○번으로 신청하여 받은 건물철거 및 토지지료 판결문에 의한 가집행을 진행하기로 결심하였다. 건물주의 송파구의 집합건물 4개와 용산구의 다가구 주택 16세대에 대하여 강제집행을 신청하였다. 현황조사명령서를 든 동부지법 집행관이 송파구 가락동 집합건물에 들이 닥쳤다. 호떡집에 불이 났다.

● 신호는 가는데 왜 이렇게 안 받아 ~ 전화를 안 받는 거야 뭐야~?

□ 여보세요, 가락동 집주인 아줌마세요~?

● 아줌마라뇨~! 그런데 누구세요?

□ 가락동 301호 세입잔데요, 난리 났어요!

● 무슨 말씀이세요~! 무슨 난리가 나요?

□ 지금 동부지법 집행관들이 몰려와서 집 내부를 살펴보고 나보고, 누구냐고 물어보고 그래요?

● 무슨 귀신 씨나락 까먹는 소리에요, 내 집에 누가 와서 행패라고요?

□ 동부법원 집행관이라네요, 부동산 현황 조사차원이라고 나보고 누구냐~?, 세입자

　면 임대차계약서 보여줘라~ 사람을 귀찮게 하네~?

● 뭣 때문에 그런데요!

□ 그걸 나한테 물으면 어떻게 해요?

● 그러면 누구한테 물어요~! 전화하셨잖아요~?

□ 기다려보세요, 집행관아저씨 바꿔줄테니까~

● 여보세요 이○○씨 맞죠, 이 집 소유자세요?

□ 네~에 그런데요, 무슨 일이죠?

● 최 희, 김귀순씨 알고계시죠!

□ 잘 모르겠는데요~!

● 무슨 이야기세요, 청파동 건물의 대지소유자 몰라요?

□ 아 ~네 알아요, 그런데 무슨일세요?

● 그 두 사람이 사모님의 가락동 집합건물 4개에 대해서 강제경매를 신청했어요!

□ 뭔 말인지 알았습니다. 임차인 바꿔주세요!

● 제 보증금 다 못 받으면 아줌마가 알아서 하세요?

□ 내가 다 알아서 처리 할 테니까 걱정 마세요!

● 매각목록서 작성을 위해 현황조사를 나온 집행관의 기습 방문에 놀란 임차인은 임

　대인인 건물주에게 연락을 하고, 건물주는 서부법원과 동부법원에 두 군데 부동산

　에 대해 강제집행을 정지하기 위하여 동분서주 할 수밖에 더 있었겠는가.

이쪽은 법으로 공격하고, 저쪽은 돈으로 막아내고

● 변호사님이세요?

□ 아~예, 이 여사님 어쩐 일이세요!

● 글쎄 최휜지 뭔지가 청파동하고, 가락동 집에 경매신청을 해서 집행관들이 현황조

　사 왔다고 들이 닥쳤다고 세입자한테 전화가 왔어요?

□ 아 ~ 그래요~! 지 할 일 했네!

● 무슨 소리세요, 지금 변호사님은 누구편이세요?

□ 에이 여사님 섭섭하게 무슨 말씀이세요!

● 어떻게 할까요?

□ 강제집행정지신청부터 해야겠네~!

● 일단 알았어요, 알아서 서류 좀 만들어 주세요?

□ 아마 현금공탁 명령 떨어질지 몰라요, 알고는 계세요?

● 알았어요!

□ 여사님은 신경 안 쓰셔도 되요!

● 알았어요!

□ 일은 알아서 다 하는데 문제가 좀 있어요~?

● 무슨 문제요?

□ 돈이지~! 현금 공탁하려면 0,000만 원 정도는 있어야 합니다!

● 무슨 돈이 그렇게 많이 필요해요?

□ 이 여사님 벌써 밀린 자료가 15개월 이상이라면서요? 1심 판결문 있잖아요, 최희 5

　분의 1, 김귀순 5분의 4의 소유권지분 비율에 「월금액 15개월」곱하하셔야 돼요?

● 엥 그 돈을 당장 어떻게 만들어요~!

□ 이 여사님 공탁 안하면 항소 재판은 가능하지만, 강제집행정지는 안돼요?

● 그래요~!

□ 무조건 빨리 공탁금 만드세요?

● 죽을 맛이네~ 알았어요!

□ 여사님은 제가 시키는 대로만 하세요?

● 공탁할 자금 만들라, 임차인 성화 다독거리랴, 호떡집에 불난 것처럼 정신이 하나도 없네!

□ 이럴 때일수록 정신 바짝 차려야 합니다.

● 송사 좋아하면 집안 망한 다는 말 진짜 실감나네.

□ 섭섭하게 무슨 말씀을 그렇게 하세요, 저는 최대한 싸게 잘 해드리고 있는데.

● 변호사님도 생각해보세요, 제가 이 건으로 들어간 돈이 얼마인지 뻔히 아시잖아요.

□ 그러니까 저도 최선을 다하고 있습니다.

● 이제는 제가 또 뭐를 해야 하나요.

□ 일단 이렇게 하시고, 다음은 저렇게 하세요.

서부법원에 '추완 항소' 하면서 다음에서 보는 잠정처분 결정문을 받고, 부수조건 인 현금 공탁하느라 정신없이 없었을 것이다. 법무사와 변호사 사무실 왔다 갔다 하라. 난리법석을 떠는 임차인 성화 다독거리랴. 공탁할 자금 만들랴 정신이 없었 을 것이다. 재력가였던 건물주는 상당한 금액의 현금공탁을 마무리 지었다. 일단 방패가 창을 막아낸 꼴이 되었다.

서 울 서 부 지 방 법 원
결 정

> 08. 6. 4. 송달

사 건   2008카기   잠정처분

신 청 인   이
          서울 송파구 가락2동   301호

피신청인   1. 최   희
             서울 강남구 개포동

          2. 김 귀 순
             서울 강남구 개포동 1

주 문

신청인의 담보로 금   원을 공탁할 것을 조건으로
위 당사자 사이의 서울서부지방법원 2006가단   사건의 집행력 있는 판결정본에 의한
강제집행은 위 당사자 사이의 이 법원 2008가단   청구이의의 소의 판결선고시까지
이를 정지한다.

이 유

이 사건 신청은 이유 있으므로 주문과 같이 결정한다.

2008. 5. 30.

판 사 김

※ 이 결정문을 집행기관(집행을 실시하고 있는 집행법원 또는 집행관)에
   제출하여야만 집행정지를 받을 수가 있습니다.

등본입니다.
201 2010.1월 9 일
서울서부지방법원
법원주사 송

350

그림을 보면 건물주 이 씨가 신청인이고, 필자와 집사람이 피 신청인으로 되어 있다. 즉 건물주가 토지소유자를 상대로 강제집행정지를 하기위해 잠정처분결정을 청구한 것이다.

그 다음 공탁접수 서류를 준비하여 '강제집행정지신청'을 추가로 접수하였다. 이로 인해 본안 소송인 '청구이의소송'이 끝날 때까지 강제집행정지를 미루는 시간을 벌었다. 뒤에서 용병이 진두지휘를 하고 있는 것을 한눈에 알 수 있었다. 용병을 고용한 효과였는지는 확실하지 않지만 '청구이의소송'이 끝날 때까지 강제집행이 미루어졌다.

- ● 여보세요 301호 세입자세요?
- □ 네~에 주인 아주머시네, 잘 마무리하셨나요?
- ● 그럼요, 경매 정지시켰어요!
- □ 무슨 말씀이세요, 경매취하가 아니고 정지밖에 못 시켰다는 말이세요?
- ● 취하나, 정지나 그게 그거지!
- □ 더 긴 말하지 마시고 취하시켜주세요?
- ● 일단 정지시켰으니까 염려 안하셔도 된다니까 그러시네?
- □ 그런 소리 마세요, 불안해서 일이 손에 안 잡혀요!
- ● 뭐 불안하다고 그러세요?
- □ 이 집 전세보증금이 우리 집 전 재산이란 말입니다!
- ● 그래서 그게 어쨌다고요?
- □ 경매 들어가고 보증금 다 못 찾으면 그때는 가만 않있겠다구요?

● 나 원 참~ 별 걸 다 걱정하시네, 내가 물어주면 될 것 아뇨~! 사람을 어떻게 보고 하는 소린지!

□ 그럴 돈으로 경매 취하시키라고요, 내 말이 틀렸나요?

● 알았어요, 그만 끊읍시다!

□ 약속했어요, 경매 취하시키기로?

다시 며칠 뒤 비슷한 상황이 벌어졌다.

● 아줌마 경매취하 아직 안되었던데요.

□ 아줌마라니 미치겠네.

● 미치기는 내가 먼저 미치게 생겼어요.

□ 말꼬리 잡지 말고 왜 또 전화하셨어요.

● 경매가 아직 취하 안 돼 더 라니까요.

□ 무슨 말씀이세요, 취하하기로 하고 취하서 접수시켰는데.

● 등기부 보세요, 내가 오늘 인터넷으로 떼 보았는데 아직 그대로라니까요.

□ 법원경매기록을 보세요, 아니면 경매계에 전화를 한번 하든지.

● 내가 왜 전화를 해요.

□ 내말을 안 믿으니까 그렇지요.

● 내 돈 날아가면 우리는 가만히 안 있습니다.

□ 내가 다 물어준다고 했잖아요.

● 경매 안 되게 확실히 마무리 해주세요.

□ 집주인의 다급함이 보인다.

건물주가 제기한 강제(경매)집행정지에 관한 결정문

서 울 서 부 지 방 법 원
1(민사)항소
결 정

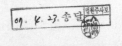

사   건   2007카기 8   강제집행정지

신 청 인   이
          서울 송파구 가락2동   301호
          소송대리인 변호사 이 ,이   김 ,윤   정

피신청인   1. 최   회
            서울 강남구 포ㅇ

          2. 김 귀 순
            서울 강남구 포ㅇ

주   문

신청인이 담보로 금 _____ 원을 공탁할 것을 조건으로
피신청인의 신청인에 대한 서울서부지방법원 20066가단   호사건의 집행력
있는 판결정본에 기한 별지목록 기재 부동산에 대한 서울동부지방법원 2007
타경   1호 부동산강제집행은 위 당사자 사이의 이 법원 항소심(2007니   호)
판결선고시까지 이를 정지한다.

이   유

이 사건 신청은 이유 있으므로 주문과 같이 결정한다.

2007. 4. 18.

재 판 장 판 사 김

판 사 오

판 사 장

주 의 : 이 결정정본과 공탁서를 집행관 또는 집행법원에 제출하여야 집행절차가 정지됩니다

605

건물주의 필사(?)의 노력으로 서부법원과 동부법원에 필자가 청구한 5개의 부동산에 강제 경매 모두가 정지되고 말았다. 이 결정문의 주문과 이유를 보면 건물주가 제기한 강제집행정지 신청이 받아들여진 것을 알 수 있다. 담보로 금 ******원을 제공하는 조건으로 말이다. 결정문 맨 하단을 보면 결정정본과 공탁서를 집행관 또는 집행법원에 제출하여야 집행이 정지된다고 점을 고지하고 있다.

● 여보세요~ 202호 세입자인데요?

☐ 저번에는 301호에서 전화 하더니 이번에는 202호네 말씀하세요!

● 다른 말 필요 없고, 우리 이사 가게 해 주세요?

☐ 무슨 말씀이세요, 계약기간 잔뜩 남았는데!

● 그런 말씀하실 때가 아닌데, 경매 들어갔잖아요?

☐ 경매 정지시켰다니까 야단들이시네!

● 아무튼 이사 갈 테니 방 빼주세요?

☐ 일방적인 이야기만 하면 어떻게 합니까?

● 내가 뭘 일방적으로 말한다는 말이세요, 일이 손에 안 잡히는데!

☐ 염려마시고, 뭔일나면 그때는 내가 물어드릴께!

● 그러면 각서라도 한 장 써주세요?

☐ 무슨 각서를 쓰라고 그러세요, 해준다는데 사람을 뭐로 보고!

● 아닌 말로 그때 가서 오리발 내밀면 우리는 죽어요?

☐ 무슨 오리발을 내민다고!

● 그러니 이사 가게 해주라고요?

피고인 건물주가 혈압이 오르지 않을 수 없는 상황이다.

강제(경매)집행정지를 위해 건물주가 제공한 공탁서

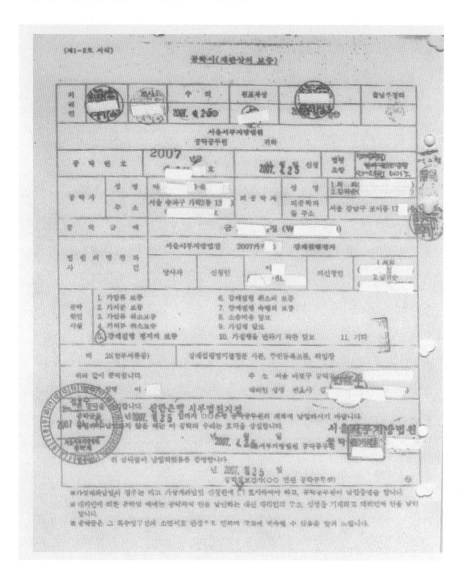

공탁원인 사실 란의 5번을 보면 '강제집행 정지의 보증' 이 공탁제공의 목적임을 알 수 있다. 아울러 비고란의 첨부서류 등을 보면 '강제집행정지결정문사본' 과 신청인인 건물주의 주민등록초본을 요구하고 있는 것을 볼 수 있다.

● 이 변호사님 저 열 받는데 냉수한잔만 주세요!

□ 이번에는 또 무슨 일로 열을 받으셨나요~?

● 세입자들은 방 빼달라고 달달볶지, 소송은 맘대로 안 되지, 열 안 나게 생겼나요?

□ 여사님이 김 변호사도 좀 보자네요~! 김 변호사도 이쪽으로 좀 앉으세요?

● 돈을 그렇게 드렸는데 일 좀 제대로 좀 해 주세요?

□ 이 여사님 섭섭하게 그게 무슨 말씀이세요, 김 변호사가 여사님일이라면 물불 안 가리고 하고 있는데!

● 그럼요, 제가 여사님 건은 정말 제일처럼 하고 있는 것 아시잖아요?

□ 아니라니까요?

● 여사님 뭐가 섭섭한지 한번 들어봅시다!

□ 이번에도 경매를 취하시키는 쪽으로 가닥을 잡아야지, 정지만 시키면 뭐 합니까?

● 일단 정지시켜서 시간을 번 다음에 다시 대책을 강구하겠다는 전략이지죠!

□ 한 번에 하면 될 일을 자꾸 일만 만드나 이거죠 내말은?

● 그러면 그때 말씀을 하시지!

□ 내가 뭘 알아야 말을 하든 말든 하지, 비싼 돈 들이고 변호사가 왜 있는 거예요?

● 그렇게 말씀하시면 우리가 섭섭해지네!

건물매입하고 나서 채무자에게 들은 이야기다. 변호사하고 한바탕 했단다.

● 변호사님 저는 수임료 많이 지불 했으니까 알아서 잘 좀....

□ 나라도 되니까 이 나마라도 버티고 있다는 거 모르세요.

● 나는 그런 거 모릅니다.

□ 기본적으로 여사님이 불리한 소송이라고 내가 말씀드렸잖아요.

● 처음부터 그런 말을 했으면 내가 미쳤다고 소송을 의뢰했을까.

□ 아직 결말이 나지 않았는데 자꾸 이러시면 어쩌자는 겁니까.

● 돈 받은 만큼 최선을 다 해달라는 겁니다.

□ 아니 이보다 더 어떻게 잘 해드릴까요.

● 의뢰받을 때 큰소리치던 만큼만 해달라는 거죠.

□ 자중지란이 일어나고 있는 중이다.

건물주를 상대로 한 채권압류 및 추심명령 결정문

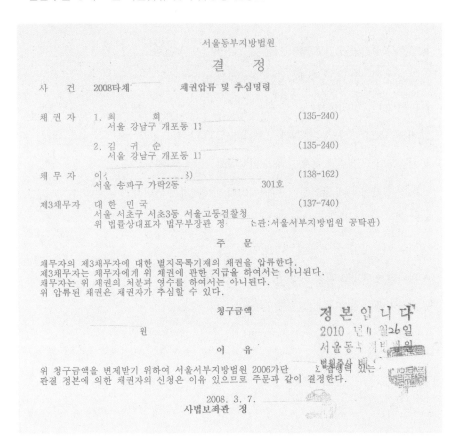

서울동부지방법원

결 정

사 건   2008타채   채권압류 및 추심명령

채 권 자   1. 최 강 회   (135-240)
           서울 강남구 개포동 11

           2. 김 귀 순   (135-240)
           서울 강남구 개포동 11

채 무 자   이   3)   (138-162)
           서울 송파구 가락2동   301호

제3채무자   대 한 민 국   (137-740)
           서울 서초구 서초3동 서울고등검찰청
           위 법률상대표자 법무부장관 정   소관:서울서부지방법원 공탁관)

주 문

채무자의 제3채무자에 대한 별지목록기재의 채권을 압류한다.
제3채무자는 채무자에게 위 채권에 관한 지급을 하여서는 아니된다.
채무자는 위 채권의 처분과 영수를 하여서는 아니된다.
위 압류된 채권은 채권자가 추심할 수 있다.

청구금액   정본입니다
                           2010 년 11 월26 일
        원   서울동부 지방법원

이 유

위 청구금액을 변제받기 위하여 서울서부지방법원 2006가단
판결 정본에 의한 채권자의 신청은 이유 있으므로 주문과 같이 결정한다.

2008. 3. 7.
사법보좌관 정

서부지법과 동부지법 강제집행이 정지되자, 일단 건물주가 공탁한 공탁금을 찾기로 하고, 건물주를 상대로 채권압류 및 추심명령을 신청하였다. 동부법원에서 '채권압류 및 추심명령 결정문'을 받았다. 그리고 서부법원에서는 대위신청인 자격으로 '담보취소 결정문'을 부여 받았다. 건물주가 걸어놓은 공탁금을 수령하기로 하였다.

필자가 신청한 담보취소에 관한 결정문

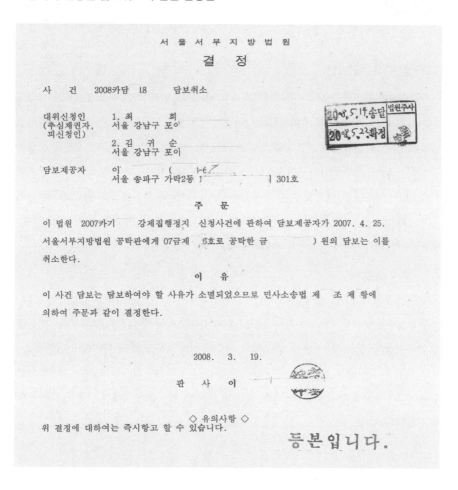

서 울 서 부 지 방 법 원

결 정

사 건   2008카담 18   담보취소

대위신청인   1. 최   회
(추심채권자,   서울 강남구 포이
 피신청인)
             2. 김 귀 순
                서울 강남구 포이

담보제공자   이   (-6
             서울 송파구 가락2동 J   ] 301호

주 문

이 법원 2007카기   강제집행정지 신청사건에 관하여 담보제공자가 2007. 4. 25.
서울서부지방법원 공탁관에게 07금제 8호로 공탁한 금   ) 원의 담보는 이를
취소한다.

이 유

이 사건 담보는 담보하여야 할 사유가 소멸되었으므로 민사소송법 제 조 제 항에
의하여 주문과 같이 결정한다.

2008. 3. 19.

판 사 이

◇ 유의사항 ◇

위 결정에 대하여는 즉시항고 할 수 있습니다.

등본입니다.

'채권압류 및 추심명령 결정문' 과 '담보취소 결정문' 을 부여받아서 서부법
원 공탁계에 제출하고, 공탁금을 수령할 수 있었다. 그러나 법원의 공탁금을 찾
는다는 것이 그리 쉬운 일이 아니었다. 은행의 출금과는 하늘과 땅 차이였다.
공탁금을 찾는 데는 시간이 많이 걸렸다.

채권압류 및 추심명령

금전채권의 압류만으로써는 압류채권자의 집행채권에 만족을 줄 수 없으므로 압류채권자는 자기채권의 만족을 얻기 위해서는 압류한 금전채권을 현금화 할 필요가 있다. 민사집행법 229조는 금전채권의 현금화방법으로서 추심명령(推尋)과 전부명령(轉付命令)을 규정하고 있다. 금전채권의 현금화방법으로는 그 밖에 민사집행법 241조에 정해진 특별 현금화방법으로서 양도명령, 매각명령, 관리명령 및 그 밖의 상당한 방법에 의한 현금화방법 등이 있다. 그러나 이는 특별한 경우에만 인정되는 예외적인 현금화방법으로서 원칙적인 현금화방법은 어디까지나 추심명령과 전부명령이다.

신청

추심명령은 압류채권자(압류채권자의 승계인을 포함한다)의 신청에 의하여 발령한다. 그 신청은 압류명령의 신청과 동시에 할 수도 있고, 사후에 신청할 수도 있다. 다만 민사집행법 233조에 의한 지시채권의 경우에는 집행관이 증권을 점유하여야 압류의 효력이 발생하므로 압류명령과 동시에 추심명령을 신청할 수는 없고 집행관의 증권에 대한 점유가 있은 후에만 신청할 수 있다.

Chapter 06 경기후반전에 역전골로 멋지게 마무리

집행비용 신청 경기에서 전반에 먹은 한골

서 울 서 부 지 방 법 원
결 정

사   건   2009 타기   6 집행비용액 확정

신 청 인   1. 최희
            2. 김귀순
            신청인들 주소 서울 강남구 개포동 11'

피신청인   이
            서울 용산구 청파동   지 비04호

주   문   이 사건 신청을 기각한다.

이   유   이 사건 신청은 이유 없으므로 주문과 같이 결정한다.

2009. 4. 14.

사법보좌관 이

이번 비용청구는 무슨 내용인가 하고 어리둥절해 하실 독자들이 계실듯하다. 앞에서 필자와 집사람이 신청인이 되어 부동산처분금지가처분(1장 3번 참조, 2008 카합 000)후 강제경매개시(2008 타경 000000)를 신청하였다.

● 처분금지가처분결정을 받아들이고, 집행비용 신청을 기각하는 이유가 뭔지 모르겠네요.

□ 그러니까 우리가 실000....!

● 다시 청구하지 않을까요.

□ 채권자 그 양반 성격으로 보아서는 기각한 내용을 정리해서 다시 신청할 가능성이 높아요.

● 그렇게 보고 다시 대비하는 것이 좋을 것 같아요.

□ 변호사님이 준비 좀 잘 해주세요.

● 아무 염려마시고 저만 믿으세요.

□ 이래저래 돈 낭비, 시간 낭비가 말도 못하겠어요

● 그래도 어쩌겠어요, 최선을 다해 방어해야지.

□ 이쯤해서 땅 주인하고 타협하면 어떨까요.

● 가격이 맞을까요.

□ 아무튼 수고 좀 계속해주세요.

다음페이지 부동산처분금지가처분 신청에 소요된 비용을 건물소유자인 피신청인에게 청구한 것이다. 즉 신청하면서 소요된 비용(인지대와 송달료)을 피 신청인에게 신청을 제기한 것이다. 그런데 이 신청을 1심 법원이 기각한 것이다.

부동산처분금지가처분신청 결정

서 울 서 부 지 방 법 원
제21민사부
결 정

등본입니다.
201 년10.1월26일
서울서부지방법원
법원주사 송

사 건   2008카합   부동산처분금지가처분

채 권 자   1. 최   희
　　　　　　서울 강남구 개포동 1

　　　　　2. 김 귀 순
　　　　　　서울 강남구 개포동 1

채 무 자   이
　　　　　　서울 용산구 서계동
　　　　　　등기부상주소   서울 송파구 가락2동   301호

주 문

채무자는 별지 기재 부동산에 대하여 매매, 증여, 전세권·저당권·임차권의 설정 기타

일체의 처분행위를 하여서는 아니된다.

피보전권리의 내용   토지소유권에 기한 방해배제로서의 건물에 대한 철거 청구권

이 유

이 사건 부동산처분금지가처분 신청은 이유 있으므로 담보로 공탁보증보험증권(서울보증보

험주식회사 증권번호 제 100-000-200802463592호,최희외 1)을 제출받고 주문과 같이 결정한

다.

2008. 6. 24.

재 판 장 판 사 김

판 사 장

판 사 김

필자가 작성한 항고이유서로 받아낸 결정

받아야할 돈을 확정해달라고 법원에 청구를 했는데 이유가 없단다. 금액에 차이가 난다면 그 정도야 양보하겠지만 말이다. 1심 재판부에서 심리를 다하지 못한 결정을 받아들일 필자가 아니다. 생소하다고 생각하시는 독자들도 계시 겠지만 주석에서 보는 것처럼 법에는 규정되어 있다.

채무자에게 돈을 받아내기 위해 들어간 비용은 엄연히 청구하라고 말이다. 법이 정한대로 청구한 것을 1심 법원이 심리미진으로 결정을 내린 것이다.[1] 판 사도 사람이다. 특히 1심은 대부분 단독판사체제다. 잘못된 1심 결정을 바로잡 아 달라고 2심 항고 하였다.

이 대목에서 여러분들에게 한 가지 알려드릴 좋은 정보가 있다. 지료청구등 본안사건등에서 건물소유자에게 지료를 받기 위해 소송을 제기하였다고 해보 자. 본안 소송 전후에 가압류, 가처분을 위해 신청인이 먼저 지출한 비용 역시 피신청인에게 달라고 할 수 있으며, 대화로 해결되지 않는 경우에는 지금에서

---

1) 집행비용신청 : 민사집행법 53조 1항의 규정에 의하여 채무자가 부담할 강제집행비용으로서 그 집행에 의 하여 변상 받지 못한 비용은 채권자의 신청을 받아 집행법원이 결정으로 그 액수를 정한다(민집규 24조 1항). 또 민사집행법 53조 2항의 규정에 의하여 채권자가 변상하여야 할 금액도 당사자의 신청을 받아 집행법원이 그 액수를 정한다(민집규 24조 1항).
   가. 신청 : 비용액확정결정의 신청에는 민사소송법 110조 2항의 규정이 준용된다(민집규 24조 2항). 따라서 비용 계산서, 그 등본과 비용액을 소명하는데 필요한 서면을 제출하여야 한다.
   나. 절차 : 신청을 받은 집행법원은 결정전에 상대방에 대하여 비용계산서의 등본을 교부하고 이에 대한 진 술을 할 것과 일정한 기간 내에 비용계산서와 비용액의 소명에 필요한 서면을 제출할 것을 최고 하여야 한다(민집규 24조 2항, 민소 111조 1항).

보는 것처럼 신청을 통해 청구할 수 있다. 예납한 경매집행비용은 배당순위가 0순위로서 경매신청권자가 예납(ex300만원) 비용에서 실제 지출된(250만원) 비용만 배당하고, 차액분(50만원)은 경매신청권자가 법원에 환급신청을 해야 한다.

 등기부등본에 강제, 담보실행(임의경매) 기입등기 후 감정평가, 집행관 형황조사 전·후 취하나 기각 시에는 경매신청권자가 예납(ex300만원) 비용에서 실제 지출된(130만원) 비용을 공제한 차액분(170만원)은 경매신청권자가 법원에 환급신청을 하여야하고, 법원에 지출된 130만원은 경매신청권자가 채무자(피신청인)에게 추후에 또 다른 청구 및 신청을 통해서 받아야한다. 부동산처분금지가처분, 점유이전금지가처분, 가압류 등에 사용된 비용역시 이 범주에 포함된다.

 1심에서 집행비용신청당시 소장 작성 시 참고한 근거자료와 법률근거의 조문을 첨부하였고, 비용부분에 대한 계산서와 근거자료와 입증자료를 확인에 확인을 거쳐 하여 접수하였다. 기각될 사유가 특별히 없을 것이라고 생각했는데 받아들여지지 않았다. 기각결정이 되어서 2심에 항고장을 먼저 제출하고, 항고이유서는 시간적 여유를 충분히 가지면서 서류를 검토하여 항고이유서를 작성, 제출하였다.

 여기서 여러분들에게 말씀드릴 점은 지금까지는 물론이고, 모든 소장 작성과 신청 소송 진행을 필자 홀로 진행한 '나 홀로 소송' 이었다는 것이다. 시중의 다른 책들과 차별성을 갖는 소중한 부분이다.

후반전에 넣은 역전골로 승리로 마무리

서 울 서 부 지 방 법 원

제 2 민 사 부

결   정

사   건   2009라   집행비용액확정기각결정에 대한 즉시항고

신청인(선정당사자),   최희
    항고인
                       서울 강남구 개포동 1

피신청인, 상대방   이
                       서울 용산구 청파동

제1심 결정   서울서부지방법원 2009. 4. 14.자(2009. 4. 27. 인가) 2009타기
                       6 결정

주   문

1. 제1심 결정을 취소한다.

2. 위 당사자 사이의 서울서부지방법원 2008카합   부동산처분금지가처분 사건과 관
   련하여 피신청인이 신청인(선정당사자) 및 선정자 김귀순에게 상환하여야 할 집행비
   용은   )원임을 확정한다.

이   유

1. 항고이유

사건명을 유의해서 봐 주시기 바란다. '집행비용확정기각결정에 대한 즉시항
고' 이고, 주문을 보면 '제1심 결정을 취소한다' 이다. 당연한 결정이다. 신청인

인 필자의 주장이 정당하다는 것이다. 이번에는 결정문의 전체를 보도록 하자.

필자의 주장을 인정한 결정문 두 번째 페이지

신청인(선정당사자, 이하 편의상 '신청인'이라고만 한다) 및 선정자 김귀순은, 피신청인을 상대로 한 서울서부지방법원 2008카합   호 부동산처분금지가처분 사건에서 자신들이 가처분기입등기를 위한 등록세로   원을 지출하였으므로, 피신청인은 위 금액을 집행비용으로 상환하여야 한다고 주장한다.

2. 기초사실

기록에 의하면 다음의 각 사실이 인정된다.

가. 신청인 및 선정자 김귀순은 피신청인을 상대로 서울서부지방법원 2008카합   호로 부동산처분금지가처분을 신청하여, 2008. 6. 24. 위 법원으로부터 '채무자(피신청인)는 별지 목록 기재 부동산에 관하여 매매, 증여, 전세권·저당권·임차권의 설정 기타 일체의 처분행위를 하여서는 아니된다'는 내용의 가처분결정을 받았다.

나. 신청인 및 선정자 김귀순은 위 가처분결정을 등기원인으로 하여 2008. 6. 25. 별지 목록 기재 부동산에 관하여 가처분등기를 마쳤고, 위 가처분기입등기를 위한 등록세로   원을 지출하였다.

다. 신청인 및 선정자 김귀순이 위 가처분집행에 따른 집행비용확정신청을 하자 제1심 법원은 2009. 4. 14.(2009. 4. 27. 인가) 그 신청을 기각하는 결정을 하였다.

3. 판단 및 결론

위 인정사실에 의하면, 신청인 및 선정자 김귀순은 피신청인에 대한 위 가처분결정의 집행으로 가처분기입등기를 하면서   )원을 지출하였고, 위 금액은 위 가처분집행을 위하여 필요하고도 상당한 비용으로서 피신청인이 상환하여야 할 집행비용에 해당한다 할 것이므로, 신청인 및 선정자 김귀순과 피신청인 사이의 위 법원 2008카합   부동산처분금지가처분사건과 관련하여 피신청인이 신청인 및 선정자 김귀순에게

8

- 2 -

필자의 주장을 인정한 결정문 마지막 페이지

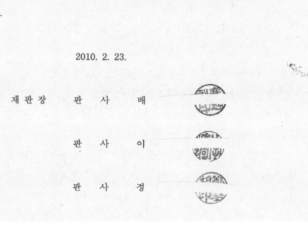

상환하여야 할 집행비용은 ＿＿＿...원으로 확정함이 상당하다.

그렇다면, 제1심 결정은 이와 결론을 달리하여 부당하므로, 신청인 및 선정자 김귀순의 항고를 받아들여 제1심 결정을 취소하고 위와 같이 집행비용을 확정하기로 하여 주문과 같이 결정한다.

2010. 2. 23.

재 판 장 판 사 배

판 사 이

판 사 정

2심은 인용되었다. 당연한 것이다. 1심의 심판이 오심을 한 것이다. 판사는 '법과 양심'에 따라 판결한다. 법을 넘어서는 판결을 할 수 없다. 앞 192페이지 주석에서 보듯이 2심 판결이 정당하다. 부동산 처분금지가처분을 신청하는 이유는 크게 두 가지로 나눈다. 하나는 채무자가 비정산적인 방법으로 부동산을 처분하거나, 명의변경을 통해 채무를 면탈하는 것을 방지하는 것이 하나이고, 두 번째로는 채권자가 본안소송등에서 승소하여 목적물 부동산에 집행이나 기타행위를 하고자 할 때에 제3자의 진입을 차단하는 것이다. 임차인, 저당권자등 선의의 채권자들에게 피해방지를 사전에 선포하여 주는 것은 부수적인 목적이다.

Chapter 07

지금까지 아껴온 히든 카드를 전격적으로 뽑았다

지료증가 소송이 이유인 가압류신청 결정문

서 울 서 부 지 방 법 원

23단독

결 정

사 건   2008카단   부동산가압류

채 권 자   1. 최   강   희
            서울 강남구 개포동 1

         2. 김 귀 순
            서울 강남구 개포동 1

채 무 자   이
            서울 송파구 가락2동   301호

주 문

이 사건 신청을 기각한다.

이 유

이 사건 신청은 보전의 필요성이 없으므로 주문과 같이 결정한다.

2008. 10. 15.

판 사 장

2006년에 설정한 가압류를 해제하였다가, 2007년도에 발생한 지료증가 소송을 이유로 가압류를 2008년에 다시 신청하였다. 그런데 원하지 않는 방향으로 결론이 났다. 주문에서 보는 것처럼 소송결과 1심 재판인 서부법원에서 기각되었다. 청파동 다가구주택과 송파동 집합건물 4개에도 같은 이유로 가압류를 신청하였다. 같은 이유로 청구한 가압류가 서부법원에서는 기각되고, 동부법원에서는 받아들여 진 것이다. 다시한번 나 홀로 소송으로 맞선다는 것이 어떤 것인지 뼈저리게 느끼는 순간이었다. 거의 매번의 소송과 청구에 대한 결과가 비슷했다. 많은 번민과 고민이 있었다는 정도로 마무리한다.

여러분들도 공감하실 것이다. 그런다고 주저앉을 필자가 아니지만 말이다. 싸움에서 이겨야겠다는 집념은 필자가 훨씬 강했을 것이다. 이유는 간단하다. 부동산투자를 사업으로 여기고 전력으로 질주했다. 전력을 다해 덤비는 자와 형식적으로 대강 대충하는 자와의 사이에는 반드시 결과에서 차이가 난다.

이는 필자가 지금까지 세상을 살면서 느낀 점이다. 아마 여러분들의 생각도 크게 다르지 않을 것이다. 세상에는 경·공매투자를 재테크로 여기는 분들이 있다. 그런 분들에게는 공통점이 있다. 생각보다 시원치 않은 수익률에 고전할 가능성이 크다. 종자돈은 크게 문제가 되지 않는다. 경·공매의 지렛대를 잘 활용하면 말이다.

재테크가 아니라 사업 말이다. 벌어도 그만이고, 아니어도 그만인 부업이 아니란 것이다. 사업은 목숨을 걸고 해도 성공가능성이 높지 않다. 서부법원의 부동산 가압류 기각결정에 즉시항고 했다

1심에 제기한 즉시항고

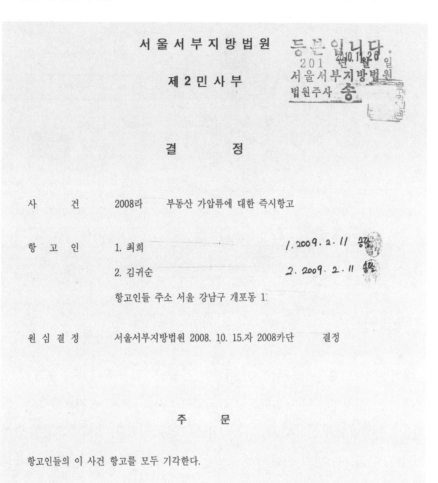

서울서부지방법원
제2민사부

결   정

사 건	2008라 부동산 가압류에 대한 즉시항고	
항 고 인	1. 최희	1. 2009. 2. 11 송달
	2. 김귀순	2. 2009. 2. 11 송달
	항고인들 주소 서울 강남구 개포동 1	
원 심 결 정	서울서부지방법원 2008. 10. 15.자 2008카단 결정	

주   문

항고인들의 이 사건 항고를 모두 기각한다.

원심인 서울서부지방법원 2008. 10. 15. 자 2008카단 *****결정에 불복하여 제기한 즉시항고도 2심에서 다시 기각되었다. 주문(항고인들의 이 사건 항고를 모두 기각한다)처럼 말이다. 재항고로 대법원까지 가보기로 했다.

대법원에 제기한 재 항고 결과

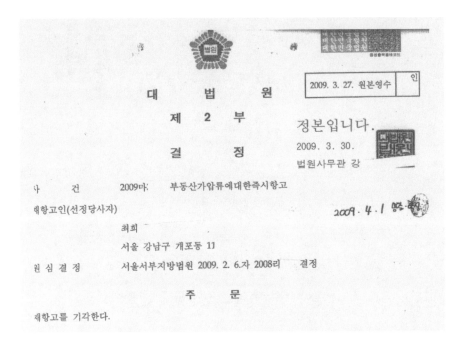

대법원에서도 필자 청구한 '2009마*****, 부동산가압류에 대한 재항고'가 주
문에서 보는 것처럼 이유 없다고 기각되었다. 그러나 2007년 지료증가소송을
이유로 동부법원에 신청한 가압류는 1심에서 인용 되었다. 그러나 조건이 달려
있었다. 결정문을 받기 전에 담보제공명령서가 송달되었다. 받아보니 보증보
험이 아닌 현금공탁[1]을 먼저 하라는 것이었다. 다음 페이지 표를 보면 된다.

---

1) 담보제공명령의 방법(현금공탁, 보증보험증권) : 채권자가 담보를 제공한 때에는 그 담보와 담보방법을 기재한다(민
집 280조 4항). 현금공탁의 경우에는 "담보로 금 **********원을 공탁하게 하고"라고 기재한다. 보증보험증권사
본을 첨부하지 아니하고 보증보험증권번호만 기재하는 경우에는 "담보로 공탁보증보험증권(보험주식회사 증
권번호 제 호)을 제출받고"라고 기재하고, 보증보험증권사본을 첨부하는 경우에는 "담보로 별지 첨부의 지급
보증위탁계약을 맺은 문서를 제출받고"라고 기재한다. 담보의 제공을 조건으로 가압류명령을 하는 때에
는 "담보로 금 **********원을 공탁하는 것을 조건으로"라고 기재한다.

동부지법이 내린 담보제공명령

서 울 동 부 지 방 법 원
민사제13단독
담 보 제 공 명 령

사   건   2008카단 102   부동산가압류

채 권 자   1. 최   회
             서울 강남구 개포4동

           2. 김 귀 순
             서울 강남구 개포4동

채 무 자   이
             서울 송파구 가락2동 137-
           등기부상주소   서울 송파구 가락동 137-

  위 사건에 대하여 채권자들에게 담보로 이 명령을 고지받은 날부터 7 일 이내에
채무자를 위하여 금 2,700,000 (이백칠십만) 원을 공탁할 것을 명한다.
채권자 위 금액을 보험금액으로 하는 지급보증위탁계약을 체결한 문서를 제출할
수 있다.

2008. 10. 21.

판 사 정

※ 공탁소에 공탁을 하신 후, 반드시 위에서 정한 기일 내에 공탁서 사본을 담당재판부
   제출하여주시기 바랍니다.

건물을 가압류하기 위해 제공한 금전공탁서

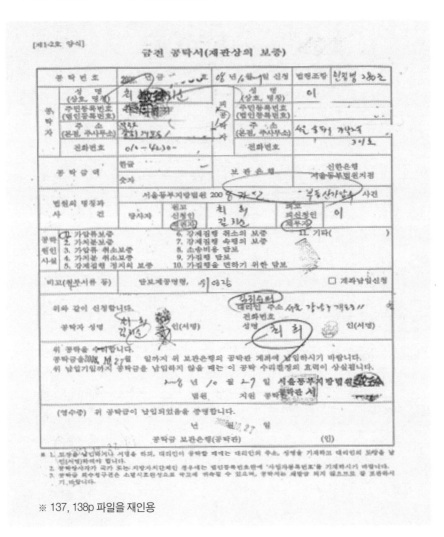

※ 137, 138p 파일을 재인용

가압류에 보전에 필요한 조건을 만족시키기 위해서 일단 보증보험이 아닌 현금으로 공탁을 하였다. 그리고 가압류신청에 대하여 결정이 이루어졌다.

가압류 신청을 받아들인 결정문

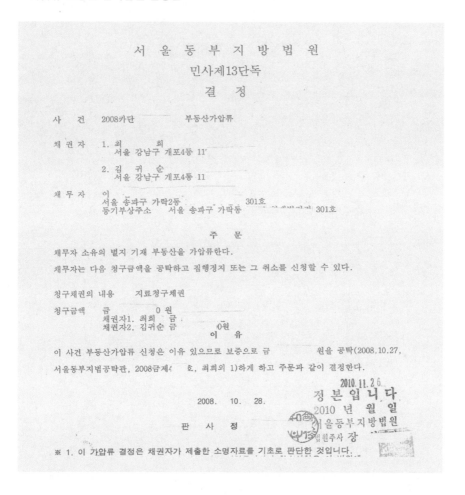

서 울 동 부 지 방 법 원
민사제13단독
결 정

사 건   2008카단   부동산가압류

채 권 자   1. 최 강 희
             서울 강남구 개포4동 11

             2. 김 귀 순
             서울 강남구 개포4동 11

채 무 자   이
             서울 송파구 가락2동
             등기부상주소   서울 송파구 가락동   301호   301호

주 문

채무자 소유의 별지 기재 부동산을 가압류한다.

채무자는 다음 청구금액을 공탁하고 집행정지 또는 그 취소를 신청할 수 있다.

청구채권의 내용   지료청구채권

청구금액   금   0 원
             채권자1. 최희 금
             채권자2. 김귀순 금   0원
                            이 유

이 사건 부동산가압류 신청은 이유 있으므로 보증으로 금   원을 공탁(2008.10.27,
서울동부지법공탁관, 2008금제   호, 최희의 1)하게 하고 주문과 같이 결정한다.

                                            2010. 11. 2 6.
            2008. 10. 28.   정 본 입 니 다
                                         2010 년 월 일
            판 사 정   서울동부지방법원
                                      법원주사 장

※ 1. 이 가압류 결정은 채권자가 제출한 소명자료를 기초로 판단한 것입니다.

    주문에서 보는 것처럼 필자의 청구대로 가압류 결정이 내려졌다. 이유를 보
면 금0000000원을 공탁 2008 금 0000....주문과 같이 결정한 것을 볼 수 있다.
그러자 이번에는 건물주가 다시 반격에 다시 나섰다. 동부법원에 2009년 '가압
류이의소송'을 제기한 것이다. 이 소송에서 또 다시 필자가 패소하였다.

건물주가 청구한 '가압류 이의 소송[2]' 결정문

서 울 동 부 지 방 법 원

결   정

사   건   2009카단   가압류이의

채 권 자   1. 최희

2. 김귀순

채권자들 주소 서울 강남구 개포4동]

채 무 자   이

서울 송파구 가락동   301호

송달장소 서울 양천구 신정동 100'

(송달영수인 김   , 김

심 리 종 결   2009. 6. 9.

주   문

1. 채권자들과 채무자 사이의 이 법원 2008카단!   호 부동산가압류 신청사건에 관

하여 이 법원이 2008. 10. 28. 한 가압류결정을 취소한다.

2. 채권자들의 가압류신청을 기각한다.

3. 소송비용은 채권자들이 부담한다.

신 청 취 지

채권자들 : 주문 1항 기재 가압류결정을 인가한다.

주문 1.을 보면 2008년10월28일에 한 가압류 결정을 취소한다는 판단을 하

고 있다. 그리고 2.는 필자의 가압류신청도 기각한다는 것이고, 이 소송에 소요

---

2) 가압류 이의 : 보전처분의 발령후 보전처분의 이유가 소멸되거나 그 밖에 사정이 바뀌어 보전처분을 유지
함이 상당하지 않게 된 때에는 채무자는 보전처분의 취소를 구할 수 있다(민집 288조 1항, 301조). 보전처분은 일
정한 시점을 기준으로 하여 그 당시의 피보전권리나 보전의 필요성이 있는가를 판단하고 발령하는 것이므
로 시일의 경과로 그 사정이 변경되면 피보전권리가 소멸되거나 보전의 필요성이 없게 되는 경우가 많고,
그때까지도 보전처분을 유지하는 것은 채무자의 이익을 크게 침해하는 것이 되므로 그 이익 구제를 위하
여 마련된 제도이다.

된 비용도 모두 필자에게 부담하라는 판결을 하고 있다.

이와 같이 판단한 이유는 다음과 같다.

필자를 KO시킨 주문 이유

채무자 : 주문과 같다.

이 유

기록에 의하면,   원의 지료청구채권을 피보전권리로 하는 이 사건 가압류결

정에 관한 본안소송(서울서부지방법원 2007가소   에서 2008. 12. 11. 채권자들

패소 판결이 선고되었고 이에 채권자들이 불복, 항소하였으나 항소심(서울서부지방법원

2009나   에서도 2009. 7. 23. 채권자들의 항소를 기각한 사실을 인정할 수 있는바,

위 인정사실에 의하면 위 가압류결정의 피보전권리는 존재하지 않는 것으로 보아야 할

것이고, 채권자들이 제출한 자료만으로는 위 판결이 상고심에서 변경될 가능성이 있다

고 단정하기 어렵다.

따라서, 이 사건 가압류결정의 피보전권리인 지료청구채권은 인정되지 아니하므로

위 가압류결정을 취소하고, 채권자들의 가압류신청을 기각하기로 하여 주문과 같이 결

정한다.

2009. 7. 24.

판 사 한

2010. 11. 26
정 본 입 니 다
2010 년 월 일
서울동부지방법원
법원주사 장

이유를 정리하면 다음과 같다. 2007 가소 000000 지료증가에서 1심에서 이미

기각되었고, 2009 나 0000 항소심 서부지원 2심도 역시 2009.07.23자로 기각되었고, 상고심인 대법원에서도 변경될 가능성이 있다고 인정하기 어렵다는 것이다. 동부지원 가압류 이의 기각 날짜는 항소심 기각 날짜(2009.07.23), 다음날인 2009.07.24 결정되었다.

필자가 빼든 히든카드

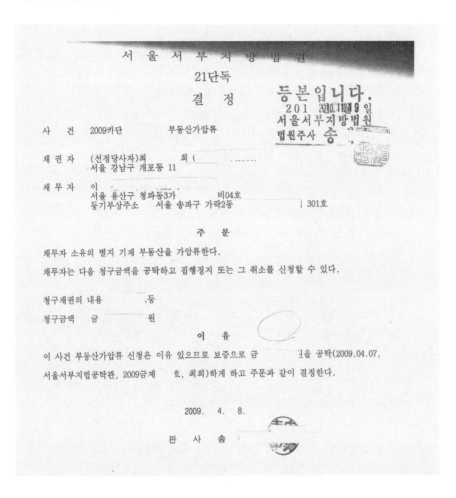

앞에서 서술했지만, 2007 타경 0000 강제경매 사건은 취하되지 않고 정지만 된 상태이다. 무늬만 경매개시결정이지 아무런 구실을 못하고 있다. 살아있어도 살아 있는 것이 아니다. 이렇게 시간만 끄는 소강상태가 지속되면 피곤하기는 피차 마찬가지이다. 건물주가 이렇게 시간 끌기 작전을 구사하는 데에는 그럴만한 이유가 있었다. 시간을 끌어 토지주에게 경제적 부담을 가중시키면 금전적 부담을 견디지 못하고 백기투항 할 것이라는 나름대로의 이유가 그것이었다. 민사소송에서 최종승부의 많은 부분이 누가 끝까지 버티느냐에 따라 귀결된다는 것을 건물주는 알고 있었다. 청나라가 쳐들어오자 인조는 강화도로 피난을 하지 못하고 한양에서 가까운 남한산성으로 일시 피난했다. 그러자 청나라 군대가 이 일대를 완전히 포위하고 장기전에 돌입하자 끝내 버티지 못하고 삼전도로 내려와 항복하지 않을 수 없었던 비극의 역사를 우리는 알고 있다. 건물주는 적어도 버티어 필자를 고생시킨다는 전술에는 자신이 있었다고 했다.

누군가는 결단을 내려야한다. 필자에게는 아직 히든카드가 남아있었다. 서부지법에 다시 가압류를 신청하였다. 필자로서는 최후의 카드를 빼들어 가압류 결정을 받아냈다. 서부지법의 가압류 취소결정과 동부지법 가압류 이의소송과 반격 중에 맞은 펀치를 한방에 갚아주는 히든 펀치였다.

제소명령[3]까지 신청한 건물주

서울서부지방법원

21단독
결 정

틀림없니다.
201 년10.월13일
서울서부지방법원
법원주사 송

사 건   2009카기   제소명령

신 청 인   이
(채무자)   서울 용산구 청파동3가   1 미04호
          송달장소 : 서울 양천구 신정동 100
          (송달영수인:김   김
          등기부상주소   서울 송파구 가락2동   301호

피신청인   (선정당사자)최   희
(채권자)   서울 강남구 개포동 11

주 문

채권자는 이 결정이 송달된 날부터 20 일 안에 이 법원 2009카단   가압류사건에
관하여 본안의 소를 제기하고 이를 증명하는 서류를 제출하거나 이미 소를 제기
하였으면 소송계속사실을 증명하는 서류를 제출하라.

이 유

주문 기재 가압류사건에 관한 채무자들의 제소명령신청은 이유 있으므로 주문과 같이
결정한다.

2009. 7. 3.

사 법 보 좌 관 박

◇ 유의 사항 ◇ 68

1. 채권자가 위 기간 안에 위 서류를 제출하지 아니한 때에는 법원은 채무자의 신청에
   따라 가압류를 취소하게 됩니다(민사집행법 제 조 제 ,항)
2. 채권자가 위 서류를 제출한 뒤에도 본안의 소가 취하되거나 각하된 경우에는 그 서
   류를 제출하지 아니한 것으로 보게 됩니다.(민사집행법 제   조 제 항).

---

3) 제소명령 : 제소명령은 변론 없이 결정의 형식으로 한다. 제소명령에서는 채권자에게 본안의 소를 제기하
   여 이를 증명하는 서류를 제출하거나 이미 소를 제기하였으면 소송계속사실을 증명하는 서류를 제출할 것
   을 명하고 그 기간(제소기간)을 정하면 된다. 제소할 법원이나 본안의 소의 내용까지 정하지 않는다. 제소기
   간을 정하지 아니한 제소명령은 아무런 효력이 생길 수 없고, 따라서 이러한 재판의 정본이 송달되어도 소
   제기간 도과에 의한 취소권은 생기지 아니한다.

최후에 빼든 카드로 가압류가 받아들여지자, 건물주가 뜬금없이 '제소명령'을 신청하였다. 그런데 이 시점에서 건물주가 필자가 신청한 가압류 신청서류와 입증자료를 이해관계인의 신분으로 열람 신청하여 확인하면 될 일인데, 속된 말로 번지수를 잘못 짚었거나, 아니라면 필자를 괴롭히려는 의도로 생각할 수 밖에 없었다. 건물주는 제소명령을 신청하면서 법무사 비용과 시간만 낭비하는 결과를 초래한 것이다.

이 책의 별미부분이다. 채무자나 피고가 송달을 거부할 때는 이런 방법도 사용할 수 있다. Tip이라고 생각하셔도 좋다. 본문에서 한 수 보여드리겠다. 어떤 카드를 언제 꺼내는가하는 타이밍 역시 전투에서는 중요하다. 같은 카드라도 등장순서에 따라 효과가 다르다. 청파동 다가구주택 투자 건은 2005년 공매로 대지만을 먼저 취득한 것이 이 투자의 시작이라는 것을 이미 잘 알고 계신다. 그리고 나서 약 3년 반 동안 법정지상권부존재 소송을 시작으로 수많은 크고 작은 소송을 진행하였다. 3장을 통해 고스란히 보여드리겠다. 오랜 전투에서 건물주도 지긋지긋하고 지쳤겠지만 나 또한 마찬가지였다. 그러나 시작이 있었으니 끝 또한 있어야 하는 것이 세상의 이치 아닌가. 대미를 장식하는 단계이다. 앞에서 보여드린 것처럼 건물은 성공리에 매수하였다.

무슨 일이든 뒷마무리가 철저해야한다. 잔불 정리를 제대로 하지 않았다가는 또 다시 큰 산불로 이어질 수도 있다. 마찬가지다. 패잔 병력이 남아 있다면 확실하고도 분명하게 정리를 해 두지 않으면 후에 화근이 될 수도 있다. 건물을 매매로 매수한 후 임차인들을 정리하는 마무리 작업에 돌입하였다. 임차인을 상대로 한 잔불 정리과정도 생생히 보여드리겠다.

시중의 많은 책들은 채무자나 보증인, 그리고 임차인들을 상대로 대화로 명도를 진행하다가, 상대가 무리한 요구를 해 오는 경우에는 인도명령-명도소송을 통해 불법 점유자들을 정리하라고 알려주고 있다. 그런데 그러는 과정에서 낙찰자가 쓴 경비의 청구가능성이나 청구대상, 청구방법에 대해서 상세하게 설명해주는 책들은 별로 없는 듯하다. 보여드리고 알려드리겠다.

임차인들의 정리를 마지막으로 4년여의 길고도 지루한 전쟁이 끝이 나는 마무리과정을 보여드리겠다. 여기까지 오는 동안 독자여러분들은 무엇을 읽었고, 무엇을 보았고, 무엇을 느꼈고, 어떤 마음을 가지게 했는지 자못 궁금하다. 여러분들의 투자전략을 수립하고 경·공매를 바라보는 시각에 어떤 쪽으로든지 영향을 미쳤으리라고 본다.

경·공매 투자로 성공하기라 쉽지 않다는 것을 행간을 통해 읽어주셨다면 필자는 그것으로 이 책을 집필한 의미를 충분히 찾았다고 자부하겠다.

PART 3

고진감래라 드디어
결승점이 눈앞에

Chapter 01

망해가는 자의 오기인가
고도의 전술인가

건물주에게 또다시 날린 카운터펀치

15	10번가처분등기말소	2008년3월3일 제8629호	2008년2월18일 해제	
16	14번임의경매개시결정등기말소	2008년5월30일 제23128호	2008년5월27일 취하	
17	가처분	2008년6월25일 제27054호	2008년6월24일 서울서부지방법원의 가처분결정(2008카합 →	피보전권리 토지소유권에 대한 철거 청 채권자 취하 　서울 강남구 개포동1 　김규순 　서울 강남구 개포동1 　금지사항 매매, 증여, 전 　카타일채의 처
18	강제경매개시결정	2008년10월27일 제42547호	2008년10월27일 서울서부지방법원의 강제경매개시결정(2008 타경	채권자 취하 　서울 강남구 개포4동1 　김규순

열람일시 : 2011년02월08일 오후 5시31분38초　　　　　4/8

필자는 2006가단00000 사건의 가집행을 원인으로 2008타경****으로 강제집행을 신청하였다. 등기부등본 순위번호 18번을 보면 이 사실을 볼 수 있다. '강제경매개시결정기입' 까지는 성공하였다. 경매시작의 첫 항해가 시작되고 있는 상황이었다. 그러자 또다시 건물주의 반격이 시작되었다. 건물주는 '청구이의소송' 과 '잠정처분 결정' 이라는 더블 펀치를 날렸다. 강제경매 집행을 정지시키려는 견제 펀치였다. 견제펀치의 효과는 확실했다.

경매집행정지 조건으로 법원이 제시한 '현금공탁' 을 제공하여 경매진행을 정지 상태로 만들었다. 건물주의 다른 부동산 4개 역시 강제집행 정지되었다. 피차는 여러 전선에서 공방이 치열했다.

이런 와중에서도 건물주는 계속해서 중앙지원에 지료를 매월마다 현금으로 공탁을 계속했다. 아마도 오기였을 것이다. 필자통장으로 송금해도 될 일을 말이다. 그간 여러 전투로 골이 깊어 질대로 깊어진 상태라는 것을 감안하자. 이런 연유로 2군데(청파동 주택과 가락동 4채)에 대한 강제경매는 더 이상 움직이지 않고 정지된 상태였다. 고착된 전선의 전세를 돌려놓기 위한 새로운 전술이 필요하다는 것을 느꼈다. 다시 새로운 전술이 동원되었다.

서 울 서 부 지 방 법 원
결 정

사 건   2008카확   소송비용액확정

신 청 인   1. 최   희
           서울 강남구 개포동 11
       2. 김 귀 순
           서울 강남구 개포동 11

피신청인   이
           서울 용산구 서계동 3

주 문

위 당사자 사이의 이 법원 2007. 2. 28. 선고 2006가단   , 2007. 9. 13. 선고
2007나   , 대법원 2008. 2. 1. 선고 2007다   건물철거등 사건 판결에 의하여
피신청인이 상환하여야 할 소송비용액은 금   0 원 임을 확정한다.

이 유

주문기재의 위 사건에 관하여 신청인이 그 소송비용액의 확정을 구하여온 바, 피신청인이
부담하여야 할 소송비용액은 별지 계산서와 같이 금]   원임이 인정되므로
민사소송법 제   조 제 항, 제   조를 적용하여 주문과 같이 결정한다.

2008. 8. 20.

사 법 보 좌 관   강

소송의 청구가액이 노트북 2대정도 가격이다. 독자들은 언뜻 보면 이해가 잘 안될 것이다. 필자가 좀 너무하는 것 아니냐고 난감해할 분들도 있을 대목이다. 그러나 소송의 진짜 목적은 훨씬 더 크다. 본질을 놓치시고 곁가지에 눈길을 주시면 싸움에서는 이기고 전쟁에서는 지는 수가 발생한다. 아무튼 일단 보기에는 강제경매신청과 경매진행, 경매집행정지 신청과는 연관되어 있지만, 조금 비켜나 있는 또 다른 국지전 현장이다. 경우에 따라서는 이런 소송도 필요한 것이 경매세상의 전투이다.

소송비용을 청구하지 않는 경우도 물론 있다. 건물주와의 피나는 혈전의 상황에서는 작은 카드하나가 전세 전반을 뒤집을 수 있는 것이다. 앞에서도 말씀드린 대로 필자도 오랫동안 계속되는 전투에서 조금씩 지쳐가고 있었다. 이 전쟁을 마무리해야 할 필요가 생겼다. 반대로 건물주는 여러 지원병과 용병들이 지원하고 있어 지친 모습이 별로 없었다. 대한민국의 국민으로서 헌법이 보장하고 있는 주권과 권리를 스스로 찾을 수밖에 없지 않는가?

고착된 전선의 상황을 돌파하기로 하였다. 필자가 청구한 2008년 2월에 2006가단0000 건물철거 소송이 대법원에서 최종 확정되었다. 소송에는 인지대, 송달료 등이 기본으로 소요된다. 변호사 선임료에 비하면 조족지혈에 불과하지만 여러 건 소송하다보면 그 금액도 솔찬해진다. 1. 2. 3심까지 오면서 소요된 소송비용을 추산하여 건물주에게 법원을 통하여 청구하였다. 주문을 보면, 그리고 이유를 보면 필자의 청구가 모두 받아들여진 것을 볼 수 있다. 또 하나의 비장의 카드였다.

OOO만원 소송비용 계산서

소 송 비 용 계 산 서

사건번호 2008 카확   소송비용액확정결정

1심소가:금   1   원
소송비용은 피신청인의 부담

1. 신청인의 제1심 지출 소송비용
　가. 인지대   원
　나. 송달료   ) 원 (   )원 납부 -   원 환급)
　다. 감정료   원
　라. 기일출석비용   원(   )*)

　소계 금   1.   원

2. 신청인의 소송비용액확정 신청비용
　가. 신청인지대   원
　나. 송달료   원

　소계 금   ,   원

◎ 신청인의 총지출 비용   원 (+)

따라서 피신청인이 신청인에게 상환하여야 할 소송비용액은

금 ▮▮▮▮▮▮▮▮▮▮▮   원(10원미만 버림)

OOO만 원짜리 소송에 들인 비용을 청구하는 계산서이다. 이 부분을 필자는 법원에 출석한 일당으로 생각한다. 또한 고착된 전선을 여는 돌파구로도 사용할 수 있다. 이 말의 행간의 의미를 읽어주시면 한다. 여러분들도 이 내용에 대해서는 알아 두시면 도움이 될 것이다. 소송에서 승소를 하면 '소송비용은 피고의 부담으로 한다'는 판결 및 결정을 받게 되는 것이 일반적이다.(소송결과에

따라 달라진다. 각자 부담, 00% 대 00%부담) 이때 변호사비용만을 소송비용으로 한정하는 분들이 계시다. 아니다. 소송을 위해 소요된 비용 전부(인지대, 송달료등 부대비용)다 상대방에게 청구 가능한 금액이다.

청파동 건물에 다시 신청된 강제경매 결정문

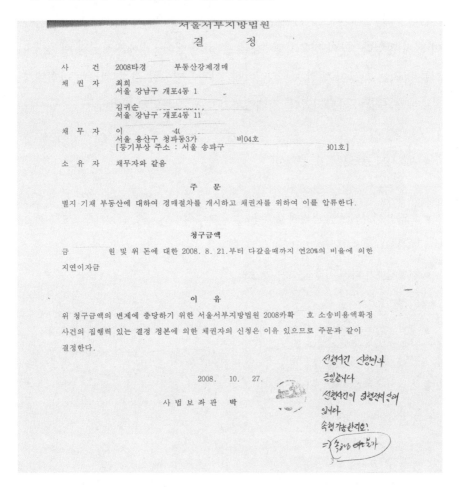

시중의 노트북 2대 가격 정도인 000만원의 소송비용 확정 신청이 기막힌 돌파구 구실을 하고 있는 것을 알 수 있다. 소송비용 확정신청의 결정문으로 다시 강제경매신청개시 결정을 받아낸 것이다.

결정문을 받아 서부법원에 강제(경매개시)집행을 다시 진행하였다. 그러자 이번에는 건물주가 다른 작전을 구사했다. 건물주가 고의(?)로 주소변경을 자주 하였다. 송달을 막아보려는 계산에서 말이다. 그 결과로 집행관 송달(특별송달)이 되지 않았다. 앞의 경우처럼 '송달'을 하자 삼아 '경매개시결정'에 청구이의를 하려는 계산이 뻔히 보였다. 이에 '야간특별송달'을 신청하여 마침내 건물주에게 송달이 완료되었다. 경매절차가 다시 진행되게 되었다.

● 변호사님 큰일 났어요, 큰일이!

□ 무슨 큰일이 났다고 호들갑이세요?

● 그러면 제가 지금 안 그러게 생겼나요.

□ 천천히 말씀해 보세요!

● 건물경매가 다시 시작되었다니까요?

□ 어떻게요!

● 야간특별송달로 송달마무리 했어요.

□ 가만 계서보세요 경매개시에 조건이 달려 있었을 겁니다.

● 강제경매개시결정문 여기 있어요.

□ 알았습니다. 조치할게요.

장군을 막아낸 건물주의 멍군

서 울 서 부 지 방 법 원
결 정

2009. 3. 2 생략필증

사 건 2009카기   강제집행정지

신 청 인 이
　　　　　서울 용산구 청파동3가   비04호
　　　　　송달장소 : 서울 양천구 신정동 100
　　　　　(송달영수인 : 김 , 김)

피신청인 1. 최   회
　　　　　　서울 강남구 개포4동 11

　　　　　2. 김 귀 순
　　　　　　서울 강남구 개포4동 11

등본입니다.
201 2010.1.19일
서울서부지방법원
법원주사 송

주 문

신청인이 담보로 금   원을 공탁할 것을 조건으로 피신청인의
신청인에 대한 서울서부지방법원 2008카확   소송비용액확정 사건의 집행력있는 결
정본에 의한 강제집행은 위 당사자 사이의 이 법원 2009가단   청구이의 사건의
판결선고시까지 이를 정지한다.

이 유

이 사건 신청은 이유 있으므로 주문과 같이 결정한다.

　　　　　　　　2009. 2. 27.

　　　　　　　　판 사 박

※ 이 결정문을 집행기관(집행을 실시하고 있는 집행법원 또는 집행관)에
　제출하여야만 집행정지를 받을 수가 있습니다.

246

필자가 장군을 부르자, 건물주는 기다렸다는 듯이 멍군으로 응수했다. 서부지방법원에 '부동산강제경매집행정지' 청구이의 소송을 제기한 것이다. 야간특별송달을 통해 더 이상 빠져 나갈 수 없게 되자 취한 조치다. 그러자 법원은 다음과 같이 담보를 공탁으로 제공할 것을 조건으로 건물주의 청구를 받아들였다. 즉 경매진행을 또다시 중지시켜 주었다.

- 제가 말씀드렸잖아요, 경매를 다시 중단시킬 방법이 있다고.
  □ 그러기는 했는데 돈이 또 들어갔잖아요.
- 공탁금이야 어차피 들어가야 할 돈이라서.
  □ 그런데 이런 식으로 당하기만해서야.
- 처음 단추가 잘못 끼워져서 어쩔 수 없는 게임입니다.
  □ 그래서 말인데 소송을 그만하고 차라리 매각해버리면 어떨까요.
- 여기까지 와서 백기항복을 할 수 없잖습니까.
  □ 백기항복이 아니라 가격만 맞으면 팔아버리는 것도 방법인 것 같아요.
- 건물 얼마에 사줄지 물어는 보셨어요.
  □ 산다고 했어요, 가격만 맞으면.
- 결국 가격이 문제인데, 그러면 우리 000을 한번 보내볼까요.
  □ 한번 만나서 의사를 타진해달라고 해주세요.
- 건물을 사달라고요.
  □ 아니 땅을 나한테 팔아달라고요.
- 그러면 이 여사님이 땅을 사겠다는 말씀이세요.
  □ 네~~ 에~~!

소송 비용확정으로 청구된 경매를 정지시키기 위한 금전공탁서[1]

[제1-2호 양식]

금전 공탁서(재판상의 보증)

공탁번호	2009 년 금 제 호	2009년 3월 일 신청	법령조항 민집법 ㄲ!항

공탁자	성 명 (상호, 명칭)	이	피공탁자	성 명 (상호, 명칭)	별지기재와같음
	주민등록번호 (법인등록번호)			주민등록번호 (법인등록번호)	별지기재와같음
	주 소 (본점, 주사무소)	서울 용산구 청파동 3가		주 소 (본점, 주사무소)	별지기재와같음
	전화번호			전화번호	

공탁금액	한글		보관은행	은행 지점
	숫자 원정			

법원의 명칭과 사 건		서울서부지방법원 2009카기 호 강제집행정지		
	당사자	원고 신청인 채권자	이	피고 피신청인 채무자	최 희 김 귀 순

공탁원인사실	1. 가압류보증 2. 가처분보증 3. 가압류 취소보증 4. 가처분 취소보증 5. 강제집행 정지의 보증	6. 강제집행 취소의 보증 7. 강제집행 속행의 보증 8. 소송비용 담보 9. 가집행 담보 10. 가집행을 면하기 위한 담보	11. 기타( )

비고(첨부서류 등)	

위와 같이 신청합니다.   대리인 주소 법무사 정
　　　　　　　　　　(인)   전화번호 서 양천구 신정동 1○
　　공탁자 성명 이   성명 전화 (02)2602-

위 공탁을 수리합니다.
공탁금을   년   월   일까지 위 보관은행의 공탁관 계좌에 납입하시기 바랍니다.
위 납입기일까지 공탁금을 납입하지 않을 때는 이 공탁 수리결정의 효력이 상실됩니다.
　　　　　　　　　　　2009 년 2009.03.03   일
　　　　　　　　　　서울서부지방법원   지원 공탁관

위 공탁금이 납입되었음을 증명합니다.
　　　　　　　　　　　2009 년 3월   일
　　　　　　　　　　공탁금 보관은행(공탁관)   (인)

※ 1. 도장을 찍거나 서명을 하되, 대리인이 공탁할 때에는 대리인의 주소, 성명을 기재하고 대리인의 도장을 날인(서명)하여야 합니다.
  2. 공탁당사자가 국가 또는 지방자치단체인 경우에는 법인등록번호란에 '사업자등록번호'를 기재하시기 바랍니다.
  3. 공탁금 회수청구권은 소멸시효완성으로 국고에 귀속될 수 있으며, 공탁서는 재발급 되지 않으므로 잘 보관하시기 바랍니다.

---

1) 변제공탁 :
   (1) 의의 : 변제자가 변제의 목적물을 채권자를 위하여 공탁소(공탁공무소)에 임치하여 채무를 면하는 제도입니다.
   (2) 종류 : ① 일정한 조건하에서 채권자의 청구에 의하여 하게 되는 공탁과
             ② 채권자가 변제의 수령을 거절하거나, 수령이 불가능할 때, 혹은 변제자가 과실 없이 채권자를 알 수 없을 때, 예를 들면, 상속이나 채권양도의 유무 효력에 관하여 사실상, 법률상 의문이 있을 경우에 이루어지는 공탁 등이 있습니다(민법 589,487조, 상법67,142조).

소송 비용확정으로 시작된 경매를 정지시키려고 건물주는 2009년 청구이의 소송을 제기하면서 동시에 잠정처분 결정을 신청하였다. 받아들여졌다. 법원이 조건으로 제시한 현금공탁을 하자 또 다시 강제경매 2008타경 000000은 집행이 정지되었다. 그리고는 법원은 강제조정에 이 사건을 회부했다. 강제조정 일정을 보자.

☞ 2009.05.19. 705-2호 조정실 강제조정.

☞ 2009.05.19 필자만 출석, 집사람은 가사일로 불출석 하면서, 부부관계로서 주민등록등본과, 위임장을 제출함.

☞ 2009.05.19 강제조정에 건물주는 반기를 들고 이의신청.

☞ 2009.06.09 이의 신청서를 제출하였고.

☞ 2009.08.11. 410호 법정 변론기일 합의조정.

결국 건물주는 2009.06.09 이의신청서 제출 후 62일 동안 소송을 지연시키는 결과를 초래 하면서 한 번에 두 마리 토끼를 잡은 셈이다. 소송지연과 조정에 갈음하는 결정조서와 조정조서 액수차이 400,000원 수익을 창출(?)했다고나 할까.

제조정 성립표

사건번호	2009가단9°		사건명	청구이의
원고	이°		피고	최희 외 1명
재판부	민사9단독( )			
접수일	2009.02.24		종국결과	2009.08.11 조정성립
최근기일내용	≫ 상세보기			

일자	시각	기일구분	기일장소	결과
2009.05.19	14:00	조정기일	705-2	강제조정
2009.08.11	15:00	변론기일	민사법정 410호	조정성립
2009.06.09	원고 이°	이의신청		
2009.06.09	원고 이°	준비서면 제출		

조정에 갈음하는 결정조서

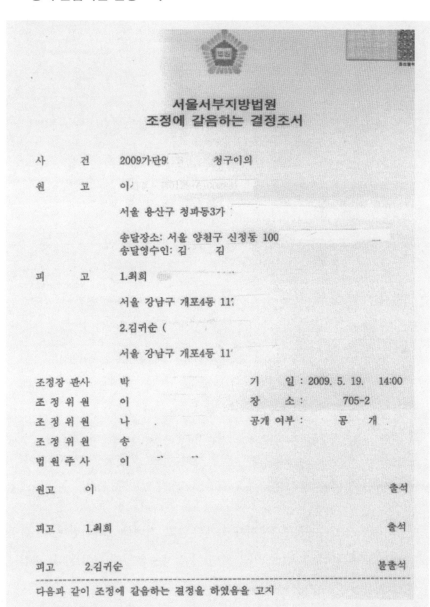

서울서부지방법원
조정에 갈음하는 결정조서

사   건   2009가단9   청구이의

원   고   이

             서울 용산구 청파동3가

             송달장소: 서울 양천구 신정동 100
             송달영수인: 김   김

피   고   1.최희

             서울 강남구 개포4동 11

             2.김귀순 (

             서울 강남구 개포4동 11

조정장 판사   박   기   일 : 2009. 5. 19. 14:00
조 정 위 원   이   장   소 :   705-2
조 정 위 원   나   공개 여부 :   공   개
조 정 위 원   송
법 원 주 사   이

원고   이   출석

피고   1.최희   출석

피고   2.김귀순   불출석

다음과 같이 조정에 갈음하는 결정을 하였음을 고지

필자에게 500,000원을 지급하라는 결정사항

결 정 사 항

1. 피고들은 원고로부터 500,000원을 지급받음과 동시에 원고에게,
   가. 서울서부지방법원 2008카확8 소송비용액확정결정에 기한 원고의 피고들에 대한 채무가 존재하지 아니함을 확인한다.
   나. 서울서부지방법원 2008타경1ㅇ 부동산강제경매신청사건을 취하한다.
   다. 원고가 서울서부지방법원 2009카기3 강제집행정지신청사건에 관하여 제공한 담보의 취소에 동의하고, 그 취소결정에 대한 항고를 하지 아니한다.
2. 원고는 피고들에 대한 각 나머지 청구를 포기한다.
3. 소송비용 및 조정비용은 각자부담으로 한다.

청 구 의 표 시

청구취지
피고들의 원고에 대한 서울서부지방법원 2008카확8 소송비용액확정결정에 기한 강제집행을 불허한다.

청구원인
원고는 피고들에게 청구취지 기재 집행권원에 따른 금액을 모두 변제하였다.

법 원 주 사   이

조 정 장 판 사   박

※ 이 결정조서 정본을 송달받은 날부터 2주일 이내에 이의를 신청하지 아니하면 이 결정은 재판상 화해와 같은 효력을 가지며, 재판상 화해는 확정판결과 동일한 효력이 있습니다.

도저히 받아들일 수 없는 결정이다 50만원 받고, 경매를 취하하란다. 이 결정에 대해서 2주일 이내에 이의신청을 하면 이 결정은 없었던 것이 된다. 결정사항에 대해 이의 신청을 했다.

결정사항에 대한 이의신청서

이의신청서

사건 2009가단 9

원고 이

피고 최희 외 1

    위 사건에 관하여 원고는 귀원에서 2009. 5. 19. 14:00에 한 조정에 갈음하는 결정조서는 부당하다고 사료되어 이의 신청서를 제출합니다.

2009. 6. 9.

원고 이

서울서부지방법원   귀중

청구이의 소송 중 판사의 권유로 합의 조정[2]

서울서부지방법원
조 정 조 서

사 건	2009가단	청구이의
원 고	이	3-61

서울 용산구 청파동3가

송달장소: 서울 양천구 신정동 100

영수인 김 , 김

피 고 1.최희

서울 강남구 개포4동 11

2.김귀순

서울 강남구 개포4동 11

소송대리인 최희

판 사 당	기 일 : 2009. 8. 11. 15:20
	장 소 : 민사법정 호
법원 주사보 조	공개 여부 : 공 개
원고 이	출석

피고1. 겸 피고2.의 소송대리인 최희 각 출석

다음과 같이 조정성립

조 정 조 항

---

2) 합의조정 : 판결 이유 작성의 부담이 적고 쟁점이 비교적 단순한 반면 사건수가 다른 분야에 비하여 월등히 많은 소액사건에서 화해나 조정으로 사건을 종결하는 것이 판결로 사건을 종결하는 것보다 번거로운 일이라고 생각할 수 있다. 그러나 화해나 조정은 ① 당사자들의 의사에 의하여 분쟁을 종결시키는 것이므로 당사자들을 궁극적으로 만족하게 하고, ② 항소의 여지를 없애 법원 전체의 부담을 덜어주며 ③ 일반 민사단독 내지 합의부 사건에서보다 상대적으로 세련되지 못한 당사자들의 법률적, 사실적 주장들을 정리하는 데 필요한 시간을 생략할 수 있을 뿐 아니라, 화해나 조정에 이르지 못하더라도 그 과정에서 사건의 실체를 파악할 수 있게 되어 법원에게도 만족을 준다.

- 판사 : 판결로 가지 말고 합의로 마무리하시죠.

  □ 피고 : 판사님 내용대로 하겠습니다.

- 판사 : 원고 측 입장은 어떠세요.

  □ 원고 : 글쎄요 우리 OOO님과 상의를 해봐야 할 것 같습니다. 시간을 좀 주시죠.

- 판사 : 합의조건은 이러이러합니다.

  □ 원고 : 예 알겠습니다.

- 판사 : 피고도 합의내용 이해하셨죠.

  □ 피고 : 예 알겠습니다.

- 판사 : 그러면 원고는 피고에게 금 10만원을 지급하기로 하고, 피고는 원고에게....

'청구이의 소송' 도중 담당판사의 권유로 합의 조정이 이루어졌다. 소송비용으로 확정된 OOO만원은 현금으로 공탁되어 있었고, 10만원을 건물주로부터 직접 받는 대신(강제경매 신청 시 비용 청구이의 소송 중에는 2008타경 OOOOOO은 집행관 현황조사와 부동산 감정평가가 되지 않은 상태이므로 특별한 비용지출이 되지 않은 상태), 강제집행(경매)을 취하하기로 합의하였다(강제경매 신청비용 또한 건물주가 공탁을 하였지만, 재판부에 공탁금 찾는 것보다는 더욱 빠른 계좌 입금으로 변론했다. 건물주는 10만원을 필자의 계좌로 송금하였다).

합의 조정문 두 번째 페이지

1. 원고와 피고들은 서울서부지방법원 2008카확   소송비용액확정결정에 기한 원고의 피고들에 대한 채무가 존재하지 아니함을 서로 확인한다.

2. 원고는 피고들에게 2009. 8. 25.까지 10만 원을 지급한다. 원고가 위 돈을 제때에 지급하지 않는 경우 2009. 8. 26.부터 미지급 금액에 대하여 연 20%로 계산한 지연손해금을 가산하여 지급한다.

3. 피고들은 위 2항 기재 돈을 지급받은 후 원고에 대한 서울서부지방법원 2008타경.   호 부동산강제경매 신청사건을 취하한다. 원고와 피고들은 위 부동산 강제경매 신청사건의 집행비용과 관련된 원고의 피고들에 대한 채무가 존재하지 아니함을 서로 확인한다.

4. 원고는 이 사건 소를 취하하고, 피고들은 이에 동의한다.

5. 피고들은 원고에 대하여 원고가 서울서부지방법원 2009카기: 호 강제집행정지 신청사건에 관하여 제공한 담보의 취소에 동의하고, 그 취소결정에 대한 항고를 하지 아니한다.

6. 소송비용 및 조정비용은 각자 부담한다.

청 구 의 표 시

청구취지 및 청구원인 : 별지 해당란 기재와 같다.

법원 주사보   조

판   사   당

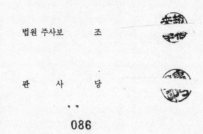

086

조정조항 2.를 보면 지급금액이 10만원이라는 것을 알 수 있다. 건물주가 청구이의 소송을 제기하는 바람에 10만원에 만족하는 소송으로 끝나고 말았다. 등기부에 강제경매기입등기로 낙서만 하고는, 실제로 집행은 하지 못하였다. 건물주는 이 건으로 타격[공탁 2건(소송비용, 강제집행비용)]을 받았다. 전투에서 잠시 유리한 고지를 차지한 것 같지만, 전쟁에서 지는 길목으로 접어들고 있다. 공탁비용을 필자에게 직접송금하게 된 것이다. 행간의 의미를 읽어내실 수 있어야 한다.

합의조정문의 개요

1. 원고와 피고는 소송비용액확정결정에 관해서는 채무가 존재하지 않는다.
2. 원고는 합의내용을 미이행시 연 20%의 지연손해금을 지불해야 한다.
3. 피고(최희외 1인)는 돈을 지급받고, 대신 부동산강제경매를 취하한다.
   이건으로 원·피고는 채권이 존재하지 않는다.
4. 원고는 소를 취하하고, 피고는 여기에 동의한다.
5. 피고들은 원고의 강제집행 신청사건 담보취소에 동의하고, 항고 하지 않는다.
6. 소송비용 및 조정비용은 각자 부담한다.

권리행사최고 및 담보취소

서 울 서 부 지 방 법 원

21단독

결 정

사 건   2009카담   권리행사최고및담보취소

신 청 인   이
          서울 용산구 청파동3가 1   비02호

피신청인   1. 최   회 (
             서울 강남구 개포동 11

          2. 김 귀 순 (
             서울 강남구 개포4동 11

주 문

이 법원 2009카기   강제집행정지 신청사건에 관하여 신청인이 2009. 3. 3.
서울서부지방법원 공탁관에게 09금제   호로 공탁한 2   원의 담보는
이를 취소한다.

이 유

이 사건 담보의 취소에 관한 담보권리자의 동의가 있었으므로 민사소송법 제1 조
제 항에 의하여 주문과 같이 결정한다.

2009. 12. 24.

판 사 김

◇ 유의사항 ◇

이 재판에 대하여 불복이 있는 경우 재판을 고지받은 날부터 1주 이내에 항고장을
이 법원에 제출하여 즉시항고할 수 있습니다.

건물주는 경매사건 진행 정지를 위한 조건으로 법원의 요구로 제공했던 공탁금 수령을 위해 건물매매 후 필자로부터 위임장과 인감증명서를 발급하여 서부지원에서 공탁금을 수령하였다.

길고 길었던 여러 전투들이 끝나가고 있는 중이다.

이 책의 별미부분이다. 채무자나 피고가 송달을 거부할 때는 이런 방법도 사용할 수 있다. 본문에서 한 수 보여드리겠다. 필자가 서부지방법원에 제기했던 2008-***** 호 부동산강제경매 신청사건은 취하하기로 합의하였다. 아마도 건물주는 환호했을 것이다. 게임은 이제 끝났다고 말이다. 건물 임차료에도 못 미치는 지료만 계속해서 공탁형식으로 맡기면서 시간을 끌면 필자가 주저앉으리라는 판단했을 것이다. 상식선에서 생각해보면 그런 판단을 하는 것도 무리가 아니다. 그러나 이는 건물주가 상황을 제대로 오판한 것이다. 필자에게는 비장의 다음카드가 준비되어 있었다. 건물주를 꼼짝 못하게 할 카드 말이다. 더 이상 시간을 지체 할 필요가 없다는 판단이 들었다. 변호사가 막대한 수임료를 받으면서 시시콜콜한 것까지 자문하고 있는 상황도 고려하지 않을 수 없었다. 건물주는 소송을 지연시키기 위한 방법으로 송달을 거부하기 위해 잦은 주소변경을 하고 있었다. 이를 무력화시키기 위한 기상천외한 송달방법을 동원한 것까지 고스란히 보여드리겠다. 이제부터는 그들만의 즐거운 대화 장면을 한번 상상해보자.

그들끼리 분위기 화기애애한 한 때

● 여사님 어떠세요?

□ 뭐가요, 변호사님!

● 제가 휘두르는 전략과 칼날이 얼마나 효과적이고 센지 아시겠죠?

□ 그러니까 제가 돈 많이 드리잖아요!

● 제가 돈 값은 제대로 하고 있다는 말이시죠?

□ 그렇게 많이 받으시면서 그것도 못하면 어떻게 합니까?

● 그것 '도' 라니요, 다른 사건에 비하면 많이 받는 것 절대 아닙니다!

□ 소송까지 안하도록 할 수는 없을까요, 이제는 쳐짜만 들어도 넌덜머리가 납니다!

● 그럴 수야 없지!

□ 귀찮아 죽겠어요.

● 법관 생활 변호사생활로 30년을 살았는데 나도 이런 사람은 처음 봅니다!

□ 그러게요, 어떻게 생긴 사람이 소송이 하나 끝나면 하나 더 제기하고, 또 하나 끝나
  면 또 하나 제기하고?

● 나 홀로 소송하는 사람치고는 실력이 대단합니다, 상대방이기는 하지만 아까운 사
  람이이에요?

□ 뭐가 아깝다는 말이세요?

● 우리 사무실에서 나하고 함께 일해보고 싶은 정도로 실력이 있어요.

□ 그러게요!

● 법률공부 하나는 제대로 한 사람인 것 맞아요?

□ 그런가요?

● 웬만한 변호사보다 나은 것 같아요?

□ 뭐라고요?

● 솔직히 우리끼리 이야기인데 아닌 말로 우리 사무장보다 훨씬 낫습니다?

□ 칭찬만 하지 마시고 어떻게 빨리 마무리 좀 해 주세요!

● 잘 막아내고 있으니, 또 어떻게 나오는가 보고 적절히 대처하면 됩니다.

　나만 믿으세요!

□ 이번에는 또 무슨 '소송 비용확정' 을 한다고 난리던데?

● 아마 그걸로 해서 건물 '강제경매' 넣으려는 것 같아요?

□ 건물을 경매 넣으려 한다고요!

● 가능하거든요, 그런 것까지 있다는 것 일반인들 잘 모르는데 나 참!

□ 청구액이 000만원인가 그렇다면서요?

● 소송비용이 목적이 아니고 진짜 목적은 다른 것 같은데, 아직은 뭔지 잘 모르겠어요!

□ 진짜 다른 목적이라, 그건 또 무슨 말씀이세요?

● 노트북 2대 가격정도인 000만원 받자고 강제경매신청 하는 사람이 어디 있나요?

□ 듣고 보니 그러네!

● 무슨 다른 수작이 있는 것 같아요?

□ 아무튼 나는 모르겠고, 변호사님이 건물에 문제 안 생기도록 잘 해 주세요?

● 잘 알겠습니다!

□ 의뢰인과 변호사 사이에 화기애애한 분위기가 계속되고 있는 도중에 책상 전화로
　전화가 들어왔다.

● 나야!

□ 대표님 토지주가 '건물철거'를 위해 대체집행을 신청한 것 같습니다!

● 뭐야~! 그건 또 무슨 말이야?

□ 법정지상권이 성립 안 한다는 판결을 토지주가 받았잖아요?

● 알지, 우리가 패소한 걸 왜 지금 말을 꺼내나?

□ 최희씨가 그걸로 대체집행을 제기했다는 것 같은데요!

● 변호사님 무슨 말씀이세요, 제 사건인가요?

□ 이 여사님 토지주가 여사님 '건물 철거'를 위해 대체집행 신청을 제기했다는것 같은
  데요?

● 뭐라고요!

□ 토지주가 다른 카드로 기습하고 들어온 것 같은데.

● 무슨 카드로 뭘 하고 들어와요.

□ 집행관 동원해서 실력행사에 나섰다는 거죠.

● 그러면 망치부대 동원해서 정말로 건물 부수겠다는 말이세요.

□ 잘못 대처하면 당할 수도 있는 상황으로 가는 것 같습니다.

● 정신을 차릴 수가 없네.

화기애애했던 분위기에 냉수가 소방차로 뿌려지는 순간이었을 것이다.

전격적으로 뽑아든 건물철거를 위한 대체집행[1]

서 울 서 부 지 방 법 원

결 정

사 건	2008타기	대체집행
채 권 자	1. 최희	
	2. 김귀순	
	채권자들 주소 서울 강남구 개포동 1	
채 무 자	이 -6	
	서울 용산구 서계동	

주 문

채권자들은 그가 위임하는 이 법원 소속 집행관으로 하여금 서울 용산구 청파동3가
대 307.8㎡ 지상의 별지 목록 기재 건물을 채무자의 비용으로 철거하게 할
수 있다.

이 유

채권자들과 채무자 사이의 이 법원 2006가단 건물철거등 사건의 집행력 있는 판결
정본에 기초한 채권자들의 이 사건 수권결정신청은 이유 있어 이를 인용한다.

2008. 10. 8.

판 사 장

- 1 -453

---

1) 대체집행 : 대체집행이라 함은 채무자로부터 비용을 추심하여 이로써 채권자 또는 제3자로 하여금 채무자
를 대신하여 의무내용을 실현하게 하는 집행방법이다. 집행기관이 직접 실시하는 것은 적합하지 아니하나
채무자 자신에게 시키지 아니하더라도 채권자에게 동일한 만족을 줄 수 있는 대체적 작위의무(건물철거 등)의
집행에 적당한 방법이다(민집 260조).

필자는 다음 단계로의 비장의 카드를 뽑아들었다. 지상의 건물 소유자에게 건물을 자진해서 철거해달라는 '대체집행신청'을 제기했다. 정당한 요구에 채무자(건물주)가 만일 응하지 않을 경우 법원을 통해 대체집행을 하겠다는 신청을 제기했다. 건물주가 상상하지도 못한 카드를 전격적으로 들이 민 것이다. 더 이상 다른 사소한 수를 동원할 때는 지나갔다는 판단이 들었다. 다른 방법으로 시간을 더 허비할 필요 없었다. 건물주 주변에는 이런 저런 코치를 하면서 몇 푼씩 얻어먹고 사는 사람들이 여럿 있었다. 이런 경우 당사자가 직접 만나면 쉽게 해결될 문제들도 이런 사람들 때문에 오히려 일이 꼬이고 비용이 더 비싸지는 상황이었다.

● 변호사님 대체집행이 뭐예요.

□ 여사님한테 자기를 위해서 건물을 철거해달라는 소송입니다.

● 무슨 말이지 쉽게 말 좀 해주세요.

□ 여사님보다 집행관 동원하라는 말입니다.

● 토지주가 집행관 동원한다는 말은 들어봤어도, 멀쩡한 내 건물을 내가 때려 부숴요.

□ 그렇게 청구할 수가 있어요.

● 내가 하지 않으면 어떻게 되나요.

□ 그러면 그때는 토지주가 직접 집행관 동원하겠다고 또다시 법원에 청구하겠죠.

● 그럴 바에야 처음부터 자기가 직접 신청하면 되지.

□ 우회공격을 하고 있는 거죠.

서울서부지방법원

결 정

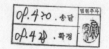

사 건 2009타기 2 집행비용액확정

신청인 1.최희
　　　　2.김귀순
　　　　서울 강남구 개포동 11

피신청인 이
　　　　서울 용산구 청파동3가

주 문

위 당사자 사이의 이 법원 2008타기 　　대체집행사건
집행에 대하여 피신청인이 상환하여야 할 집행비용액은 　　　원임을
확정한다.

이 유

주문기재의 위 사건에 관하여 신청인이 그 집행비용액의 확정을 구하여 온
바, 피신청인이 부담하여야 할 집행비용액은 별지 계산서와 같이
　　　원임이 인정되므로, 민사소송법 제 　　제 항, 제 　　조를 적용하여 주문과
같이 결정한다.

2009. 4. 13.

사법보좌관 이

등본입니다.
2 0 1 2010. 1. 9 일
서울서부지방법원
법원주사 송

235

건물철거를 단행하기로 결심하고 이를 위해 대체집행을 신청하기까지는 낙찰로부터 2년 반이 지나가고 있었다. 그럼에도 불구하고 건물주의 얼굴도 한번도 보지 못했다. 일처리는 법정에 대리인으로 출석하는 사건 담당변호사 및 법무사, 00브로커가 하였다. 사실 이때까지 건물주와는 일면식은 고사하고 단 한차례 전화통화도 없었다. 사소하고 간단한 일조차도 복잡해지지 않을 수 없는 상황이라는 것을 독자들은 행간을 통해 읽어주시면 된다. 당사자끼리면 해결될 일도 금전적인 이해관계를 가진 사람이 개입하게 되면 결국 파국을 맞게 될 가능성이 높아진다.

● 이번에는 또 무슨 소송인가요.

□ 대체집행신청에 들어간 비용을 우리보고 내라는 소송입니다.

● 집행은 하지도 않았는데.

□ 집행하는데 들어간 돈이 아니고, 소송하면서 들어간 인지대하고 송달료 등을 내라는 소송입니다.

● 그런 것까지 내가 내야하나요.

□ 내야 하는 것은 맞습니다.

● 그거 몇 푼 한다고.

□ 심리적으로 압박하자는 거죠.

● 법원에서 우편물 받는 것도 아주 지긋지긋합니다.

□ 그러라고 계속하는 거죠.

● 돈들은 잘 받아가면서 뭐하나 제대로 하는 게 없어요.

송달받지 않으려는 목적에서 수차례 주(거)소 변경

사건번호	2008타기		사건명	대체집행
재판부	기타집행23단독			
접수일	2008.06.03		종국결과	2008.10.08 인용

진행내용

진행내용에서 제공하는 송달결과는 법적인 효력이 없으며 추후 오송달이나 부적법송달로 판결과 정보가 변경될 수 있습니다.

다음 '확인' 항목을 체크하시면 송달결과를 보실 수 있습니다.

☑ 확인 (하루에 한번 체크)
(단, 2007. 3. 12. 이전에는 재판부에서 등록한 내용에 한하여, 이후에는 우정사업본부로부터 내용에 한하여 조회됨)

채권압류 및 전부명령 또는 추심명령사건일경우 제3채무자가 존재시 제3채무자에게 송달이은 경우는 제출서류내용이 표시되지 않습니다.

일 자	내 용	결 과
2008.06.03	소장접수	
2008.06.04	채무자1 이　　세게 심문서 발송	2008.06.10 폐문부재
2008.06.18	주소보정명령	
2008.06.23	채권자1 최희에게 주소보정명령등본 발송	2008.06.26 도달
2008.06.23	채권자2 김귀순에게 주소보정명령등본 발송	2008.06.26 도달
2008.06.27	채권자 최희, 김귀순 주소보정 제출	
2008.07.08	채무자1 이　　에게 심문서 발송	2008.07.19 폐문부재
2008.07.09	법원 서울동부지방법원 집행관 귀하에게 촉탁서 발송	2008.07.11 도달
2008.07.30	주소보정명령	
2008.08.05	채권자1 최희에게 주소보정명령등본 발송	2008.08.07 도달
2008.08.05	채권자2 김귀순에게 주소보정명령등본 발송	2008.08.07 도달
2008.08.12	채권자 최희,김귀순 주소보정 제출	
2008.09.03	채무자1 이　　에게 심문서 발송	2008.09.15 폐문부재
2008.09.03	법원 서울동부지방법원 집행관 귀하에게 촉탁서 발송	2008.09.05 도달
2008.09.19	채권자 최희, 김귀순 주소보정 제출	
2008.09.22	채무자1 이　　게게 심문서 발송	2008.09.22 도달

나중에 건물주에게서 직접 들었다. *****의 코치였단다. 송달을 불능상태에 빠뜨려 소송이 진행되지 못하게 하겠다는 어쩌면 귀여운 수준의 잔머리 굴림이다. 앞의 그림을 보시면 주소변경에 따른 수차례 주소보정 요구가 법원으로부터 내려지고 있는 것을 볼 수 있다. 일반적인 방법으로 건물주의 주소를 일일이 확인하고 보정서를 법원에 제출한다는 것이 쉽지 않은 일이다. 하라면 못할 일도 아니지만 시간과 수고가 여간 많이 드는 성가신 일이다.

집행관 송달신청서

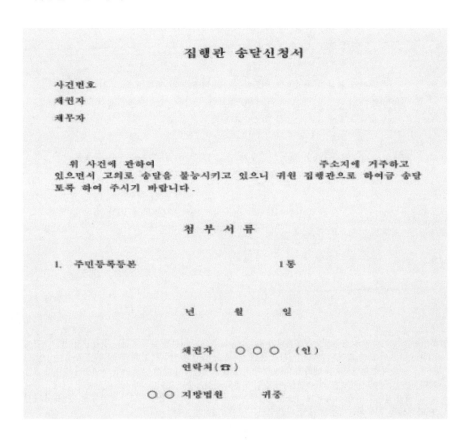

집행관송달(주간특별송달)²⁾을 위한 주소보정(703-2호 조정법정으로 송달요청)

주 소 보 정 서

사 건 2008타기   (대체집행)

채권자 최   희
       김 귀순
       각 주소 : 서울시 강남구 개포동 1   층

채무자 이   010-82
       거소증 주소 : 서울시 용산구 서계동   208호
       공탁서 주소 : 서울시 송파구 가락   01호

위 사건에 관하여 채권자는 귀원의 보정명령에 따라 채무자 이   에게
거소증 주소 1회와 공탁서 주소 2회 집행관 주간과 야간 특별송달을 신청
하였으나 폐문부재로 반송이 되었습니다.

1. 귀 지원 703 - 2호 법정으로 채무자 이   에게 직접 집행관 주간 특별송
   달을 하도록 제가하여 주시기 바랍니다.

2. 2007가소   사건에서 채무자 이   ≡ 08월 12일, 09월 04일 법원에
   2회 출석하였고 다음 출석기일 09월22일 출석할 예정입니다.

---

2) 특별송달 :원래송달은 소송법상 이해관계인에게 소송에 관계된 서류를 알리게 하는 법률규정이다. 우편에
의한 송달이 안 되게 되면 법원의 집행관을 통해 실시하는 송달방법이다. 일반적인 우편으로 송달이 안 될
경우 다음조치로 특별송달을 택하게 되는 것이다. 주간 특별송달과 야간 및 공휴일 특별송달 방법이 있습
니다. 공시송달이나 특별송달은 채권자가 법원에 별도로 신청하는 것이다. 비용도 발생한다. 그래도 송달
이 안 되면 법원은 원고(채권자)에게 주소보정명령을 하게 되는데 그런 뒤에 원고는 특별송달 신청해서 다시
한 번 송달을 하게 되는데 송달이 안 되면 법원은 공시송달하게 된다.

보시는 것처럼 총 3차례의 우편을 통한 송달이 반송되었다. 이에 집행관이 직접 송달서를 들고 건물주나 대리인에게 찾아가 전달하여 송달을 시도했지만 허사였다. 각고의 노력 끝에 238페이지 표를 보면 2008년 9월 22일에 채무자(건물주)에게 심문서가 도달된 것을 알 수 있다. 따라서 '지료증가 소송' 변론기일인 2008.08.12 16:30분에 건물주가 법원에 출석하였으므로, 다음기일은 2008.09.22 조정기일에도 자진 출석 할 것이므로, 이때 이 법정으로 집행관이 직접송달을 해 달라는 청구를 한 것이다.

240페이지 표의 2. 송달을 받을 수 있는 것은 다름 아닌 2008.09.22 14:20 703-2호 조정법정이다.

2008.08.12	변론기일(제409호 법정 16:30)	속행
2008.09.04	변론기일(제409호 법정 10:00)	조정회부(자체)
2008.09.22	조정기일(703-2호 14:20)	속행

모든 소송에서 건물주의 잦은 주소변경으로 인하여 송달불능 및 폐문부재로 인하여 송달은 반송이 거듭되었다. 주소 보정하는 데에도 출입국관리사무소를 몇 번이나 방문했는지 헤아릴 수 없을 정도로, 인내는 한계에 이르고 있었다. 건물주는 개인적으로 법률적인 코치를 해주는 사람 뒤에 철저히 숨어서 얼굴은 고사하고 코빼기도 볼 수 없었다. 모든 소송행위(준비서면과 답변서)는 대리하는 사람이 도맡았다. 그런 상태로 2년 반의 시간이 흘렀다. 또 하나 이 건이 더 어려웠던 점은 건물주의 신분이 내국인이 아니었다는 것이다.

진짜 마지막의 결과를 얻기 위해 건물철거라는 방법을 이미 구상하고 있었지만 사용에는 신중을 기하고 있던 참이었다. 조자룡의 헌 칼 쓰듯이 함부로 아무렇게나 휘두르지는 않았다. 그러는 사이 건물주의 방해책은 계속되었다. 오히려 필자가 밀리는 듯 한 상황까지 연출되고 있었다. 더 인내해서는 오히려 일을 그르칠 수 있다는 판단이 들었다. 다른 방법을 찾을 필요가 없었다. 가장 현명한 방법을 동원하기로 한 것일 뿐이다. 뽑아들기까지 망설였을 뿐, 시작한 다음부터는 일방적인 게임이었다. 건물철거를 위해 대체집행 신청을 했는데 건물주에게 역시 송달이 되지 않았다. 그래서 지료증가소송 1심이 열리는 조정법정을 특별송달 송달지로 정하여 여기에 참석한 건물주에게 특별송달 신청하여 대체집행송달을 마쳤다. 다시 큰 산 하나를 넘은 것이다.

- 이 사건을 돕는 주위의 OOO님,OOO님 왈.....
  □ 내가 무슨 죄를 지은 것도 아닌데 왜 자꾸 주소를 옮기라고 그러세요.
- 지금에서는 여사님이 시간을 끌 수 있는 방법은 이것이 최선입니다.
  □ 아니 그게 말이 됩니까, 좀 더 적극적으로 대처해주세요.
- 기본이 여사님에게 불리한 싸움이었다고 저번에도 말씀드렸잖아요.
  □ 아무리 그래도 겨우 주소나 옮겨서 시간이나 끈다고 될 일이 아니잖아요.
- 시간을 끌다보면 토지주가 지쳐서 협상하자고 연락을 하게 되어있다니까 그러시네.
  □ 내가 보니까, 이 사람은 그런다고 연락할 사람이 아니에요.
- 내 말만 믿으세요.
  □ 판세는 점차 불리해져 가는데 믿으라는 말만 되풀이하니까 답답하잖아요.
- 주소이전이 효과가 있다니까요.

다   음

채무자 : 이　　│의 주간 특별송달이 가능한 주소지
　　　　서울시 마포구 마포로
　　　　서부 지방법원 703 - 2호 (9월22일 14:20 재판)

붙임자료

1. 2007가소　　　　대법원 출력분

2008년　　09월　19일

위 채권자　　최　　회

김　　귀순

서울 서부지방법원 23단독 귀중

　　건물소유주가 지료증가소송 조정법정에서 '건물철거를 위한 대체집행신청' 송달을 받고 놀란 표정을 짓던 모습은 평생 잊을 수가 없다. 독자들에게 팁을 하나 드렸다. 왜 팁인지 먼저 곰곰이 생각해보셨으면 한다.

2008.09.22일 14:20분 703-2호 조정법정 풍경

● 집행관 : 똑 ~ 똑 ~ 똑

□ 판   사 : 누구시죠?

2007 가소 000000 판사님이 약간 당황해 하는 모습이었다.

● 집행관 : 서부지방법원 집행관 홍길동입니다.

□ 판   사 : 집행관이 무슨 용무이시죠?

● 집행관 : 2008 타기 000 대체집행 사건의 채권자 최희씨가 채무자 이 00씨에게 집행

    관 주간 송달을 신청했습니다!

□ 판   사 : 조정실에 집행관의 주간송달이 가능한가요?

● 집행관 : 네~에~ 집행관 집행관규칙, ****규칙에 있습니다!

□ 판   사 : 그래요~ 그러면 송달하세요?

● 집행관 : 그럼 판사님 이 00 씨에게 송달하겠습니다! 이 00씨죠?

□ 이 00 : 네~에 그런데요, 무슨 일인가요

● 집행관 : 송달입니다, 우편물 수령하시고, 여기에 사인해주세요 판사님 송달완료 했

    습니다. 감사합니다. 하고 퇴실한다.

판사는 필자를 바라보고 웃어주었지만, 황당해하는 건물주의 어이없어 하는
표정은 지금도 생생하다. 그것으로 대체집행은 결정되었고 이에 대한 비용확
정도 결정을 받았다.

다음기일을 알리는 서부지법 일정표

대법원
SCOURT.GO.KR

본 사이트에서 제공된 사건정보는 법적인 효력이 없으니 참고자료로만 활용하시기 바랍니다.
보다 상세한 내용은 해당 법원에 문의하시기 바랍니다.

| 사건일반내용 | 사건진행내용 | | ≫ 인쇄하기 | ≫ 나의 사건 검색하기 |

사건번호 : 서울서부지방법원 2007가소

기본내용 ≫ 형사배치

사건번호	2007가소	사건명	토지지료
원고	최희 외 1명	피고	이
재판부	민사11단독(소액)		
접수일	2007.11.06	종국결과	2008.12.11 원고패
원고소가	66,000,000	피고소가	
수리구분	제소	병합구분	없음
상소인	원고	상소일	2009.01.13
상소각하일		보존여부	기록보존됨

송달료,보관금 종결에 따른 잔액조회   ≫ 잔액조회

심급내용

법 원	사건번호	결 과
대법원	2009다	2009.11.12 심리불속행기각
서울서부지방법원	2009나	2009.07.23 항소기각

최근기일내용 ≫ 상세보기

일 자	시 각	기일구분	기일장소	결 과
2008.09.04	10:00	변론기일	제409호 법정	조정회부(자체)
2008.09.22	14:20	조정기일	703-2호	속행
2008.11.13	10:00	변론기일	제409호 법정	변론종결
2008.12.11	09:50	판결선고기일	제409호 법정	판결선고

최근 기일 순으로 일부만 보입니다. 반드시 상세보기로 확인하시기 바랍니다.

최근 제출서류 접수내용 ≫ 상세보기

일 자	내용
2009.11.18	원고1 최희 판결정본
2010.04.09	피고 이 판결등본
2010.04.09	피고(피상고인) 이 송달및확정증명
2010.11.18	원고1 최 희 판결정본

최근 제출서류 순으로 일부만 보입니다. 반드시 상세보기로 확인하시기 바랍니다.

당사자내용

구 분	이 름	종국결과	판결송달일
원고1	1. 최희	2008.12.11 원고패	2009.01.02

http://safind.scourt.go.kr/sf/cm/PrintPreview.jsp?theme=scourt

여기를 통해 소송 진행상황을 알 수 있다.

Chapter 03

2년 7개월만에 처음 만난 건물주 그리고 가지치기

2년 7개월 만에 처음 만난 건물주와 임차인 퇴거작업

길다면 길고 짧다면 짧을 시간이었다. 내게는 많은 것을 공부하게 한 실전 전투현장이었다. 건물주에게는 어떤 시간이었을까. 필자는 건물주와 2년 7개월 동안 다양한 소송을 진행하면서 서로의 내공을 확인하였다. 게임은 서서히 마무리 단계로 접어들고 있었다.

2007년 10월 초순 처음 보는 전화번호로 전화가 한통 걸려왔다.

● 여보세요~ 최 희입니다.

□ 안녕하세요~ 서부본안 2심 000 변호사 사무실 000 사무장입니다.

● 누구시라고요~!

□ 청파동 이 씨건 대리인 변호사 사무실 사무장입니다

● (잠깐 머릿속으로 000 변호사 사무실이구나 하는 생각이 스쳤다. 서부본안 2심 변론에 나온 변호사는 신임 변호사 같았다.) 아~ 네 그러신가요 저에게 볼일이라도 있나요?

□ 시간한번 내주시면 합니다, 만나 뵙고 말씀드리지요.

● (이제야 0줄 타는구나) 예 그러세요, 다음주 0요일 오전에 포이동 사무실로 오세요.

약속 당일 핸드폰이 다시 전화가 왔다.

● 예~ 최 희입니다.

□ 000 변호사 사무실 000 사무장입니다.

● 지금 어디세요.

□ 예! 포이초교 앞입니다.

● 그러면 이렇게 저렇게 오세요.

조금 지나서 노크소리가 들린다.

● 들어오세요.

□ 000변호사 사무실 000사무장입니다.

서로는 서론은 생략하고 본론에 들어갔다. 사무장이 건물주 이00씨 과거와
현재 이야기를 한참하였다. 필자 열심히 들어주었다. 그리고 한참을 지나서

● 그래서 어떻게 처리를 하면 되겠습니까?

□ 청파동 토지를 건물주에게 매도해 주셨으면 한답니다!

● 그래요, 그러면 얼마를 준다고 넘기라고 하던가요?

● 토지 낙찰가격이 0억 원이니까, 0억 원 붙여서 0억 원이면 그리 섭섭하지 않을 것이라고 했습니다.

□ 사무장님?

● 예~ 말씀하세요?

□ 사무실이 서부지원 바로 옆이지요!

● 네~에 그렇습니다?

□ 사무실은 마포이고, 거기서 청파동까지 직선거리로 약 1㎞전후입니다.

● 그런가요?

□ 내가 지금 무슨 말하려는 건지 모르시겠요?

● 네~에 잘 모르겠는데요?

□ 너무들 하시네, 아무리 부동산 가격을 몰라도 그렇지, 현재 그쪽 시세는 최소한 00억 원은 족히 나갈 것입니다!

● 그런가요?

□ 가서 확인해 보시고, 갭이 너무 크니까 없었던 걸로 합시다.

화가 났지만 참았다.

이제까지 건물주 얼굴을 한 번도 보지 못했고. 이런 가격에는 매도를 할 수 없다는 입장을 이해해 줄 것을 전달하였다. 건물주의 코빼기도 안비치고, 대리인만 보낸 것에 대해서 심히 불쾌 하였다. 그리고 이제 남은 것은 오기뿐이라고. 그래서 누가 좋을지 한번 보자는 말을 더 했다. 매도의사가 없다는 것을 잘 알았다면서 사무장은 그것으로 조용히 사무실을 나갔다.

사무장 뒤통수를 향해 마지막 말을 하였다.

● 돈 많은 이00씨가 대법원에 상고하면 될 것이라고 전해주세요.

말이 씨가 된다더니 정말 말이 씨가

대법원에 상고를 하라는 말이 정말 씨가 되었나 보다. 2심(서부지원 2심 항소부) 사무장 방문 후 1주일 후 건물주는 대법원에 상고하였다. 해가 바뀐 2008년 3월 초에 이번에도 모르는 번호로 한통의 전화가 걸려왔다. 이번에는 건물주의 3심 대리인 변호사 사무장이었다.

● 여보세요? 최희씨 핸드폰이지요?

□ 네~에 그렇습니다. 누구시죠?

● 청파동 이00씨 000변호사 000사무장입니다!

□ 무슨 일인가요?

● 한번 만나 뵙고 싶습니다!

□ 만나봐야 서로 할 말 들, 별로 없을 텐데요?

● 그러지 마시고 한번 시간을 내 주시죠?

□ 같은 말 다시 하시려면 만날 필요 없습니다. 피차 바쁜 사람들끼리!

● 만나서 대화하다 보면 해결책이 나올 수도 있지 않겠습니까?

□ 그러면 제 사무실로 오시지요?

● 그러겠습니다. 감사합니다!

약속한 날 약속된 시간에 정확히 사무실의 노크 소리가 들린다.

● 들어오세요!

□ OOO변호사 OOO사무장입니다!

마주 앉아 필자가 끓인 커피 잔을 내려놓기가 무섭게 방문자가 입을 연다.

● 이OO씨가 사무실 와서 엉엉 울어요~! 살려 달라고, 최 선생님이 좀 살려주시지요!

□ 무슨 말씀을 그렇게 함부로 하세요? 제가 어떻게 누구를 살리고 죽이고 하나요!

● 최 선생님의 토지를 0억 원에 매도하는 게 어떤지요?

□ 저번에 온 양반하고 똑같은 이야기 하시네, 그럴 줄 알고 만나지 말자고 했습니다.

　바쁜 사람 데리고 말장난하시려면 그만 돌아가 주세요!

● 사람하나 살려주는 셈치고 마음을 한번 통 크게 써주세요!

□ 그 가격에는 팔고 싶은 생각 없습니다. 그리고 가격도 맞지 않지만. 돈이 아무리 많

　아도 그렇지, 건물주 행위가 불쾌합니다!

● 돈 많다고 변호사 선임하고, 최종철거소송에서 패하니까 이제와서 대리인이나 보

　내서 고작 한다는 말이 사람 물로 보는 것도 아니고 나 원 참!

□ 그렇게 생각하면 그런 생각이 들 수도 있겠네요!

● 그 쪽한테 하는 말이 아니고, 이OO씨한테 하는 말입니다!

□ 그럼 최 선생님 매도는 하지 않아도, 지료만 받고 몇 년 동안 쓰게 하면 안 될까요?

● 입장을 바꾸어서 반대로 한번 생각해보세요?

□ 그쪽들이 저의 입장이시라면, 그게 가능한지?

● 27개월 동안 건물주는 얼굴도 한번 보지 못하고 1.2.3심이 이제야 끝났습니다.

□ 27개월 재판결과 바라보는 애타는 심정 더 잘 아시지 않나요?

이번 사무장도 더 이상 할 말을 잃은 듯 묵묵히 사무실을 나갔다.

31개월만의 만남

토지낙찰로부터 31개월이라는 시간이 흐르고 나서야 건물주로부터 처음으로 직접 연락이 왔다. 한번 만나자고 말이다. 피할 이유가 없었다. 필자 사무실 부근으로 오라고 했다. 내가 갈일은 아닌듯해서 말이다. 가는 것과 오는 것은 많은 차이가 있다. 아무래도 오라고 하는 것이 대화를 끌어가는데 유리하다. 시간과 장소를 정했다. 약속장소인 사무실 인근 커피숍으로 가자 건물주를 포함하여 세 명이 미리 와서 기다리고 있었다. 서로 감정이 상해있는 상태에서 첫 만남으로 정상적인 대화가 될 리가 만무했다. 무슨 말을 하는지 가능하면 들어보기로 했다. 궤변의 연속이었다. 이런 정신 상태들이니 사업인들, 가진 재산인들 제대로 지키지 못하였겠다는 생각이 바로 들었다.

황당무계한 이야기만을 일방적으로 늘어놓았다. 씨도 안 먹히는 원맨쇼에 가까운 나 홀로 개그였다. 계속해서 참을 인자를 마음속으로 새겼다. 아무 말 없이 들어주자 기세들이 등등해지면서 오히려 칼자루를 자기들이 쥐고 있단다. 더 이상 참는 것이 유익하지 못하다는 판단이 들었다. 칼날 앞에 선자가 적 반하장이라니 어안이 벙벙했다. 토지주더러 칼날 앞에 서 있단다. 주제 파악도 못하고 만남의 본질은 피한 체 정신 나간 헛소리를 계속하였다. 요즘 유행하는 시쳇말로 완전 '어이상실'이었다. 이야기는 핵심을 벗어나도 한참을 벗어난 체 빙빙 돌았다. 자기들이 필자를 도와 준 것에 감사하란다. 건물주가 저자를 구

제해주고 있다는 식의 이야기를 늘어놓았다. 더 이상의 대화는 의미가 없다는 판단이 들었다. 자리를 박차고 일어났다. 다시는 만나지 말자는 말을 남기고 말이다. 커피숍을 나와 사무실로 오는데 이상한 예감이 들어 뒤를 돌아보니 일행 중 한 명이 따라오고 있었다.

분위기 파악 잘못하고 있는 건물주 동생

● 강아지도 아니면서 왜 사람 뒤를 졸졸 따라 오세요?

□ 최 사장님 10분만 이야기 좀 더 합시다!

● 더 이상 할 말, 들 을 말 없습니다?

□ 그러지 마시고 잠깐만 시간을 주시라니까요?

● 나는 아까 할 말 다 했습니다!

□ 그러지 마시라니까요?

● 가서 건물주에게 분명히 전하세요, 다시는 만나지 말자고 했다고!

□ 그러지 마시고 잠깐만 이야기 좀 더 하자니까요?

● 정 그러시면 딱 10분입니다!

□ 감사합니다?

더 이상 대화는 아무런 의미가 없었다

마지못해 10분만 더 시간을 할애하기로 했다. 근처 동네 공원 벤치로 갔다. 아까와는 다르게 사정 무드였다. 화난 감정을 어느 정도 삭힐 수 있었다. 그렇지만 계속해서 일방적인 주장만 이어갔다. 딱 10분 만에 자리를 털고 일어났다. 그리고 얼마 뒤 한 번 더 만났지만 대화로 거리 좁히기는 어려웠다. 더 이상의 진척도 없었다.

- 대화를 하자고 하셔놓고서는 자기 이야기만 하면 어떻게 합니까.
- 우리 형편이 딱하니 사정 좀 봐달라는 부탁을 하는 거지요.
- 아니 이게 무슨 부탁을 하는 겁니까.
- 사정하고 있는 겁니다.
- 말하시는 내용을 들어보면 부탁도 아니고 사정도 아니고 일방적인 통고만 하고 있는 겁니다.
- 아니라니까 그러시네.
- 건물주가 한보도 양보할 생각이 없다는 것 잘 알았으니, 나도 이제는 내 방식대로 하겠습니다.
- 너무 그러지 마시고 딱한 사정 좀 봐주세요.
- 오늘은 안 만난 것으로 알고 헤어지겠습니다.
- 그러면 우리가 어떻게 하면 좋을까요.
- 더 이상 대화는 의미가 없고, 법원이 판결하는 대로만 해주시면 된다고 전해주세요.
- 다시 연락드리겠습니다.
- 그러실 필요 없습니다.

건물철거로 마무리하기로 작정했다. 대체집행에 대해서 2008.10.08 인용되었으나, 건물주와 임차인들이 점유하고 있어 건물철거를 위해 집행관실에 신청을 할 수 없었다. 다가구주택 임차인들과 건물주를 상대로 퇴거소송을 먼저 제기하는 것이 효과적이라는 생각이 들었다. 앞에서도 말씀드렸듯이 건물주도 당시 거주하고 있었다. 따라서 건물주에게는 '명도 및 퇴거소송'을 제기하고, 임차인들은 '퇴거명령의소[1]'를 진행하기로 하였다. 임차인의 피해를 줄일 수 있는 방법을 찾기로 했다. 먼저 송달부터 시작했다.

그러나 임차인들을 도와주려는 노력이 아무런 효과가 없었다. 세입자들이 순진한 것인지, 건물주가 고수인지는 알 수 없지만 법정에 출석하는 임차인은 아무도 없었다. 오로지 임대인인 건물주 피고만 출석하는 것이었다. 임차인들이 뭘 믿고 그러는지 이해는 되었지만, 임대인이 대단해 보였다.

---

1) 명도소송 : 명도란 주로 살림도구, 사무용품, 영업용 물품 등을 비치하고 건물, 사무실 등의 부동산을 점유하고 있는 자에 대하여 그 부동산 내에 있는 점유자의 물품 등을 부동산 밖으로 배출시키고 그 부동산의 점유를 이전시키는 것을 의미한다. 따라서 명도소송의 판결을 받으면 그 부동산내에 비치된 가재도구 등을 강제로 끌어내기 위한 별도의 판결주문 없이 명도소송판결문만으로도 살림도구들을 들어내고 점유이전을 받을 수가 있다. 주로 전세 또는 임대차계약기간이 종료되었는데도 임차인 등이 나가지 않을 경우에 명도소송이 많이 이용된다.

서 울 서 부 지 방 법 원

판   결

사   건   2008가단   건물명도

원고(선정당사자)   최희

서울 강남구 개포동 11

피   고   1. 이

서울 용산구 청파동3가

송달장소   서울 양천구 신정4동 1009-

(송달영수인 법무사 김

2. 장

서울 용산구 청파동3가

3. 전

서울 용산구 청파동3가

4. 유

서울 용산구 청파동3가

5. 유

서울 용산구 청파동1가

6. 임

서울 용산구 청파동3가

7. 우

카. 피고 조　　는 별지4 도면 표시 13, 22, 21, 20, 19, 13의 각 점을 순차로 연결

　　한 선내부분 37.31㎡(304호)에서,

　각 퇴거하라.

2. 소송비용은 피고들이 부담한다.

3. 제1항은 가집행할 수 있다.

건물철거를 위해 사전에 16명 임차인들에게 건물에게 자진해서 나가 줄 것을 요구하는 소송의 판결문 중 일부이다. 필자가 전면 승소했다. 퇴거소송 중 5명은 임차인 전출자와 깔세 전출자 상대로 한 부분 취하하여 주었다. 즉 점유이전 금지가처분은 임차인의 변동과 일부 소 취하로 2건으로 나누어 접수하였다.

● 여보세요 304호 임차인이시죠.

▫ 누구한테 전화하셨나요.

● 청파동 다가구 주택 304호 세입자 ***씨 아니세요.

▫ 맞는데, 누구세요.

● 그 집 땅주인입니다.

▫ 안녕하세요, 그런데 용건이 뭐 세요.

● 퇴거소송 진행되고 있다는 우편물 받으셨죠.

▫ 네~! 받았는데 왜 그러세요.

● 이사날짜 잡으시라고요.

▫ 그러지 않아도 불안해서 살 수가 없어요, 염려마세요, 다른 집 알아보고 있으니까. 이사집 정해지면 전화한번 주세요.

● 그러세요.

새로 전입하는 임차인을 다시 들이지 못하게 한 조치

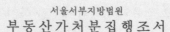

서울서부지방법원
부동산가처분집행조서

사　　　건 : 2008가　　　　1부)
채　권　자 : 최희, 김귀순
채　무　자 : 장
집 행 권 원 : 서울서부지방법원 2008카합
집 행 목적물 : 위 집행권원 주문에 표기된 별지목록의 기재와 같다.
집 행 일 시 : 2008.11.24 12:13
집 행 장 소 : 서울특별시 용산구 청파동　　　　　비01호

1. 위 집행권원에 의한 채권자의 위임에 의하여 집행장소에서 채무자 모 김　　을(를)
만나 집행권원을 제시하고 그 정본주문표시의 부동산에 대하여 가처분집행의 요지를 고
지하고 가처분집행의 뜻을 알린 다음 위 동인과 채권자 최희을(를) 참여시키고 집행목적
물에 대한 채무자의 점유를 해제하고 본직이 이를 보관하였다.
2. 위 정본의 취지에 따라 현상을 변경하지 않을 조건으로 하여 채무자에게 사용케 하
고, 채무자는 위 부동산에 대한 점유, 명의의 이전을 하여서는 아니된다라는 가처분 집
행취지를 고지하고 위 집행취지와 같은 내용을 기재한 고시문을 문앞에 부착한 후 가처
분 집행을 마쳤다.
3. 이 절차는 같은 날 12:14 에 종료하였다.
이 조서는 현장에서 작성하여 집행참여인에게 읽어(보여)주었다.

2008.11.24

등본입니다
2008.11.28
서울서부지방법원
집행관 공

집 행 관 : 공

채 권 자 : 최희　　　　서명 불응함
채 무 자 : 채무자 모 김　　　서명 불응함
참 여 자 성 명 :　　　　　　　　주민등록번호 :
　　　주　소 :
참 여 자 성 명 :　　　　　　　　주민등록번호 :
　　　주　소 :

2008000215　　　　　　　< 1 / 1 >　　　　　2008/11/28 13:45 - D

2008.11.24일에 B01호에 임차인 겸 채무자 장○○에 대한 집행에서 집행관과 필자는 같이 동행하였다. 집행조서의 주 내용은 정본주문표시의 부동산집행의 요지를 고지하고 확인자는 임차인의 모 김○○씨로, 현상을 변경하지 않을 조건으로 임차인에게 사용하게 하고, 점유와 명의의 이전을 하여서는 안 된다는 것을 주지시키는 것으로 종료되었다. 심리적인 압박이 컸을 것이다. 현재 점유자인 임차인 전원을 피고로 하여 점유이전 금지가처분 집행을 하면, 소송 전, 후에 임차인의 변경이 발생하더라도 확정 판결 후 승계집행문으로 집행가능하다.

- 여보세요 B01호 임차인이시죠.

□ 그런데요.

- 토지주인입니다.

□ 알고 있습니다.

- 그 집 임차인들 상대로 퇴거소송 진행되고 있는 거 아시죠.

□ 그런데요.

- 웬만하면 서로 얼굴 붉히고, 비용 깨지지 말고 이사하셨으면 해서요.

□ 나는 모르고 건물 주인이 하자는 대로 하기로 했습니다.

- 다른 사람들은 이사 가기로 하고 있는데 웬만하면 선생님도 그렇게 하시는 것이 좋지 않을까 해서요.

□ 그 사람들은 그 사람들이고 나는 납니다.

- 그러지 마시고 소송 없이 마무리 했으면 합니다.

□ 나도 생각이 있으니 맘대로는 안 될 겁니다.

집행 결과를 확인 할 수 있는 자료

알리는 말씀

사 건 : 2008가   (1부)
채 권 자 : 최희,김귀순
채 무 자 : 이   ,장   ,최   ,유   ,유   외 9명
집행권원 : 서울서부지방법원 2008카합

　　　　위 사건이 2008년 11월 18일 접수되어 강제집행을 실시하였습니다.
강제집행내용 : 부동산점유이전금지가처분

※사건내용 조회
법원경매정보(http://www.courtauction.go.kr)에서 회원 가입 후 "나의경매 > 나의동산집행정보"에서
비밀번호   를(을)이용하여 추가하시면, 자세한 사건내용을 조회하실 수 있습니다.
※주의사항
1.누구든지 집행관이 압류한 물건을 손상,은닉,처분하거나 봉인표 또는 공시서 등을 손상,은닉 그밖의
  방법으로 효용을 해하여서는 아니되며, 이를 위반한 사람은 형벌(형법 제140조, 제142조, 제323조)을
  받게 되오니 위반하지 않도록 유의하시고, 이사 등을 위하여 부득이 압류물의 보관장소를 변경하고자
  할 때에는 반드시 사전에 그 사유를 집행관에게 신고하여 승인을 받아야 합니다.
2.강제집행으로 인도된 부동산에 침입하거나 기타 방법으로 강제집행의 효용을 해한 경우에는 형벌(형법
  제140조의 2)을 받게 됩니다.

2010.11.
서울서부지방법원
집 행 관 김

----

1. 문의전화 : 서울서부지방법원 집행관사무소(02-3271-
2. 집행관은 집행을 위하여 필요한 경우에는 잠근 문을 여는 등 적절한 조치를 할 수 있고(민사집행법
   제5조), 성년 두사람이나 구.동(또는 시.읍.면) 직원 또는 경찰공무원이 참여한 가운데 집행을 할 수
   도 있습니다(같은 법 제6조).
3. (가)압류된 물건이 채무자의 소유가 아닌 경우 그 물건의 소유자는 채권자를 상대로 집행법원에 제
   3자 이의의 소 제기와 강제집행정지 신청을 할 수 있습니다.
4. 동산경매시 매각대금은 경매장소에서 대금전액을 납부하여야 하므로(예외: 민사집행규칙 제 149조 제
   2항의 경우) 경매에 참가하고자 하는 사람은 충분한 대금(현금 또는 금융기관 발행 자기앞수표)를 지
   참하고 경매에 참가하여야 합니다.(단, 채무자는 경매에 참가할 수 없습니다.) 압류한 물건이 부부공
   유인 경우 채무자의 배우자는 매각기일에 출석하여 주민등록등본 또는 혼인관계증명서를 제출하고 신
   분증을 제시한 후, 우선 매수할 것을 신고할 수 있으며, 매각대금을 지급하여 줄 것을 요구할 수 있
   습니다.
5. 가처분 또는 가압류 집행이 되어 있는 경우 집행관에게 그 사실을 신고하여 주십시오.

임차인 14명을 상대로 한 점유이전금지가처분 결정문을 가지고 다가구 주택 9가구에 집행한 결과를 알 수 있는 결과물이다.

임차인 14명을 상대로 한 공탁사항

<별지>

공 탁 금 액 표

		청구금액		담보금액
이	₩	17,958,880	₩	900,000
장	₩	17,958,880	₩	900,000
최	₩	17,847,600	₩	900,000
유	₩	17,843,320	₩	900,000
유	₩	17,843,320	₩	900,000
민	₩	17,843,320	₩	900,000
임	₩	18,001,680	₩	900,000
우	₩	18,001,680	₩	900,000
정	₩	18,001,680	₩	900,000
김	₩	18,001,680	₩	900,000
박	₩	15,972,960	₩	800,000
홍	₩	15,968,680	₩	800,000
신	₩	15,968,680	₩	800,000
조	₩	15,968,680	₩	800,000

점유이전금지 가처분 결정전 담보제공명령대상자는 14[2]명이었지만, 집행비용신청 확정 결정문의 대상자는 11명으로 3명의 차이를 볼 수 있다. 3명은 퇴거소송중에 이사하여 대상에서 빠진 것이다.

---

2) 별지의 인원은 총14명이다. 청구금액은 채권자가 산출하여야한다. 청구금액 액수가 다른 이유는 다가구주택 16호의 면적이 다른 것에 기인한다.

지급보증위탁계약을 명령하는 결정문

14. 조
    서울 용산구 청파동3가   (304호)

위 사건에 대하여 채권자들에게 담보로 이 명령을 고지받은 날부터 7 일 이내에 채무자들을 위하여 금 (별지 공탁 금액도 일오력란기재 자금액) 을 공탁할 것을 명한다. 채권자들은 위 금액을 보험금액으로 하는 지급보증위탁계약을 체결한 문서를 제출할 수 있다.

2008. 11. 4.

재 판 장 판 사 김

판 사 장

판 사 김

※ 공탁소에 공탁을 하신 후, 반드시 위에서 정한 기일 내에 공탁서 사본을 담당재판부에 제출하여주시기 바랍니다.

담보액은 앞 페이지의 별지를 참조하면 된다.

Chapter 04 토지는 공매로 건물은 일반 매매로 소유권을

　　2008 카합 000 호의 부동산 점유이전 금지가처분인원은 14명이었고, 2008 카단 100000 호의 부동산 점유이전 금지가처분인원은 2명으로 차이가 있었다. 여기서 차이점을 살펴보자. 2008 카합 000 호는 서부지법 합의부였고, 2008 카단 100000 호는 서부지법 단독 재판부였다. 합의부와 단독재판부 모두 담보제공은 동일하게 지급보증위탁계약 문서 제출할 수 있었지만, 담보제공액수는 달랐다. 합의재판부는 14명에 대해서 각 80~90만원의 보증보험으로 대체하라는 결정을 한 반면, 단독재판부는 2명에 대해서 각 2,000만원을 보증보험으로 공탁하라는 명령을 하였다.

　　이 대목에서 여러분들은 민사소송의 피곤함을 분명하게 느껴주셔야 한다. 결국 시간과 돈의 싸움으로 귀결되는 것이 민사소송의 본질이다. 만약 여기서도 법원의 명령대로 공탁(현금공탁, 보증보험공탁)을 하지 못하면, 필자의 주장이나 청구가 정당하다해도 기각이나 각하되어 결국은 패소해버리는 결과가 될수도 잇을 것이다. 법원의 명령대로 한 푼 깎지 못하고 이행하지 않을 수 없었다.

단독재판부의 담보제공 명령

서 울 서 부 지 방 법 원
21단독

담 보 제 공 명 령

사 건   2008카단 1   부동산점유이전금지가처분

채 권 자   1. 최   희
              서울 강남구 개포4동 1]

           2. 김 귀 순
              서울 강남구 개포4동 1]

채 무 자   1. 유
              서울 용산구 청파동3가

           2. 전
              서울 용산구 청파동3가

    위 사건에 대하여 채권자들에게 담보로 이 명령을 고지받은 날부터 9 일 이내에
채무자들을 위하여 금   20, 000, 000   원을 공탁할 것을 명한다.
채권자들은 위 금액을 보험금액으로 하는 지급보증위탁계약을 체결한 문서를 제출할
수 있다.

2008. 11. 12.

판 사 김

※ 공탁소에 공탁을 하신 후, 반드시 위에서 정한 기일 내에 공탁서 사본을 담당재판부에
   제출하여주시기 바랍니다.

임차인들을 압박했던 마지막 카드[1] .

서 울 서 부 지 방 법 원
결 정

(2009타기

사   건   2009 타기   7 집행비용액확정

신 청 인   1. 최희
           2. 김귀순
           신청인들 주소 서울 강남구 개포동 1

피신청인   1. 이
           서울 용산구 청파동3가   (b04호)
           2. 장
           서울 용산구 청파동3가   (b01호)
           3. 유
           서울 용산구 청파동3가   102호)
           4. 유
           서울 용산구 청파동3가   (103호)
           5. 임
           서울 용산구 청파동3가   (201호)
           6. 우
           서울 용산구 청파동3가   202호)
           7. 정
           서울 용산구 청파동3가   203호)
           8. 김
           서울 용산구 청파동3가   204호)
           9. 박
           서울 용산구 청파동3가 1   (301호)
           10. 홍
           서울 용산구 청파동3가   302호)
           11. 신
           서울 용산구 청파동3가   303호)

건물퇴거 본안소송 중 에 임차인들에게 점유이전금지 가처분 관련에 소요된 비용을 건물주와 임차인 전원들에게 청구한 신청에 대한 결정문이다. 그런데 1심에서는 필자의 청구가 기각되었다. 즉시 항고하였다.

- 임차인들 상대로 무슨 비용 신청을 하셨다고요.

□ 그러기 싫어서 저번에 대화로 마무리하자고 말씀드렸잖아요.

- 기각되자마자 즉시 항고하셨다고요.

□ 그럴 필요가 있어서 그랬습니다.

- 세입자들이 무슨 죄가 있다고들 그런 난리를 치는지.

□ 그렇기는 하지만 상황이 그러니 이해해주시면 합니다.

- 그런다고 세입자를 상대로 소송하고, 비용 발생했다고 또 소송하고.

□ 그러니 지금이라도 이사날짜 잡아서 이사해주시면 다 해결됩니다.

- 집주인이 집을 빼줘야 나가지 내 맘대로 나가고 싶다고 나가지나요.

□ 그러게 말입니다. 이런 상황이면 집주인이 자기 고집만 부려서는 안 되는데.

- 아무튼 집주인한테는 이사 간다고 했으니 그리 아시고 소송은 그만 해주세요.

□ 그렇게 말해주시면 나도 그러겠습니다.

- 이사날짜 잡히는 대로 전화한번 더 하겠습니다.

□ 잘 생각하셨습니다. 현명한 생각이세요.

세상에서 가장 아름다운 모습이 서로 조금씩 양보해서 대화로 마무리하는 것이다.

---

1) 퇴거소송 : 퇴거란 건물 또는 대지 등을 점유하고 있는 자의 점유를 풀어 그 건물로부터 점유자를 내쫓고 아울러 그 건물 내에 있는 점유자의 살림 도구 등 물품을 들어내는 것을 의미합니다. 명도와 비슷하기는 하나 퇴거는 그 집행 대상이 점유자와 물품 등이며 점유의 해제만으로 집행이 종료되고 그 부동산의 점유를 원고에게 이전하여 줄 필요는 없는 점이 차이점입니다. 즉, 점유자와 살림살이를 건물 밖으로 내 쫓기만 하면 되는 것이기 때문에 주로 퇴거시킨 후 원고가 점유할 필요 없이 바로 건물만을 철거하려고 할 때에 퇴거소송이 이용됩니다.

서울서부지방법원

제 2 민 사 부

결 정

사 건	2009라 집행비용액확정기각결정에 대한 즉시항고

신청인(선정당사자), 최희
  항고인
         서울 강남구 개포동 1

피신청인, 상대방   1. 이
         서울 용산구 청파동3가   B04호

      2. 장
         서울 용산구 청파동3가   B01호

      3. 유
         서울 용산구 청파동3가   102호

      4. 임
         서울 용산구 청파동3가 1   ., 201호

      5. 우
         서울 용산구 청파동3가   , 202호

      6. 정
         서울 용산구 청파동3가   203호

      7. 김
         서울 용산구 청파동3가   204호

- 14 -

　　　　　　　　✓ 8. 박

　　　　　　　　　서울 용산구 청파동3가　　　　301호

　　　　　　　　✓ 9. 홍

　　　　　　　　　서울 용산구 청파동3가　　　　302호

　　　　　　　　✓ 10. 신

　　　　　　　　　서울 용산구 청파동3가　　　　303호

　　　　　　　　✓ 11. 조

　　　　　　　　　서울 용산구 청파동3가　　　　304호

제 1 심 결 정　　　서울서부지방법원 2009. 4. 24.자(2009. 5. 6. 인가) 2009타기　7

　　　　　　　　결정

主　　　文

1. 제1심 결정을 취소한다.

2. 위 당사자 사이의 서울서부지방법원 2008가 부동산가처분집행 사건에 관하여

　신청인(선정당사자) 및 선정자 김귀순에게 상환하여야 할 집행비용액이 피신청인 이

　 , 유 , 임 정 , 박 , 신 은 각(원, 피신청인 장 , 우

　 , 홍 , 조 는 각)원, 피신청인 김 은)원임을 확정한다.

이　　　由

1. 항고이유

　신청인(선정당사자, 이하 편의상 '신청인'이라고만 한다) 및 선정자 김귀순은, 피신청

15

- 2 -

제1심 결정[서울서부지방법원 2009. 4. 24. 2009 타기 7****결정]에 대한 주문이다. 1. 제1심 결정을 취소한다.

제1심 결정을 취소한 결론

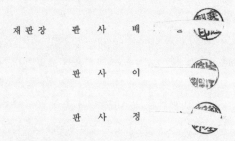

　　가) 위 1)항 비용　　　　)원

　　나) 위 2)의 나)항 비용　　　원

　　다) 열쇠수리공 용역비　　　)원

　　라) 합계　　　원

4. 결론

　그렇다면, 제1심 결정은 이와 결론을 달리하여 부당하므로, 신청인 및 선정자 김귀순의 항고를 받아들여 제1심 결정을 취소하고 위와 같이 집행비용액을 확정하기로 하여 주문과 같이 결정한다.

2010. 3. 2.

재 판 장　판 사　배

판 사　이

판 사　정

-19-

상황이 이쯤 되면 더 버틸 세입자가 없게 된다. 건물주가 사전에 어떻게 유혹했더라도 말이다. 퇴거소송 도중이지만, 임차인들은 채권자(신청자)가 지출한 비용(점유이전금지가처분결정, 집행관집행)에 대하여 임차인들은 지불해야 된다(실제 필자는 임차인 각각에게 집행비용에 대하여는 청구하여 받지 않았다.).

이 대목에서 여러분들에게 TIP을 하나 알려드린다.

집행비용 신청에 관한 부분이다. 강제집행 시 1차 집행을 못하고, 2차 집행을 실시하는 과정에서 임차인이나 점유자가 문을 열어주는 등의 협조를 하지 않을 경우나 부재중에는 열쇠 수리공에게 강제 개문을 실시하게 된다. 이 때 소요된 대금은 채권자가 우선 지불하며 영수증을 챙겨서 청구하면 된다.

건물명도 및 건물 퇴거의 소송 축소판 보기

피고인 건물주는 건물매수권을 주원인으로 시가감정 신청서를 제출 하였으나 배제되었다. 그 이유는 2007 다 00000으로 필자가 제기한 건물철거소송이 대법원에서 확정 판결될 때 시가감정신청은 배제되어야 한다고 주장하는 준비서면을 재판부에 제출하였고 이를 재판부가 받아들였다.

| 2009. 05. 14 | 피고 이ˑ | 시가감정신청 제출 |
| 2009. 05. 26 | 피고 이ˑ | 시가감정신청 제출 |

2009.09.16일에 있었던 화해권고를 위한 조정에는 조정위원들과 필자, 건물주와 아들이 참석하였다.

필자는 조정위원들에게 같이 출석을 하면 서로 얼굴을 붉힐지도 모르니, 피고 측의 내용을 먼저 취합해 주면, 이를 보고 원고의 제시안을 제출하겠다고 하였다.

2009.09.16	조정기일(준비절차실 706-2호 14:00)
2009.09.25	판결선고기일(306호 법정 10:00) 추정기일(추정사유:화해권고를 위하여)

피고가 제시하는 액수는 황당한 수준이었다. 건물매수의 의사는 별로 없었다. 재판이 4년 가까이로 길어지면 너무 지쳤다. 피고의 집요한 집착과 그 주위의 법조인들과 컨설팅업체 경매브로커들이 얄미워 진짜 깨끗이 철거하고 신축하려는 마음이 굴뚝같았다. 그러나 신축에는 또한 비용과 경비지출등 많은 제약이 따르는 현실적인 제약도 있었다. 이런 사정과 함께 피고의 나이 60세라는 점도 마음을 약하게 만들었다. 보상차원으로 강제경매당시의 감정가에 약 65%인 2억 원에 화해하기로 상호 합의가 이루어졌다. 어떤 각도에서 보느냐에 따라서 감정가격의 60%선에서 매수하기로 한 건물가격에 대해서는 서로 다른 평가를 할 수 있다. 건물주 입장에서 보면 헐값에 빼앗겼다고 억울하게 생각하겠지만, 경공매판에서 건물가격을 그만큼 지불했다면 줄 것 다 주었다고 할 것이다.

건물명도 및 건물퇴거 화해권고 결정문

서 울 서 부 지 방 법 원

화해권고결정

사   건   2008가단9   건물명도

원고(선정당사자)   최희(
                서울 강남구 개포동 11
피   고   1. 이
                서울 용산구 청파동3가 :
                송달장소 서울 양천구 신정4동 10

위 사건의 공평한 해결을 위하여 당사자의 이익, 그 밖의 모든 사정을 참작하여 다음
과 같이 결정한다.

결정사항

1. 원고와 피고 이   사이에 별지목록 기재 건물에 관하여 2009. 9. 16.자 매매계약
   (매매대금 2억 원)이 성립되었음을 확인한다.

2. 피고 이   는 2009. 11. 30.까지 별지목록 기재 건물에 거주하는 임차인 전원을 모
   두 퇴거시키고, 위 피고 또한 원고에게 위 건물을 인도하기로 한다.

3. 가. 원고는 피고 이   의 임차인들에 대한 임차보증금반환의무(제출된 자료 기준
              만 원)를 모두 승계하고, 나머지 매매대금   만 원을 지급하되(다만,
   별지목록 기재 건물에 관한 실제 임차보증금채무의 합계가   만 원을 초
   과하는 경우에는, 원고는 2억 원에서 실제 임차보증금채무를 공제한 나머지 잔
   액만을 지급한다. 만약, 실제 임차보증금반환채무의 합계가 2억 원을 초과하는
   경우에는 위 1항 기재 매매계약은 무효이다.) 임차인들이 전원 퇴거한 날까지
   지급하고 이를 지체하는 경우 퇴거일 다음날부터 다 갚는 날까지 연 20%의 비

율에 의한 지연손해금을 가산하여 지급하며, 피고 이 는 위 매매대금
만 원을 원고로부터 지급받음과 동시에 원고에게 별지목록 기재 건물에 관한 소
유권이전등기절차를 이행한다.

　나. 만약 2009. 12. 31.까지도 피고 이   가 별지목록 기재 건물에 거주하는 임차
　　인 전원을 퇴거시키지 못하는 경우 1.항 기재 매매계약은 무효이다.

4. 위 3의가.항 및 나.항 기재 각 사유로 인하여 위 1.항 기재 매매계약이 무효로 되는
　경우 피고 이   는 원고에게 2009. 12. 31.까지 별지목록 기재 건물을 인도한다.

5. 원고의 피고 이   에 대한 나머지 청구를 포기한다.

청구의 표시

청 구 취 지 및 청 구 원 인
별지 청구취지 및 원인 변경신청서 기재와 같다.

2009. 10. 13.

판사　　김

※ 이 결정서 정본을 송달받은 날부터 2주일 이내에 이의를 신청하지 아니하면 이 결
　정은 재판상 화해와 같은 효력을 가지며, 재판상 화해는 확정판결과 동일한 효력이 있
　습니다.

　　2009.09.16 조정실에서 조정이 있었고, 2009.10.13일에 내려진 2008 가단 건
물명도 및 건물퇴거의 화해권고 결정문이다. 요지는 임차인의 보증금액을 인
수하는 조건으로 건물을 2억 원에 매수하라는 내용이다. 만약 현재 임차보증금
이 7,500만원이 들어 있으면, 이 금액을 제외하고 피고인 건물주에게는 1억
2,500만원을 지급하고, 소유권을 필자가 넘겨받으라는 것이다.

화해권고 결정문을 송달받고 상호 이의신청서 제출

추후에 다툼을 방지하기 위하여 화해권고 내용 중 부족하다고 생각되는 부분을 이의 신청서에 5개 항목을 상세히 기재하여 추가하여 제출하였다. 건물주 또한 이의 신청서를 제출하였다.

2009. 10. 20	원고 최희 이의신청
2009. 10. 20	원고 최희 이의신청서 제출
2009. 10. 23	피고 이· 이의신청
2009. 10. 23	피고 이· 이의신청서 제출
2009. 10. 26	피고 이· 준비서면 제출

재판부는 09.11.20 판결선고기일로 지정하였으나, 화해권고에 대한 쌍방의 이의제기로 인하여 선고기일을 변론재개로 결정하였다.

| 2009. 11. 20 | 판결선고기일(306호 법정 10:00) |
| 2009. 11. 20 | 변론재개결정 |

그 후 법정 밖에서 3-4회 미팅 후 2009.11.25 매매를 체결한 후에도 필자는 소 취하를 하지 않았다. 그 이유는 소 취하를 하면 소송비용의 일부는 계좌로 송금되지만, 1~2달 후면 재판은 종결 될 것이고, 그러면 재판장님이 어떤 판결문을 써 주실지 무척 궁금해서였다.

| 2010.01.15 | 판결선고기일(306호 법정 10:00) | 판결선고 |
| 2010.01.15 | 종국 : 원고승 | |

2009.11.25 매매가 됐기 때문에 2008 가단 000000 사건의 소송비용은 건물주 및 임차인에게 청구는 하지 않았다. 판결 선고는 2010년 1월에 났으나, 실제는 2009년 12월에 건물을 매수하였다.

퇴거인원은 11명이었으나, 소송도중 임차인 교체로 가구 수는 13개호로 늘어났다. 매수후 임차인 승계는 9세대였고, 3개월에 6세대를 전출시켰다. 4년 동안 소송에 시달린 건물이라 관리가 제대로 되지 않아 외관은 아주 엉망으로 변해 있었다. 세면장, 도배, 장판, 싱크대, 새시, 보일러, 건물전체방수를 리모델링에 가깝게 보수하여 처리를 하였다.

기존의 임차인에 대한 전략

그러나 임차인은 쉽게 새로 구할 수 있었다. 대학교 인근이라는 특성에 젊은 세입자들은 건물이 깨끗한 것에 매료될 뿐 건물이력에는 거의 관심들이 없었다. 3세대는 재임대로 계속 주거하기로 하였고, 나머지는 새로 세입자를 구하였다. 문제는 다음 장에서 보게 되는 임차인 한 세대만 재계약에 협의가 안 되고 필자와 실랑이를 벌였다. 그러다가 마지막에는 스스로 자기가 혹을 붙이고 야반도주로 마무리 되었다. 약 4년여의 대장정에 마무리가 찍히는 순간이었다. 건물입성에 완벽하게 성공한 것이다.

매매를 통해서 건물을 구입한 경우라면 기존의 임차인을 계속해서 살게 하는 것도 그리 나쁘지 않다. 즉 기존의 임차인을 승계하는 것도 비용절감측면에서 유리할 수 있다. 그러나 경매로 소유권을 취득한 경우라면 가능하면 기존의 임차인은 전체를 통째로 바꾸어야 한다. 비용이 얼마가 들더라도 말이다. 전체 16가구가 살고 있는 경우라도 기존의 임차인 1~2명이 전체 물이 완전히 흐려져 버린다. '일어탁수'라는 말이 정확하게 들어맞게 된다.

임대인이 졸지에 아주 나쁜 부동산 꾼으로 전락하게 된다. 한순간에 말이다. 건물관리에 아무 도움이 되지 못한다. 그러나 이 건물의 경우에는 임차인들이 살림하는 주택이라기보다는 젊은 학생들이 거주하는 개념이어서 서로에게 별로 관심들이 없었다. 한 건물에 살면서도 누가 누군지 전혀 알지 못했다. 기존의 임차인 한 두가구가 있다고 해서 건물을 관리하는데 그다지 문제가 되지 않는 경우였다.

Chapter 05

기네스북에 오를
T셔츠 한 장 값이 15억원

평생 잊을 수 없는 2008년 08월 12일

앞부분에서도 잠시 말씀드렸지만 2008년08월12일 평생 잊을 수 없는 날이다. 이 날은 2건의 재판이 있었다. 불미스럽게도 건물주에게 법정에서 폭행을 당하는 불상사가 발생한 날이었다. 당시 현장으로 다시 한 번 가보자.

2007 가소 000000 지료증가 재판이 16:30분에 예정되어 있었다. 그 이전에 열린 2008 가단 00000 청구이의 재판이 15:20분 정도쯤 끝났다. 재판이 끝나고 법정 밖으로 나오자 누가 갑자기 달려들어 먹살을 움켜잡았다. 눈 깜짝할 사이에 말이다. 키는 약간 작지만 체구는 1.5배 정도 큰 50대 후반의 아주머니 건물주였다.

굶주린 호랑이처럼 순식간에 덤벼들어 필자의 먹살을 잡고 얼마나 흔들어 댔는지 필자의 상체는 담마진(두드러기)이 번져 붉은 반점으로 얼룩져 버렸다. 물론 입고 있던 T셔츠는 다 찢겨져 버렸다. 순식간에 법정 복도가 난장판이 되어 버렸다. 약 20명쯤 구경을 하고 있었다. 청원경찰이 뛰어나와서 말렸다. 청원경찰이 안으로 일단 들어가란다. 청원경찰의 도움으로 청구이의 법정으로 들어왔다. 법정 안에서는 다른 재판이 열리고 있던 중이었다. 판사님은 재판이 끝나면 나가라고 배려해 주었다.

상대가 여자였다. 얼마나 분이 나면 저럴까 생각해보았다. 그런다고 폭력을 행사한 부분은 참기 어려웠다. 그래도 방어만 했을 뿐 폭력에 맞대응하지 않았다. 또한 잠시 뒤인 16:30분부터 두 번째 재판이 예정되어 있었다. 건물주를 고소할 시간적 여유가 되지 않는 상황이었다.

20일분의 토지지료 누락분에 대한 청구소송

2007 가소 000000 지료증가소송 16:30분 재판인데 저자는 5분전에 출석하여 후문을 보니 건물주가 내 얼굴을 보며 조용히 나가는 것이었다. 그 후 재판장님은 사건번호를 호명하니 건물주는 나타나지 않았으나 2번째 다시 호명하자 나타났다.

재판장님은 나에게 왜 재판기일을 건물주에게 알려주지 않았냐며 나무라신다. 그래서 나는 조금 전에 멱살잡이로 생긴 상체의 붉은 반점을 보여주고 이런 상태에서 어떻게 연락을 할 수 있느냐고 반문하였다.

공매로 토지 소유권을 취득한 날의 등기부등본

등 기 목 적	접 수	등 기 원 인	권
소유권이전	2005년12월21일 제44782호	2005년12월1일 공매	공유자 지분 5분의 4 김귀순 서울 강남구 지분 5분의 1 최천

　　2009년의 마지막을 장식하는 소송이다. 지금 등기부는 토지등기부의 소유권취득을 보여주는 것이다. 소송의 주된 내용은 여러분은 상상하지 못한 내용이다. 저자는 2006.01.03 최초의 신년 선물로 건물철거 및 토지지료 소송을 제기하면서 지료발생 기산일을 2005.12.21부터를 하였다. 원래 청구 시작일은 잔금 완납 시점일(등기부상의 등기원인일)인 2005.12.01 청구를 하여야하나, 물론 20일간의 누락된 지료액수는 전체로 보면 껌 값도 안 되는 액수다. 여기에서 보는 사건은 껌 값도 안 되는 20일분의 토지지료 누락분에 대한 청구소송이다. 당시에는 누락분이 있다는 사실을 알면서도 청구하지 않았었다. 시간이 지나면서 기억에서 멀어져 갔다. 2005년 공매로 대지만을 먼저 취득한 것이 이 투자의 시작이라는 것을 이미 잘 알고 계신다. 그리고 나서 약 3년 반 동안 법정지상권부존재 소송을 시작으로 수많은 크고 작은 소송을 진행하였다. 보셨던 바와 같이 말이다.

　　건물주도 지긋지긋하고 지쳤겠지만 나 또한 마찬가지였다. 신나는 사람은 아마도 ****과 그 주변의 경매브로커들뿐이었을 것이다. 건물주와는 건물 매매 때까지 총 3번 만났다. 만날 때마다 끝없이 계속되는 궤변으로 혈압만 상승하였다. 만날 아무런 의미도 없었다. 그런다고 싸움을 그만둘 일은 더욱 아니었다. 원고로서 토지소유자로서 권리를 찾기 위해 약 1,000장분량에 이르는 소송자료 전체를 종합적으로 검토하였다. 그러던 중 당초에 청구를 하지 않았던 20일간의 지료 누락 부분이 발견되었다. 집중검토에 다시 들어갔다. 실제 잔금납부일과 등기부상 소유권 이전일 사이의 20일 분의 지료누락이 밝혀졌다. 당초에는 별로 중요하지 않게 생각하였지만 마지막 쐐기를 박기 위해 20일분 지료청구소송을 제기하였다. 나중에 건물주에게 들은 이야기지만, 두 손 두발을 아주 다 들었단다. 필자의 노림수도 사실은 이 부분이었다. 상대에게 집요함을 보여주는 것이 말이다.

판사와의 법정 대화

● 2009 가소 000000 지료누락분 소를 제기하신 원고, 피고 앞으로 나오세요!

□ 네~에, 네~?

● 최희씨?

□ 네~ 에 그렇습니다!

● 신분증 보여주시고, 앉으세요!

□ 감사합니다!

● 피고 이00씨세요?

□ 네~ 에 그렇습니다!

● 신분증 보여주시고, 앉으세요!

□ 네~~에~~!

● 원고, 피고에게 묻겠습니다. 청구내역이 20일분 누락된 지료부분 인가요?

□ 네~에 그렇습니다~!

● 원, 피고들 1.2.3심으로 대법원(2006 가단 00000 건물철거등)까지 갔다 오셨네요?

□ 네~에 그랬습니다~!

● 참 대단들 하세요?

□ 뭐가요?

● 20일간의 누락분에 대한 지료소송이 필요하신가요?

□ 얼마 안 되는 지료이지만, 대법원까지 갈다오고 이제 남은 것은 악과 혈압 오른 것
  밖에 없습니다!

그러자 건물주도 한마디 했다. 자기 60평생 동안 저런 사람은 처음 본 단다.

● 서로 입장을 이해하겠습니다. 이런 건은 화해로 조정하시는 것이 좋습니다, 그렇게
  들 하시죠!

□ 원고는 3년 반 이상에 걸쳐 지료를 받아 왔으니, 00만원을 양보하시죠!

짧게 대답했다

● "예"

□ 피고는 원고가 00만원 양보하니까, 이 정도로 합의하시죠?

● 재판장님 내용을 잘 몰라서 그러는데 다음기일에 말씀드리거나, 답변서를 제출하
  면 안 되나요?

그러자 재판장이 필자를 보면서

● 그러면 원고가 조금만 더 양보하셔서서 00만원으로 하시죠(=두 번 00만원+00만원).

기분은 별로 안 좋았다. 그리고 다음변론기일 참석도 귀찮아서 마지못해 짧게 대답했다.

● "예"

□ 피고~! 원고가 두 번 00만원 + 00만원씩 양보하니까 합의하시죠?

● 재판장님 소멸시효가 지나서 지급하지 않아도 된다고 하던데요?

판사님이 불쾌해 하는 느낌을 감 잡았다. 짜증 섞인 목소리로 톤은 약간 높인다.

□ 피고~! 잘 들으세요! 소멸시효 아직 지나지 않았고요, 원고가 청구 하는 게 맞습니다. 다음기일에 선고하면, 피고가 더 손해예요, 아시겠어요. 결론을 내세요!

필자는 마음속으로 이 아주머니가 지금 번지수를 한참 잘못 짚고 있다는 생각이 들었다. 판사님이 자기한테 유리하게 심리를 끌고 가고 있는데, 한가하게 웬 이북방송인지. 조금은 안타까운 마음이 들었다. 그러는 사이로 피고가 마지못해 대답한다.

● "예"

피고가 기어들어가는 목소리로 답변하니 판사는 답변 대신 웃음으로 대처 하시며 합의 화해[1]로 종결하라고 말씀하신다.

건물주는 원고(+집사람)들에게 2009.12.31까지 화해조서의 금액을 지불하고, 미 변제시 연 5%의 이자를 지급하라는 취지로 화해가 성립되었다. 건물주처럼 버티면서 다음기일에 출석하면 청구액을 전부를 받을 수 있겠지만, 지쳐서 합의에 응하며, 청구액의 약 30% 정도는 감액하자는 판사님의 권유에 동의해 버리고 말았다. 이로 인해 건물주는 약 00만원의 감액이득이 발생하였다. 재판장의 권유대로 화해조서로서 2005년 공매낙찰 후 2009년 건물매수 직전까지 48개월 동안의 소송을 마무리 하게 되었다. 2008년 09월경부터 협의를 하자고 연락이 왔다는 것과, 세 차례 만났지만 대화가 되지 않았다는 것도 이미 말씀드렸다. 건물퇴거소송 당시 조정은 되지 않았으나 조정실에서 만난 이후에 1년 정도가 지난 서로 양보하여 합의로 매수하게 되었다.

---

1) 화해란? : 소송상 "화해"라 함은 소송의 계속 중에 수소법원, 수명법관 또는 수탁판사 앞에서 당사자가 소송물인 권리 또는 법률관계에 관하여 상호 그 주장을 양보함에 의하여 다툼을 해결하는 소송상 합의를 말한다. 화해가 성립되어 당사자 쌍방의 일치된 진술을 조서에 기재한 때에는 확정판결과 동일한 효력이 있으므로(민소 220조), 화해가 이루어진 소송물 범위 내에서 소송은 당연히 종료한다.

화해[1)]? 달갑지 않지만 너무나 지쳐서

서울서부지방법원
화 해 조 서

사   건   2009가소   지료

원   고   1.최희

서울 강남구 개포동 1

2.김귀순

서울 강남구 개포동 11

피   고   이

서울 용산구 청파동3가

판   사   정   기   일 : 2009. 11. 19. 14:30

장   소 :   제   법정

법 원 주 사   박   공개 여부 :   공   개

원고   2. 김귀순의 소송대리인 겸 1. 최희 본인   출석

피고   이   출석

위 당사자는 다음과 같이 화해하였다.

화 해 조 항

1. 피고는 원고들에게   관원을 2009. 12. 31.까지 지급한다. 만일 피고가 위 금원의 지급일까지 위 금액을 지급하지 아니한 때에는 미지급 금액 전부에 대하여 지급기일 다음날부터 다 갚는 날까지 연 5%의 비율로 계산한 지연손해금을 가산하여 지급한다.
2. 원고들은 나머지 청구를 각 포기한다.

어쩌면 원수일진대 점심을 사달란다

● 최~에~사장님 오늘 점심 좀 사주세요?

□ 닭살 돋게 순한 양처럼 갑자기 왜 이러세요!

● 그러지 마시고 오늘 비싼 점심 한번 쏴주세요?

□ 이 여사님 그러면 서부법원 구내식당에 드시죠, 싸고 깨끗합니다!

● 이제는 법원에 '법'자만 들어도 신물이 넘어 옵니다~! 진짜로요~!

□ 그러세요, 그런데 나한테 뭐 할 말 있으세요?

● 사실 이제 다 끝난 마당이잖아요?

□ 대강 마무리 단계라고 보면 틀림없죠!

● 그래서 드리는 말씀인데, 부탁이 하나 있어서요?

□ 나한테 부탁이 있다고요, 뭔지 말씀해 보세요!

● 여기서 이러지 말고 점심 드시면서 들어주세요.

□ 뭐 좋아 하세요?

● 나~, 회 잘 먹어요!

예전이었다면 구내식당 백반 값도 아까웠을 것이다. 이 곳이라면 만원만 있어도 둘이서 식사하고, 담배1갑에 자판기 커피까지 해결하고도 동전 몇 개가 남는다. 법원구내식당 점심은 고사하고, 자판기 커피한잔도 아까운 사이로 그 동안 소송에 소송을 거듭했다. 그런데 그 날 건물주의 얼굴은 보면 초라하고, 정에 굶주려 있는 것처럼 보였고, 비빌 언덕이 필요한 한 마리 암소처럼 보였다.

점심을 빙자해서 자신의 이야기를 들어줄 사람을 찾고 있다는 것이 느껴졌다. 그래서 서부법원 뒤에 있는 일식 전문 식당으로 갔다. 점심 스페셜과 반주로 백OO 2병을 마시면서 건물주가 말을 하고 필자는 들어 주었다.

건물주가 옛 추억을 회상하면서 굽이쳐온 인생역경의 시간들을 쏟아냈다. 소설이라면 두 권이 족히 되었고, 영화라면 3시간은 되고도 남을 시간의 가슴 아픈 이야기였다. 듣는 토지주의 가슴이 아파왔다. 나라면 저렇게 어려운 역경의 날들을 보냈다면 극복할 수 있었을까 하는 생각이 절실히 들었다. 동정의 마음이 생겼다. 비록 상대였지만 진한 인생이야기에 감동받았다.

그리고는 건물주와 건물에 대하여 합의매수를 합의하였다. 부탁이 하나 있단다. 그동안 컨설팅회사와 부동산 사기로 인한 피해손실이 말할 수 없을 정도로 컸단다. 그래서 부탁인데 경매세계를 좀 알려달란다. 실력과 꼼꼼함 그리고 집요함에 감탄을 받았단다. 아들에게 경매를 가르쳐달라는 부탁이었다. T셔츠 찢을 당시와는 180도 달라진 모습이었다. 흔쾌히 승낙하였다.

한수 가르쳐 달란다

● 최 선생님 부탁이 하나 있어요!

□ 말씀해 보세요?

● 국내에서는 풍족하게 살았는데, 일본에서 생활은 너무 어려워서 지금 생각해도 눈물이 저절로 나오려고 해요?

□ 그러셨나요?

● 죽을 고생을 하면서 어렵게 일본에서 돈을 벌어서 국내에 들어와서 투자 좀 한다는

게 뜻하지 않게 부동산업자들한테 사기를 당하고 말았어요!

□ 아~~~네~~!

● 큰 피해 봤죠.

그리고는 다시 건물주의 인생역경이 파노라마처럼 이어진다. 건물주의 과거 생활은 원만한 사람이라면 주저앉고 말았을 것이라는 생각이 쉽게 들었다. 기 (氣)가 약한 사람이라면 자살이라도 했을 것이라는 생각이 번쩍 들었다. 사람이 다르게 보였다. 한편으로는 존경스러워졌다.

● 부동산 컨설팅 업자들한테 사기당하고 공부하기로 마음먹었어요.

□ 그건 잘 하셨네!

● 나이 60세가 다되어 경매전문학원의 수강생노릇이 정말 어렵습니다.

□ 경매공부는 사실 젊은 사람들도 어려워요.

● 그러게요~, 무슨 말인지 들어오지 않고, 이해도 쉽지 않고!

□ 그러시죠!

● 까마귀 고기를 먹었는지 어제 들은 내용이 오늘 머릿속에서 깨끗하게 백지가 되고!

□ 무슨 말인지 이해합니다.

● 저번에 집에서 보여드린 책들이 그 때 책들입니다!

□ 대강 눈치 챘습니다!

● 그래서 부탁하나 드리고 싶어요?

□ 말씀해 보세요!

● 나는 나이도 있고 해서 공부하기는 늦은 것 같으니, 우리 아들을 최사장님이 제자로 받아주세요.

□ 에이 무슨 말씀이세요~! 그럴 실력도, 주변머리도 없습니다!

● 아니에요 절대로 아니에요, 지금까지 내가 봐온 경매하는 사람들 중에 최 사장님이 진짜 최고에요, 이점은 우리 변호사도 인정합니다.

□ 그런 말씀 마세요!

● 여러 말 마시고 이것도 인연인데 우리 아들을 제자로 삼아주세요 부탁드립니다?

그 동안 잘못한 투자로 까먹은 부분을 만회할 수 있도록 아들을 제자로 삼아 알고 있는 경매세계를 전수해 달라는 부탁을 하고 있다. 어제까지는 서로는 죽기 살기를 각오하고 전쟁을 해 왔다. 아들이 열심히 배워서 그 동안의 투자실패를 만회 할 수 있도록 도와 달란다. 진심이었다. 진심에 동감했다. 받아주기로 승낙했다. 어머니는 연세가 있으니 아들이 젊으니까 더 쉽게 배우며, 그 동안 어머니의 겪었던 고통을 옆에서 지켜보았으니 알아서 더 잘 할 것이라 대답하여 주었다. 서로의 일정을 확인하고, 스케줄을 잡아 사무실에서 무료 개인레슨을 하기로 허락하였다. 이번에는 하나 물어보았다.

폭력을 사주했단다

● 이 여사님 그런데 제가 제일 궁금한 게 있습니다?

□ 말씀해 보세요?

● 저번에 법정에서 왜 멱살 잡고 T셔츠 찢으셨나요?

□ ○○○씨가 최사장님 얼굴에 침 뱉고 T셔츠 찢으라고 가르쳐 줬어요!

● 그렇게 해서 문제가 해결 되었나요?

□ 지금 생각해보면 내가 생각해도 정말 어이가 없고 한심한 사람들 같아요!

● 이 여사님에게 그런 것 가르쳐 준 000씨는 경매해서 성공하셨나요?

□ 글쎄요 그거야 내가 모르지, 알 일도 아니고!

● 그럼 000씨 경매해서 돈 많이 벌었습니까?

□ 모른다니까요?

● 이 여사님~! 나는 지금까지 000씨처럼 입으로만 경매하고, 행세하는 사람 수 없이
  봤습니다!

□ 그래요 말은 아주 잘하세요, 늘 자신 있고?

● 실력이라고는 쥐꼬리만큼도 없으면서, 말로 경매하는 사람들 많다니까요?

□ 따르는 사람들이 꽤 되요, 자기 도움을 받으면 안 되는 일이 없다, 대한민국 경매는
  자기가 없으면 존재할 수가 없다고 자신 있게 말해요?

● 경매에서 성공하여 돈 번 사람들은 절대로 허풍 치지 않아요!

□ 내 생각도 그런데, 하도 자신 있게 말씀을 하시니 믿게 되더라고요?

● 제가 진짜로 고수로 인정하는 분들은 달라요!
  어떻게요?

□ 창공을 나는 독수리처럼 조용히 물건을 찾고 있다가, '이거다' 싶으면 굶주린 하이 에나처럼 달려들어 단독입찰이나, 특수물건을 낙찰받아 수익을 내지 절대로 허풍 안칩니다!

● 아 ~~네!

□ 필자는 일이 없는 날에는 서울시내 법원에 들러서 재판일정과 사건명을 보고 부동 산 관련 사건을 방청하면서, 내가 '원고 - 피고' 가 되어 스스로 그 사건을 시뮬레이 션도 해보면서 공부를 해요.

● 열정적이시네요, 그런 것 같았어요.

□ 특히 2심 사건에서 변호인 없이 직접 출석하는 사람을 보면, 이들이 경매의 진정한 고수라는 느낌을 바로 받아요!

● 최선생님도 그러셨잖아요!

□ 아닙니다~! 나는 아직 갈 길이 먼 사람입니다!

● 너무 겸손해 하신다, 그럴 필요 없어요, 제가 최선생님 실력을 분명히 알아요.

□ 이 여사님~! '벼는 익을수록 고개를 숙인다' 는 속담을 더 잘 아시잖아요!

● 최 선생님 말씀을 듣고 보니 제가 너무 경솔하면서 생각이 짧았던 것 같아요?

□ 하여튼 경매판은 배우고 공부하고 경험해야 할 것이 너무 많은 게 분명합니다!

● 내가 아들놈에게 요즘 자주 하는 말이 있어요!

□ 뭔데요?

● 엄마가 법원에 쫓아다니면서, 너무 힘들지만 상대편인 최 선생님 본받으라는 이야 기 자주 합니다!

□ 너무 심하게 칭찬하지 마세요 ?

● 그리고 최선생님 또 하나 있어요!

□ 뭔데요?

● 우리 변호사도 최선생님 칭찬해요!

□ 무슨 말씀이세요?

● 원고(최선생)는 소송이 취미와 특기냐고, 사건이 하나 끝나면 사건접수하고 참 이상한 사람이라는 표현까지 했어요?

□ 이것이 칭찬인지 아닌지 헷갈리네!

● 당연히 칭찬이죠!

□ 나야 내 전 재산을 투자했기 때문에 최선을 다합니다. 말 그대로 죽기 살기로 집중하고 공부하는 거죠!

● 우리 변호사도 혀를 내 두른다니까?

□ 방어선이 무너지면 어떻게 되는지 아세요?

● 다음 건에 잘 투자하면 되죠!

□ 그게 아니죠, 한건 잘못되면 집사람하고 애들 데리고 서울역으로 노숙하러 가야되요!

● 에~ 이~ 설마~!

□ 그렇게 되지 않으려고 피나게 노력합니다!

● 정말이세요, 받아 적어야하는데, 조금 지나면 또 잊어버려서!

□ 법률서적 독파와 판례공부는 기본입니다, 니코틴, 커피로 중무장하는 거죠!

● 담배 커피는 몸에 별로 안 좋은데?

□ 여사님 경공매 투자를 뭐라고 생각하세요, 부업이세요, 생업이세요, 사업이세요?

● 나는 재테크라 생각합니다!

□ 그렇게 생각하면 100% 실패합니다. 경공매 투자는 부업도 아니고, 생업도 아니고,

재테크는 더욱 아니죠?

● 그러면 뭔데요?

□ 처절한 사업입니다. 그런 마인드 없으면 절대 성공 못합니다. 거기다가 즐기면서,

  여유 있게 생각하며 전력을 질주하는 거죠!

● 어려운 이야기인 것 같아요, 우리 아들놈한테 좋은 이야기 많이 좀 해주세요?

□ 그렇게 하면서 사랑과 애정이 곁들여지면 성공한다고 생각해요!

● 잘 못 알아듣겠어요, 아들놈 좀 키워주세요?

Chapter 06

건물매수 후 야반도주로 마지막 임차인 마무리

매매로 마무리한 건물등기부

등기부 등본 (말소사항 포함) - 건물

[건물] 서울특별시 용산구 청파동

고유번호 1142-1996-

【 표 제 부 】 (건물의 표시)				
표시번호	접 수	소재지번 및 건물번호	건 물 내 역	등기원인 및 기타사항
1 (전 1)	1998년4월2일	서울특별시 용산구 청파동	철근콘크리트조 벽식구조 3층 다 가구주택 지층 166.77㎡ 1층 167.85㎡ 2층 168.24㎡ 3층 149.25㎡ 옥탑(21.36)	
				부동산등기법 제177조의 6 제1항의 규정에 의하여 2001년 05월 10일 전산이기

【 갑 구 】 (소유권에 관한 사항)				
순위번호	등 기 목 적	접 수	등 기 원 인	권 리 자 및 기 타 사 항
1 (전 1)	소유권보존	1998년4월2일 제8015호		소유자 김 안산시 본오동
2 (전 2)	가압류	1998년5월14일 제13661호	1998년5월12일 서울지방법원 가압류 결정(98카단	청구금액 100,000,000원 채권자 (주) 신용금고 서울강남구 논현동 (용인부)

열람일시 : 2011년02월08일 오후 5시31분38초

1/8

대미를 장식하는 단계에 접어들었다. 앞에서 보여드린 것처럼 건물은 성공
리에 매수하였다. 퇴거소송 당시 화해조정은 성립되지 않은 것도 보여드렸다.
그 이후 건물주의 뼈아픈 사연과 출혈을 감안하여 매매가격에는 합의를 하였
지만, 당초 생각보다 비싸게 구입 하였다.

건물내역을 잠깐 살펴보자.
■ 지층 : 166.77㎡(50.48평)
■ 1층 : 167.85㎡(50.77평)
■ 2층 : 168.24㎡(50.89평)
■ 3층 : 149.25㎡(45.15평)
■옥탑 : 21.35㎡(6.46평)이고, 건물 매입당시 임차인 현황은 다음과 같았다.

■지층 : 4가구 중 2가구 1,000만원 68만원 2가구 건물주
■ 1층 : 4가구 중 3가구 1,500만원 140만원 1가구 공실
■ 2층 : 4가구 중 4가구 2,500만원 180만원
■ 3층 : 4가구 중 4가구 2,300만원 175만원
■옥탑 : 물탱크실

총 16가구의 임대현황을 보면 13세대의 임대보증금은 7,300만원, 월차임 563
만원이었다. 이 중 월차임을 연체하는 임차인이 절반정도였고, 2~3개월은 보통
이었다. 연체로 보증금이 30%정도만 남아있는 임차인도 있었을 만큼 관리가
엉망이었다.

소유권 이전된 등기부 내역

순위번호	등 기 목 적	접 수	등 기 원 인	권 리 자 및 기 타 사 항
				서울 강남구 개포4동1
19	11번가압류등기말소	2009년3월10일 제8471호	2009년2월18일 취소결정	
20	카압류	2009년4월8일 제12612호	2009년4월8일 서울서부지방법원의 카압류 결정(2009카단	청구금액 금3,449,920 원 채권자 (선정당사자)최ㅇ 서울특별시 강남구 개포동-1 (선정자)김규순 서울특별시 강남구 개포동-1
21	카압류	2009년7월3일 제25942호	2009년7월3일 서울서부지방법원의 카압류결정(2009카단	청구금액 금20,000,000 원 채권자 김ㅇ 서울 용산구 서계동
22	21번가압류등기말소	2009년9월9일 제34453호	2009년9월1일 해제	
23	소유권이전	2009년11월26일 제44314호	2009년11월25일 매매	소유자 최희 서울특별시 강남구 도곡동 183- 거래가액 금200,000,000원
24	18번강제경매개시결정등기말소	2009년12월1일 제44962호	2009년11월26일 위하	
25	13번강제경매개시결정등기말소	2009년12월1일 제44967호	2009년11월26일 위하	

열람일시 : 2011년02월08일 오후 5시31분38초   5/8

순위번호 23번을 보면 2009년 11월 26일에 매매가격 2억원에 해당 건물의 소유권을 취득한 것을 알 수 있다. 길었다면 긴 1,700일의 대 혈투가 마무리되는 순간이었다. 물론 완전히 마무리되려면 남은 일이 몇 가지 더 있었다. 임차인 관리도 엉망이었지만, 건물관리는 말할 것도 없이 더욱 엉망이었다. 송사에 매달리느라 제대로 건물을 돌볼 여지가 어디 있었겠는가. 건물 인수 후 수리부분을 살펴보자.

건물인수후 대대적인 보수공사

- 옥상에서 주차장 바닥까지 전체방수 및 도색 페인트(외관, 내부)
- 방과 베란다 사이 미닫이문(목재) 새시 교체
- 전세대 싱크대, 신발장 교체
- 다가구 주택은 아파트와는 구조적으로 여러 가지 점에서 차이가 많다. 세면장과 베란다 하수구가 원형으로 설치된 부분을 사각, 육각으로 전면 교체하고, 방수보완을 하였다.
- 보일러의 전 세대에 가깝게 교체(보일러 평균 수명은 8년 전 후이지만, 5년이 지나면 부속물 교체시기가 발생한다. 부속품가격과 출장비를 비교해서 새것으로 전면 교체하는 것도 현명한 방법이다.)
- 장마를 대비하여 평탄작업을 완료하였다. 약간의 비탈진 경사로 인하여 주차장과 건물 뒤편과는 고저차이가 있었는데 노면 평탄을 위하고 레미콘 1대분의 콘크리트를 쏟아 부어 정비했다. 이로 인한 총 지출은 약 3,000만 원 정도였고, 현재 임대차는 보증금 3억원 월차임 650만원 정도이다.

앞뒤 꽉 막혀 남의 말 못 알아듣는 임차인

건물 매수 후 임차인들과 재계약을 하거나 내 보내는 마무리 작업에 돌입하였다. 건물철거를 위한 퇴거소송을 하는 동안 안면이 생겼던 임차인들이었다. 대체로 무난하게 일이 진행되었다. 그런데 임차인 정리 작업 도중 호사다마라는 말이 들어맞는 상황이 벌어졌다. 임차인 중 한명만이 기존의 임대조건으로 다시 세를 달라며 고집을 부렸다. 대화로 가능하다는 생각으로 상당기간 인내를 하며 설득하는데도 막무가내였다.

그럴 수밖에 없었겠지만 당시 임대보증금은 주변시세에 비해서 굉장히 낮았다. 전 건물주가 건물만 소유하고 있어, 정상인 주택의 경우보다는 싸게 임대하지 않을 수 없었기 때문이었다. 그런 이유로 저렴한 보증금과 저렴한 월세에 입주하고 있었다. 그러나 필자가 건물을 매입하고 나서는 이야기가 달라졌다. 토지와 건물이 모두 필자와 집사람 앞으로 소유권이 넘어온 지극히 정상인 건물이 되었다. 그럼에도 불구하고 주변 시세보다 현저히 낮았던 기존의 월세수준으로 재계약을 하자고 우기는 것이었다. 토지와 건물의 소유자가 달랐고, 그 과정에서 수십 차례의 소송이 진행되는 동안에 겪었을 임차인들의 정신적 고통이나 불안감을 생각하여 인내하고 또 인내하였지만 막무가내였다. 그러나 세상에는 '룰'이 있는 것이 아니겠는가. 요구하는 정도가 너무 심했다.

다른 임차인들과는 당시 주변의 임대시세 보다 약 50%(전 소유주와 필자가 바뀐 시세)를 싸게 일단 해 주고, 임대 계약이 만료가 되어 재계약할 때 시세로 환원하는 조건으로 재계약을 갱신하였다. 그런데 문제의 202호 딱 한명만 협의가 되지 않았다. 건물주가 새로 바뀌었으니 재계약건으로 한번 만나자는 요구를 차일피일 미루기만 하였다. 수차례 전화 통화에도 불구하고, 이사 내보낼 자신 있으면 한번 해봐라 하는 식의 배짱이었다. 호미로 막을 일을 삽으로도 못 막게 되는 상황을 만드는 사람은 다름 아닌 임차인의 부친이었다. 지방(강원도 원주)에서 부동산 중개업에 종사하는 관계로 나름대로 자신감이 있었던 모양이었다.

전화 통화를 통해 서울에서 만나기로 몇 번 약속을 하기도 했지만, 이런 저런 이유와 핑계로 번번이 약속 장소에 나타나지 않았다.

　대화가 되질 않으니 법원에 호소할 수밖에 없지 않겠는가. 재계약거부는 물론이고 한번 만나주지도 않는 임차인을 상대로 '건물명도 및 부당이득금반환 청구소송'을 제기했다. 임차인의 행위가 너무 불쾌하여 '점유이전 금지 가처분'에 대해서 집행비용신청 결정문은 명도소송 확정판결 전에 미리 받아 두었다. 명도 소송시 입증자료는 핸드폰 문자 메시지를 출력하여 첨부하였다. 주된 내용은 임대차 계약 해지 및 재갱신 여부였다.

임차인에게 보낸 핸드폰 문자 메시지

　아래 파일은 재계약을 위하여 임차인의 부친에게 2009.11.10일 보낸 문자다. 202호 임차인에게 2009.12.24 크리스마스이브에 보낸 MMS 문자를 보자. 계약 만기는 2010.02.10. 일 만기라는 점을 통보하고, 보증금 부족부분과 연체차임 및 보증금 인상분을 요구하는 내용이다.

3회의 문자와 3회의 통화를 통해서 받은 느낌은 계획적으로 약속을 펑크 내면서 시간만 지연시키는 작전을 펴고 있다는 것을 알았다. 인내심을 시험하는 듯했다.

임차인들이 건물관련해서 그동안 고생한 것에 대한 동정심을 모두 거두었다. 임차인과 임차인의 부친에 대해서 정면으로 치고 들어가기로 했다. 첫 번째 작업으로 내용증명을 일단 발송하기로 하였다. 수신인은 3인으로 되어 있지만 실제는 2인이다. 1.2번은 임차인이다. 폐문부재로 인한 송달불능의 발생우려가 있어 취한 사전 조치다.

임차인과 고향의 모친이 살고 있는 곳 2군데로 발송하고, 3번째는 임차인의 부친이 중개업을 하는 강원도 횡성으로 송달장소를 정하였다.

임차인 한 가구 명도에 피고가 3명?

내용: 임대차 계약해지

수신:1. 김　　수(임차인)　　　HP 010-35
　　　　서울 용산구 청파동3가　　　번지 202호.(우-140-133)
　　2. 김　　(임차인 고향주소) HP 010-35
　　　　강원도 원주시 개운동 한신
　　3. 김　　　(임차인의 부)　HP 011-7
　　　　강원도 횡성군 횡성읍 곡교리

발신: 최　희(임대인)
　　　서울 강남구 개포동 11.

다　음

1. 김 　(임차인)과 임차인의 부 김 　　은 2010.2.1자 계약해지 내용증명을
수령하고도 유무선 통신을 통한 임대인에게는 아무런 조치를 하지않고
있으며 임대인도 모르게 일방적으로 임대인의 농협계좌로 전소유주 월차
임 연체분 .　,000원(2009.8.11 ~ 11.10사용분 3개월)과 2009.11.11이후부터
현재까지(2010.1.31) 81일분 .　　00원 중 2009.12.10까지 사용분　　000원
만원 현 임대인 최 희계좌로 입금하였다.(2010.2.2)

2. 임대인에게 아무런 조치없이 입금처리 하여도 본 임대차는 갱신이 되는
것은 아니고 임대차 계약은 해지됨을 연차하여 임차인 및 부에게 통보한다.

구체적으로 보자.

임차인 퇴거를 위한 명도소송의 상대방들이다.

① 피고 1. 김00 계약서상의 실제임차인 및 실제거주자(전입신고 없음), 대학재
　학 중

② 피고 2. 김OO 임차인의 부친이며, 계약당시 보증금 지불과 월차임 송금자

③ 피고 3. 남OO 필자의 건물 202호 전입신고자 (전출지 강원도 횡성)

송달에 3중 안전장치를 설치한 것이다. 눈치 빠른 독자들은 2.3.번이 명도 소송에서 왜 피고로 지정 당했는지 알 수 있을 것이다. 피고 2.3.의 소 취하 날자가 다른 것은 즐겁게 상상해 주시기 바란다.

구 분	이 름	종국결과	판결송달일
원고	1. 최희	2010.06.11 원고승	2010.06.21
피고1	1. 김:	2010.06.11 원고승	2010.06.18
피고2	2. 김·	2010.05.28 소취하	
피고3	3. 남:	2010.04.15 소취하	

대화가 되지 않은 임차인의 아버지와 임차인, 전입자를 상대로 필자가 제기한 건물명도 및 부당이득금반환 청구소송에 대한 법원의 판결문이다(전장에서 보듯이 2명은 소 취하됨). 청구대로 임차인은 건물을 비워주고, 비워줄때까지 월 임대료로 000만원을 지급하라는 판결문이다. 이 소송에 소요된 비용까지도 임차인이 지불하고, 만약 이행하지 않을 경우 가집행도 허락하는 내용이었다. 소송대상자는 다른 사람 1명을 포함하여 임차인으로 두 사람이었다. 이들을 상대로 '점유이전금지가처분[1]' 도 함께 신청하였다.

---

1) 점유이전 금지가처분 : 부동산에 대한 인도, 명도청구권을 보전하기 위한 다툼의 대상에 관한 가처분의 일종으로서, 목적물의 주관적(인적), 객관적(물적) 현상변경을 금지하고자 함을 목적으로 한다.

임차인을 상대로 명도 및 부당이득금 반환 청구소송

서 울 서 부 지 방 법 원

판 결

사   건   2010가단   명도 및 부당이득금

원   고   최희 (

서울 강남구 개포동 1

피   고   김

원주시 개운동

변 론 종 결   2010. 5. 28.

판 결 선 고   2010. 6. 11.

주   문

1. 피고는 원고에게,

가. 별지 목록 기재 건물 중 별지 도면 표시 1, 2, 3, 4, 5, 6, 7, 8, 9, 10, 11, 1의

각 점을 차례로 연결한 선내 부분 202호 42.06㎡를 인도하고,

나.   원과 이에 대하여 2010. 3. 11.부터 갚는 날까지 20%의 비율로 계산한

돈과 2010. 2. 11.부터 위 건물의 인도완료일까지 월   원의 비율로 계산한

돈을 지급하라.

2. 소송비용은 피고가 부담한다.

3. 제1항은 가집행할 수 있다.

2010-00160   위변조 방지용 바코드 입니다.   1 / 7

두 사람을 상대로 한 점유이전금지가처분 결정문

〈단시설정의 21단독〉
2010-072- 506

서 울 서 부 지 방 법 원
21단독
결   정

사 건   2010카단 16   부동산점유이전금지가처분

채 권 자   최 희
           서울 강남구 개포동 11

채 무 자   1. 김
             서울 용산구 청파동3가 13 3 202호

           2. 남
             서울 용산구 청파동3가 13   202호

주 문

채무자들은 서울 용산구 청파동3가   대 307.8㎡ 건물 652.11㎡중 채무자들은 건물
중 2층 별지도면 표시 선내 1,2,3,4,5,6,7,8,9,10,11,1의 각 점을 차례로 연결한 2층 202호
선내 부분 42.06㎡(철근콘크리트벽식구조 다가구주택 건물)에 대한 점유를 풀고 채권자가
위임하는 집행관에게 인도하여야 한다.
집행관은 현상을 변경하지 아니할 것을 조건으로 하여 채무자들에게 사용을 허가하여야 한다.
채무자들은 그 점유를 타에 이전하거나 또는 점유명의를 변경하여서는 아니된다.
집행관은 위 취지를 적당한 방법으로 공시하여야 한다.

피보전권리의 내용   건물명도청구권

이 유

이 사건 부동산점유이전금지가처분 신청은 이유 있으므로 담보로 공탁보증보험증권(서울보
증보험주식회사 증권번호 제 100-000-201000806   )을 제출받고 주문과 같이 결정한다.

정 본 입 니 다.
2010. 3. 8.
법원주사보 이

앞에서 말씀 드린 대로 두 명을 상대하였다.

① 채무자. 1 김OO 계약서상의 실제임차인 및 실제거주가(전입신고 없음), 대학제학 중

② 채무자. 3 남OO 필자의 건물 202호 전입신고자(전출지 강원도 횡성) 채무자란
   을 보는 것처럼 두 사람이다. 즉 임차인과 해당 호수로 주민등록 전입되어
   있는 전입자가 대상이었다.

집행관 집행(2차)시 추가예납액

집행관사무소				
접 수 증 (집행비용 예납 안내)				
사건번호	2010가1	사 건 명	부동산점유이전금지가처분	
구 분	추가 예납	담 당 부	2부	
채권자	성 명	최희	주민등록번호 (사업자등록번호)	
	주 소	서울특별시 강남구 개포동 11		
채무자	성 명	김 외 1명	주민등록번호 (사업자등록번호)	
	주 소	서울특별시 용산구 청파동3가	2층 202호	
대리인	성 명		주민등록번호 (사업자등록번호)	
	주 소			
	사 무 원			
납부금액		원		
납부항목	금액	납부항목	금액	
수수료	원	송달수수료	원	
여비	원	우편료	원	
숙박비	원		원	
노무비	원	기 타	원	
감정료	원			
납부장소		신한은행		

위 당사자간 부동산점유이전금지가처분 사건에 대해 당일 추가 예납 접수되었으므로
위 금액을 지정 취급점에 납부하시기 바랍니다.

2010 년 03 월 17 일

서울서부지방법원 집행관사무소

집 행 관 공.

문의전화 : 집행관사무소 02-327
담당자 : 양 010-

법원경매정보(http://www.courtauction.go.kr)에서 회원 가입 후 "나의경매 > 나의동산집행정보"
에서 비밀번호 1880 를(을) 이용하여 추가하시면, 자세한 사건내용을 조회하실 수 있습니다.
※ 납부금액을 당일내에 납부하지 않을 경우, 접수된 사건은 취소될 수도 있습니다.
※ 예납금은 위 납부장소에서만 납부할 수 있습니다.
※ 채권자의 주소가 변동될 때에는 2주 이내에 반드시 신고하여야 합니다.

사건명을 보면 '부동산점유이전가처분'이고 채무자는 임차인외 1명이 더 있
는 것을 알 수 있다.

점유이전금지가처분에 소요된 집행비용 확정 결정문

결   정

사 건	2010타기 집행비용액확정	
신 청 인	최희	(135-240)
	서울 강남구 개포동 1J	
피 신 청 인	김	(220-110)
	원주시 개운동 한신아파트	

주   문

위 당사자 사이의 이 법원 2010가   £ 점유이전금지가처분 집행에 대하여 피신청인이
신청인에게 상환하여야 할 집행비용은   )원임을 확정한다.

이   유

주문기재의 위 사건에 관하여 신청인이 그 집행비용액의 확정을 구하여 온 바, 피신청인이
부담하여야 할 집행비용액은 별지 계산서와 같이   원임이 인정되므로, 민사집행규칙
제   를 적용하여 주문과 같이 결정한다.

2010. 5. 27.

사법보좌관   이

등본입니다.
201 2010. 1월19일
서울서부지방법원
법원주사 송

점유이전금지가처분에 소요된 집행비용 확정 결정문이다. 피 신청인을 보면
한 사람은 취하 한 것을 알 수 있다. 결정문의 주문과 이유를 보면 청구가 받아들
여진 것을 볼 수 있다. 점유이전금지가처분비용과 집행관 비용 외 청구분이다

임차인을 상대로 강제집행 돌입

| 2010.07.06 | 원고 최희 집행문및송달증명 | 2010.07.06 발급 |

2010.07.06 집행문과 송달증명을 발급 받아 집행관실에 접수한 2010.07.06후 일어난 일이다.

알리는 말씀

사 건 : 2010본: (1부)
채 권 자 : 최희
채 무 자 : 김
집행권원 : 서울서부지방법원 2010가단   판결

　　　　　위 사건이 2010년 07월 06일 접수되어 강제집행을 실시하였습니다.
강제집행내용 : 건물명도

※사건내용 조회
법원경매정보(http://www.courtauction.go.kr)에서 회원 가입 후 "나의경매 > 나의동산집행정보"에서 비밀번호 1040 를(을)이용하여 추가하시면, 자세한 사건내용을 조회하실 수 있습니다.

※주의사항
1. 누구든지 집행관이 압류한 물건을 손상, 은닉, 처분하거나 봉인표 또는 공시서 등을 손상, 은닉 그밖의
   방법으로 효용을 해하여서는 아니되며, 이를 위반한 사람은 형벌(형법 제140조, 제142조, 제323조)을
   받게 되오니 위반하지 않도록 유의하시고, 이사 등을 위하여 부득이 압류물의 보관장소를 변경하고자
   할 때에는 반드시 사전에 그 사유를 집행관에게 신고하여 승인을 받아야 합니다.
2. 강제집행으로 인도된 부동산에 침입하거나 기타 방법으로 강제집행의 효용을 해한 경우에는 형벌(형법
   제140조의 2)을 받게 됩니다.

2010.11.
서울서부지방법원
집 행 관 김

- -
1. 문의전화 : 서울서부지방법원 집행관사무소(02-3271-
2. 금전채무의 변제방법 : 채무자는 채무(이자 및 집행비용 포함)를 채권자에게 직접 변제하거나 집행관
   에게 변제할 수 있습니다.
3. 집행관은 집행을 위하여 필요한 경우에는 잠근 문을 여는 등 적절한 조치를 할 수 있고(민사집행법
   제5조), 성년 두사람이나 구.동(또는 시.읍.면) 직원 또는 경찰공무원이 참여한 가운데 집행을 할 수
   도 있습니다(같은 법 제6조).
4. (가)압류된 물건이 채무자의 소유가 아닌 경우 그 물건의 소유자는 채권자를 상대로 집행법원에 제
   3자 이의의 소 제기와 강제집행정지 신청을 할 수 있습니다.
5. 동산경매시 매각대금은 경매장소에서 대금전액을 납부하여야 하므로(예외: 민사집행규칙 제 149조 제
   2항의 경우) 경매에 참가하고자 하는 사람은 충분한 대금(현금 또는 금융기관 발행 자기앞수표)를 지
   참하고 경매에 참가하여야 합니다.(단, 채무자는 경매에 참가할 수 없습니다.) 압류한 물건이 부부공
   유인 경우 채무자의 배우자는 매각기일에 출석하여 주민등록등본 또는 혼인관계증명서를 제출하고 신
   분증을 제시한 후, 우선 매수할 것을 신고할 수 있으며, 매각대금을 지급하여 줄 것을 요구할 수 있
   습니다.
6. 가처분 또는 가압류 집행이 되어 있는 경우 집행관에게 그 사실을 신고하여 주십시오.

명도소송이 완료 후 본 집행을 하던 중 집행관이 부동산인도 가집행 예고문을 신발장 위에 붙여 놓았다.

부동산 인도 강제집행 예고문

부동산인도 강제집행 예고

사　　건 : 2010본17ⅩⅩ (1부)

채 권 자 : 최희

채 무 자 : 김Ⅹ

　　위 당사자간 서울서부지방법원 2010가단109Ⅹ 판결호 집행력있는 판결(결정)에 기하여 채권자로부터 부동산인도 강제집행 신청이 있으니, __2010__년 __8__월 __8__일까지 자진하여 이행하시기 바랍니다.

　　위 기일까지 자진하여 이행하지 않을 때에는 예고 없이 강제로 집행이 되고 그 비용을 부담하게 됩니다.

2010.07.23

서울서부지방법원

집 행 관 김Ⅹ

부동산 인도 강제집행 예고문을 보면 채무자는 2010년 8월 8일까지 자진해서 202호에서 나가라는 내용이다. 만약 스스로 나갈지 않을 경우 집행관이 예고 없이 들이 닥칠 수 있고, 그 비용은 채무자가 부담하게 된다는 내용이다. 상황이 이쯤 되면 자신의 근거 없는 큰 소리가 얼마나 허망한가를 대부분의 사람들은 느끼게 된다. 즉 더 버텨봐야 아무런 실익이 없고, 이익은 커녕 집행비용까지 뒤집어쓰게 될지 모른다는 불안감에 빠지게 된다. 그리고 최악의 경우에는 그럴 가능성도 아주 높다. 그러니 그 다음에 선택할 카드는 정해져 있는 셈이다. 제 발로 스스로 걸어 나가는 것 말이다. 하여간 2010.8.8일까지 비우라는 예고문을 본 것인지는 알 수 없었다. 2010.8.4일에 임차인에게 전화를 걸었다.

야반도주로 막이 내렸다

● 청파동 집 202호 김00씨 핸드폰이죠!

□ 누구세요!

● 건물주 최희라고 합니다!

□ 그런데 왜요?

● 8월 8일까지 집 비우라는 통지문 잘 보셨나 해서, 언제까지 나가실 건가?

□ 무슨 말씀이세요, 이사했는데요!

● 언제 이사했나요?

□ 어제 이사했어요!

● 낮에 가봤을 때는 이사 안했던데, 야반도주하셨나보네?

□ 말씀 심하게 하시네~ 야반도주라뇨 그냥 이사했어요!

● 알았어요. 아무튼 집안에 짐 없다는 이야기죠?

□ 못 쓰는 그릇 몇 개하고 쓰레기 조금 있어요!

● 청소 안하고 갔다는 말씀이시네!

□ 그러면 이 마당에 청소해주게 생겼어요?

● 아버지 말로는 8월에 재 갱신을 한다고 하셨는데?

□ 나는 그런 것 모르고 이사했어요?

● 알았어요, 현관 키번호나 알려주세요?

□ 그걸 내가 왜 알려주나요?

● 내가 파손하고 들어가서 다시 새것으로 달면 그 돈도 내셔야 해요 서로 피곤하게 하
   지 말고 빨리 번호 알려주세요?

□ 123456번이요!

● 진작 그럴 일이지, 아무튼 집에 가보고 연락할일 있으면 다시 연락할게요!

집안으로 들어가 보니 불필요한 그릇과 생활 쓰레기를 남겨놓고 전날 밤
에 야반도주로 마무리하였다. 명도 소송 중에 임차인의 아버지는 재 갱신을
8월쯤에 하자고 약속했었는데 말이다. 명도소송에 강제집행에 김을 빼려고
쑈를 하지 않았냐 하는 생각이 들었다. 결국 2010년 8월4일 바람과 함께 사
라져버렸다.

자백간주

당사자가 변론 또는 변론준비절차에서 상대방이 주장하는 사실을 명백히 다투지 아니한 때에는 그 사실을 자백한 것으로 보는데 (민소 150조 1항, 286조), 이를 "자백간주"라고 한다. 공시송달 이외의 방법으로 기일통지서를 송달받은 당사자가 변론기일 또는 변론준비기일에 출석하지 아니하고 답변서 기타 준비서면을 제출하지 아니한 경우에도 마찬가지이다(민소 150조 3항, 286조).

07 호랑이 새끼 수컷을 경매 수제자로 입양

건물을 둘러싼 치열한 공방전을 치르면서 건물주와 미운 정, 고운 정이 들었다. 건물주 역시 그러했단다. 건물을 필자에게 매도하기로 하고 나서 건물주가 아들을 제자로 키워달라는 부탁을 했다는 부분을 잠깐 살펴보자.

● 최 사장님! 우리 아들에게 경매 좀 가르쳐 주시라니까요?

□ 제가 뭘 압니까, 그리고 누구를 가르칠 실력도 안 되고!

● 그러지 마시고 이것도 인연인데 제발 부탁 좀 드립니다?

□ 아니라니까요!

● 거절하지 마시고 제발 들어주세요?

□ 그러면 제가 하는 대로 아무 시비 안하실 자신 있으세요!

● 그럼요 여부가 따로 있겠습니다. 제대로만 가르쳐 주세요?

□ 알겠습니다. 그러면 일단 한번 보내 보세요, 만나보고 판단은 제가 하겠습니다!

● 아이고 감사합니다. 그렇게만 해 주다면, 그동안 있었던 일 싹 잊어버리겠습니다!

□ 아무튼 보내보세요, 아니다 싶으면 거절해도 그때는 원망하시면 안 됩니다?

● 앞에서 잠깐 살펴본 부분이다.

다음날로 바로 건물주의 아들에게서 연락이 왔다. 일단 만났다. 만나보니 전형적인 서울 뺀질이질(?)였다. 때 묻지 않은 순진함은 있었지만, 마음이 여렸다. 풍족한 생활의 증거인듯 했다. 아들 역시 여러 차례 받아줄것을 간청했다. 정말 잘하겠다는 다짐을 거듭했다. 몇 가지 다짐을 받고, 어길시 에는 어떤 조치도 불평하지 않겠다는 다짐을 더 받고, 제자로 삼기로 했다.

본격적인 워밍업 1

첫 번째 수업으로 호랑이와 제자를 삼기로 한 아들, 필자 세 사람이 협력하여 법무사의 도움 없이 부동산 소유권이전을 하기로 하였다. 바로 실전에 돌입한 것이다.

필자가 먼저 준비한 서류는 다음과 같다.

① 부동산 매매계약서

② 부동산 별지목록의 매매과정의 특약사항

③ 매매대금의 특약사항을 3부를 출력하여 2부는 호랑이 모자에게 양식 참고용으로 보관하라고 주었다. 그리고는 용산구청으로 가서 부동산 취득세, 등록세, 주택채권매입과 재외국민으로서 용산 세무서와 구청의 당해세 체납여부 확인 후, 매도인과 매수인이 손잡고 직접 용산등기소에 소유권이전에 관한 서류일체를 제출하였다.

본격적인 워밍업 2

건물매매 후 임차인의 승계를 위하여 보증금 확인과 월차임 인상여부 및 계약 승계를 절차에 돌입하게 되었다. 호랑이 모자는 B02호 와 B03호에 주거를 하고 있었다. 나머지 12세대의 임차인들은 직장인과 학생들이라 주로 야간에 만나게 되었다. 밤 21시에 청파동에 도착하여 익일 01-02시에 도곡동 집으로 돌아오는 식이었다. 남는 시간에 제자에게 한수씩 가르치기 시작하였다.

① 전반적인 경매의 유형, 형태
② 경매법정의 상황
③ 타짜를 구별하는 방법
④ 부동산의 미래 가치를 볼 수 있는 눈을 길러주는데 주력했다.

또한 그동안 필자가 읽은 책 중에서 가슴에 남는 3권의 필독서를 읽게 하고 독후감을 제출하게 한 것이 이론 수업의 첫 번째 과제였다. 임차인들과는 처음에는 일일이 만났다. 물론 유선이나 핸드폰 통화로도 가능하나, 첫 상견례처럼 예의를 갖추어 임차인들의 현황을 파악할 필요도 있었기 때문이었다. 직접 얼굴을 보고 승계계약서를 작성하며, 임차보증금 잔액확인도 필요하고, 기존 계약서의 회수 작업도 필요하기 때문이다. 아들에게도 이런 과정을 직접 체험하게 하여 보여주었다. 부동산 공부중 현장수업만한 방법이 없다는 믿음을 가지고 있었기 때문이다. 이런 마음을 알기라도 한 듯이 건물주인 이 씨는 아들을 제자로 받아주어 고맙다는 인사와 함께 어려웠던 시절의 인생이야기를 여러차례 들려주었다. 필자는 오버하지 않았다. 경매입문기와 독학의 어려움 등의 테마로 이야기를 하던 중 자기는 OO경매학원의 수강생이었단다. 그러면서 경매 관련 서적 7권을 가지고 나와 보여주었다.

　보여준 경매서적은 OO컨설팅 대표와 신문광고에 많이 소개된 경매서적이었다. 보아야할 책과 보지 말아야 할 책을 구분해서 지적해주었다. 버리기가 아깝단다. 그러면 책장에 고이 간직만 하시고, 지금 수준에서는 보지 말라는 당부를 하였다. 그리고는 충고를 해주었다. 책 4권 값이 10만원도 채 안 되지만 잘못 이해하여 실전에서 실수하면 100배 이상의 출혈도 할 수 있다고. 건물주가 수강했다는 경매학원은 다름 아닌 OO경매학원으로, 원장은 자기와는 친분도 있고, 강사들과도 아는 사이인 것 같았다. 세상 좁다는 생각이 들었다. 필자 역시 2008년 11월에 무료 오픈 강의를 들으러 갔던 바로 그 학원이었다. 첫 시간은 원장이 강의했다. 자신의 경매일대기 및 본인이 응찰했던 물건설명으로 1강의는 끝났다. 잠깐의 티타임 후 바로 두 번째 강의가 시작되었다. 여기서 사고가 발생하였다. 두 번째 시간의 강사가 강의 내용 중 실패 사례를 소개하였는데, 그게 바로 용산구 청파동 물건이었다. 강사가 말한 요지는 이랬다.

- 자기가 잘 아는 사람이 건물만 경매로 매수하였는데,
- 건물철거를 당할 처지에 있다.
- 투자를 잘 못하면 건물이 철거당할 수 있다.
- 건물주(호랑이)가 여러 차례 도움을 요청했는데,
- 도와줄 방법이 특별히 없다.

내용이 '호랑이아줌마=내' 사건이었다. 강의 도중에 웃음을 참을 수가 없었다. 그러자

- 강 사 : 이 사건에 대해서 잘 아시나요?
- 필 자 : 혹시 용산구 청파동 000-000번지, 다가구 물건 아니세요!
- 강 사 : 어떻게 아세요?
- 필 자 : 그 집에 사는 임차인중 한사람이 제 친구여서 전반적인 사정을 좀 들었어요.

함께 다닌 무료 레슨 특강[1]

필자의 사무실은 강남구 구룡산 밑에 포이동 포이초교 부근에 있다. 지하에 마련된 5평의 공간을 집무실 겸 연구실로 사용하고, 나머지 지층에서 4층까지를 임대로 세를 주고 있다. 주위는 저층의 단독주택 및 연립, 다세대주택이 밀집되어 있으면서 쾌적하다. 무료 경매강좌나 특강이 있으면, 제자(건물주의 아들)에게 장소와 시간을 연락하고 함께 들으러 다녔다. 제자에게는 사무실에 방문할 0요일 00시로 구체적인 방문 스케줄의 선택권을 부여하였다. 지각이나 어겼을 경우 변명을 차단하기 위해서였다. 자기가 온다고 했으면 무슨 일이 있어도 와야 한다는 간단한 논리다. 제자는 약 10회 정도의 사무실에 왔다. 당초 염려했던 바대로 그 중 절반이 지각이다. 처음 1-2회의 봐주었다. 횟수가 거듭할수록 지각은 습관이 되었다. 지각에 대한 과태료 부과가 필요하다는 생각이 들었다.

통고했다. 지각에 대한 과태로는 1분당 1,000원으로 정하였다. 불만여부를 물었다. 없단다. 당연한 것 아닌가. 벼룩도 낯짝이 있다는 속담처럼. 대답은 그렇게 했지만 지각은 줄지 않았다. 선생을 쉽게 생각했던 것이다. 요즘 시쳇말로 '물'로 본 것이다. 지각의 과태료를 300%인상하여 1분당 3,000씩으로 인상을 하였다.

본인도 몇 군데에서 특강을 하지만

사람이 다르니 강의 내용은 당연히 다르다. 내용이 길지 않다. 군더더기는 과감히 생략하고 짧고 강하게 설명한다. 실패하지 않는 방법을. 경매*공매투자에서 사람들이 다들 성공을 기원하지만, 실패가 존재한다는 당연한 법칙을 인정하려 들지 않는 강사나 그 말에 혹해 있는 학생들이 상당하다. 성공과 실패는 동전의 양면이다. 당연한 이야기를 하는데 무척 힘이 드는 것이 오늘 대한민국 경매*공매 투자 판이다.

투자하는 대로 성공만한다면 무슨 수익이 발생하겠는가. 실패와 성공을 선택하라면 누구라도 성공의 대열에 설 것이다. 그러나 세상에서 가장 비싼 것이 공짜라는 말을 상기해야할 대목이다. 경매공매투자하면 성공할 수 있다. 그러나 여기에는 전제가 달려있다. 달콤한 성공의 열매를 맛보기 위하여 먼저 땀부터 진하게 흘려주서야 한다. 힘들고 거친 노동으로 굵은 땀방울을 지불하지 않

---

1) 함께 청강하러 다닌 교육기관은 다음의 5곳이다. 1.서초동 OO경매학원, 2. 서초동 OO대학교, 3. 신촌 OO대학교, 4. 용산 OOO호텔, 5. 학여울역 쎄텍.

고, 열매의 수확기를 기다리는 게으른 농부가 있다고 하자. 가을걷이에서 그를 기다리고 있는 것이 뭘까는 더 이상 물을 일이 아니다. 현재 우리나라 경매시장의 투자자들 자금규모를 보면 1억 원 이하의 자본으로 투자하는 사람들이 경매 인구의 95%이상이라고 본다. 1% 미만만이 두 자리 수 00억 원대 투자자들이다. 이들은 사고도 당하지 않을 뿐만 아니라, 설령 사고를 당한다고 하더라고 무너지지 않는다. 문제는 95%를 차지하고 있는 1억 원 이하의 투자자들이다. 이들에게 1억 원 이하의 종자돈은 K2소총에 장전된 마지막 한발의 총알이다.

휴전선 철책에서 한 발 들어 있는 K2소총 한 자루로 전방경계를 혼자 서고 있으며 지원화력과 지원병은 아무것도 없다. 이때 북한군 한 명이 소총과 수류탄으로 중무장하고 전방 100m 앞에서 출현 했다고 해보자. 경공매인들은 대부분 70 ~ 100m 사이의 북한군을 향해 한발 밖에 없는 방아쇠를 당긴다. 총알은 북한군을 명중하지 못하고 스쳐지나갔다. 그 다음은 뭐가 기다리고 있을까. 입찰 보증금 날리는 경우와, 잔금납부하고도 소유권 잃어버리고, 소유권은 취득하였으나 재산권행사는 하지 못하고 재산세만 열심히 내는 경우 망한 경매가 기다리게 된다. 아쉽지만 여러 번 보았다. 그렇다면 단 한발의 총알로 어떻게 북한군을 제압 할 것인가. 답은 간단하지 않은가. 적군이 코앞까지 올 때까지 음폐엄폐하면서 침착하게 마지막까지 인내하는 것이다. 한방에 끝낼 수 있는 거리까지 기다리는 것이다. 한방이 시작이자 마무리여야 한다. 좋은 물건이야 다음에도 얼마든지 또한 있다는 여유와 배짱이 없다면, 내가 총맞는 일만 남는 것이 경공매 투자 판이다. 제자에게 그런 스킬과 배짱을 전수하고 싶었다.

새끼 호랑이 단련과정

필자의 사무실에는 경공매를 비롯하여 경제 부동산관련 서적이 약 500여권이 꽂혀있다. 호랑이 새끼에게 책을 권하기 전에 스스로 선택하도록 기회를 먼저 부여한다. 책을 잘못선택하거나 소화능력이 없는 책을 고르면 걸러준다. 책은 빌려보지 않고 꼭 사게 한다. 다음은 그 책을 집에서 읽게 하고는, 1주에 한 번씩 이해를 돕는 차원의 기본 강의에 집중해 주었다. 반복학습과 전문용어의 이해를 돕기 위한 직접 설명하게 하는 발표식 강의형식으로 진행하였다.

강의도중 이해가지 않는 부분에 대하여 3개의 질문만을 허용하였다. 3개의 질문에 대한 조건을 두었다. 각 질문마다 그 질문을 해야만 되는 이유를 3가지씩 먼저 설명하게 하였다. 경매시장에서 성공할 수 있으려면 자기의 주관과 독립심을 불어 넣어 주자는 의도였다. 과제물 제출 역시 마찬가지였다. 모든 과제물에는 반드시 사견을 첨부하도록 하였다. 초보자가 범하기 쉬운 잘못된 방향설정과 습관을 바로잡아주기 위한 조치였다. 초보자가 흔하게 범하는 시야의 편중과 일방 통행식 관념을 버리고 양방향 통행과 돌발 상황에서 적절히 대처하기 위한 면역력과 사고력을 키우고자 하는 목적이 있었다.

되돌아 올 수 없는 강을 건넌 제자

호랑이 새끼가 약속을 잘 지키지 않는 상황을 많이 보았을 것이다. 당사자 모르게 어머니와 통화를 하여, 동태파악과 변화를 체크해 오고 있었다. 그때마다 모친이 하는 말은 아들이 제일 무서워하는 사람은 최 사장님밖에 없다는 말을 여러 차례 했다. 과제물이 있을 때에는 자료 찾고, 정리하고, 출력하느라 바빠서, 친구와의 약속도 잡지 않고, 귀가 시간도 상당히 빨라졌단다. 특히 밤에 친구들 만나는 횟수도 줄고, 밤과 새벽에 레이싱 하는 횟수도 많이 줄었단다. 예전의 방탕했던 아들의 모습에 많은 변화가 있었단다. 흐뭇했다.

일본에서 휴가차 한국에 온 누나는 동생을 보고 깜작 놀랐다는 것이다. 일본생활에서 같이 지냈던 모습과는 완전히 달라져 있었다면 좋아라! 했다는 것이다.

모친과 통화 후 3일쯤 후에 제자의 방문이 있었다.

- 혹시 누나 일본에서 들어오셨니?
  □ 그걸 어떻게 아세요!
- 모친이랑 통화했네?
  □ 아 그러셨어요? 누나는 출국했습니다!
- 자네에게 다른 특별한 이야기는 하지 않으시디?
  □ 왜요 많이 놀라던데요!
- 어떻게?
  □ 너무 어른스럽게 변해서 일본에 있을 때의 제 모습은 찾을 수가 없다고 !

결론을 대신한 당부

 강의를 하기전 제자를 데리고 종종 사무실 뒤 구룡산과 대모산의 능선으로 가벼운 산행을 한 다음 교육을 시작하였다. 지각에 대해 처음에는 면죄부를 주었지만, 횟수가 거듭되자 지각에 대한 과태료를 부과하기로 했다는 것도 말씀 드렸다. 2010년 10월경 불의에 사고가 발생하고 말았다. 오전 10시까지 오기로 한 제자가 아무런 연락도 없이 나타나지를 않았다. 1시간이 지난 11시에 전화를 걸었다. 깜빡했단다. 동부법원에 재판이 있어 늦어 질 것 같다는 것이다. 오후 2시에 다시 전화를 했다. 언제 올 거냐고. 이번에는 차수리 중이란다. 느낌이 좋지 않았다. 이제까지의 지각회수를 생각하면 신뢰가 가질 않는다. 10시에 만나기로 한 약속은 간곳이 없이 3시가 넘어서야 사무실 문을 조용히 열고 들어온다. 늦은 이유를 설명한다.

- 동부법원 사건번호가 어떻게 되는가?
  □ 사장님 잘못했어요!

무릎을 심하게 꿇었다.

- 한번만 살려주세요?

 더 이상의 면죄부가 필요한가. 아들의 핸드폰으로 어머니에게 전화를 하게 했다.

● 지금 아드님이 살려달라고 무릎을 꿇고 있는데 어떻게 하죠?

   □ 최 사장님 이유가 뭐죠?

갑자기 달려들어 핸드폰을 낚아챈 후 사장님 제가 통화 하겠습니다. 라며 전화를 끊어 버린다. 더 이상의 행동을 자제하고 단호하게 한마디를 건넸다.

● 자네는 보이지 않는 신의의 벽을 전부 깨버렸다.

   □ 이제 다시는 내 사무실에 오지마라.

이 말이 떨어지기 무섭게 다시 무릎을 꿇고 선처를 빈다.

● 더 이상의 면죄부는 없다고 나가라고!

나가지 않았다. 선처의 빌미를 하나 찾아내기로 했다.

● 과태료 액수를 정하겠다.

   □ 과태료금액은 00만원이다. 고 말하자 당황하며 놀라는 모습이 역력했다. 자기의 돈으로는 해결이 안 되는 금액이었다. 어머니에게 보고하고 1주일 후에 다시 오라고 하였다. 1주일 후에 나타났다.

과태료금액과 내역을 어머니에게 보고하고 받아왔느냐 물었다. 아니었다. 자기에게는 벅찬 액수였지만 호랑이에게는 크지 않은 액수였다. 아들의 잦은 지각과 거짓말의 현실을 알고 호랑이가 아들을 위하여 조련에 동참해 줄 것을 요청한 깊은 뜻을 내동댕이친 것이다. 진심으로 키워주고 싶었는데 말이다. 그런데 새끼호랑이는 보고하지 않고 필자에게 선처만을 요구할 뿐 하루 이틀을 자꾸 미루는 것이었다.

이틀이 지난 후 필자는 제자와 모친의 전화번호를 핸드폰에서 영원히 삭제하였다. 그런데 다시 낯익은 번호로 전화가 5통이 계속해서 걸려왔다. 받지 않았다. 그러자 이번에는 음성메세지가 들어왔다. 사무실 앞에서 기다리고 있다는 것이다. 제자의 차가 주차되어 있는 것을 보고 사무실에 들르지 않고 집으로 퇴근을 하였다. 그 다음날에도 출근길에 보니 다시 사무실 주위에 주차를 해놓고 기다리고 있는 게 아닌가. 약속시간 개념이 없고, 거짓말하고 사람은 용서할 수 없다고 말하고 다른 스승을 찾아서 떠나라고 하였다. 마음이 아팠다.

이 책을 보게 된다면 당부하고자 하는 점이 하나있다. 세상사도 그러하겠지만, 경매공부 역시 성실과 신의는 기본이다. 공부는 선택사항이 될 수 있지만, 전 재산을 투자하는 경공매에서는 끈질긴 공부와 훌륭한 멘토는 필수라고 전하고 싶다.

이 장에는 총 8개의 투자사례가 등장한다. 역시 남의 사례가 아니다. 직접 투자했거나 도전했던 물건들이다. 필자에게는 경·공매 투자의 대원칙이 있다. 그러다 보니 승률은 형편없이 나쁘다. 야구라면 타율이 높아야하고, 도박이라면 승률이 높아야 좋겠지만, 경·공매 투자판에서 높은 승률이 높은 수익률을 보장하지는 않는다. 높은 수익률 보장을 위해 정말로 필요한 것이 무엇일까 자주 고민해본다. 좋은 경매물건을 고르는 실력, 풍부한 자금력, 부동산 시장을 읽는 선견지명, 운, 두둑한 배짱, 동물적인 감각, 끝까지 버티는 능력, 풍부한 경험, 어느 것 하나 성공투자의 바탕이 아닌 것이 없지만, 가장 중요한 것은 다름 아닌 "인맥"이라고 생각한다.

세상일 중에는 혼자 할 수 있는 일이 있고, 혼자서만 해야 하는 일이 있을 것이다. 그러나 부동산 투자는 혼자보다는 두 사람이, 두 사람보다는 세 사람이, 세 사람보다는 다섯 사람이 함께 할 때 시너지효과가 더 큰 것이 일반적이다. '한사람의 열 걸음보다 열사람의 한 걸음이 더 낫다' 는 말이 딱 어울린다. 여기까지는 세상살이의 일반론이다. 먼저 주고, 베풀자. 지금처럼 경·공매 유행하기 전에는 경·공매 시장 참여자들끼리는 최소한의 룰은 있었다. 요즘 경·공매가 옛날 같지 않다는 것은 여러분들이 더 잘 아실 것이다. 법적으로 아무런 하자 없는 물건에서 높은 수익은 올린다는 것은 어려운 세상이 되고 말았다. 공부해야하는 이유다. 그래야 보인다.

유홍준교수의 말씀처럼 '아는 것만큼 보이고 보이는 것만큼 느끼니, 그 때 느끼는 것은 예전과는 다르다'는 말을 하셨다. 백번 지당한 말씀이다. 아는 것만큼 보인다. 한 살배기 젖먹이에게는 주먹 만한 다이아몬드가 무슨 소용 있겠는가. 밤톨만한 사탕이 훨씬 매력적이지, 똑같은 이치다.

완제품이 있고 반제품이 있다고 가정해보자. 어떤 제품은 완성품으로 시장에 나와 언제라도 팔릴 수 있는 상태고, 다른 하나는 반제품으로 사다가 재가공을 해야 완제품으로 팔 수 있는 상태라고 해보자. 어떤 쪽의 수익이 높을까. 다시 작업해야 하는 수고는 있겠지만 반제품이 더 많은 수익을 가져다 줄 것이다. 부동산도 비슷한 경우가 있다. 이미 완성되어 누군가가 단물을 다 빨아먹어 버린, 그래서 가격이 오를 대로 올라버린 물건보다는, 다시 가공해야 하는 수고는 필요하지만, 가공 후에는 훨씬 큰 수익을 올려다 주는 부동산이 있다. 우리 경·공매 시장에도 그런 물건들은 차고 넘친다. 그 중 저자의 8년간 경·공매 세월에 기억에 생생한 실제사례를 보자.

나는 경·공매 CEO다.

PART 4

내가 하면 로맨스,
당신이 하면 스캔들

Chapter 01 콘크리트 건물이 먹다 남은 케이크가 된 강남 빌딩

이 사건은 2009년 가을 제3금융권(사채)에서 진행하는 3시간짜리 유료강의를 수강하면서 알게 된 사건이다. 제3금융권이 진행하는 경공매 강좌는 처음부터 끝까지 실전 사례위주로 교육이 진행된다. 은행 등 제1금융권 1순위가 아니면 담보대출에 응하지 않는다.

제3금융권의 대출원칙은 이율이 중요한 것이 아니고, 원금회수 여부가 대출의 첫 번째 원칙이다. 얼마 전 전국적으로 문제가 터졌던 저축은행도 개미들을 상대로 담보대출을 할 때는 제1금융권인 은행과 별반 다르지 않다. 오히려 비싼 이자를 받은 만큼 설정비율도 은행보다 높은 것이 일반적이다. 그렇지만 제3금융권이라면 이야기는 완전히 달라진다. 말이 좋아 금융권이지 차라리 허가받은 사채업자들에 가깝다.

제3금융권에 대출받으러 오는 사람들의 등기부는 적어도 저당권 등이 2~3개는 기본이다. 원금 날릴 가능성이 높은 것이 대부분이다. 돈 떼이려고 돈 빌려주는 사람은 세상 어디에도 없을 것이다. 그러니 제3금융권에서 실전사례를 중

심으로 진행하는 채권회수나 투자케이스, 명도사례등은 일반적인 경매강좌에서는 쉽게 접하기 힘든 사례들이 많다. 들어볼만 하다는 말이다. 다만 이런 수업은 소화해 낼 수 있는 자질을 갖추지 못한 사람들은 수강할 필요가 없다. 비싼 돈 내고 수강해보았자 무슨 말을 하는지 이해할 수 없기 때문이다.

옛날 같지 않은 경매시장

요즘 경매시장은 옛날 같지 않다는 것은 여러분들이 더 잘 아실 것이다. 법적으로 아무런 하자 없는 물건에서 높은 수익은 올린다는 것은 어려운 세상이 되고 말았다. 공부해야하는 이유다.

이날 강좌주제는 지분경매와 법정지상권이었고 필자도 수강생이었다. 난이도가 높은 과정이니만큼 정원은 10여명으로 수강생은 많지 않았다. 수강생도 역전의 노장들이었다. 절반 정도는 부동산 경·공매의 전투경험이 있는 사람들이었다. 낙찰 받아본 경험들이 있었다. 하수는 고수를 알아보지 못하지만, 고수는 하수를 단박에 알아보는 것이 정한 이치이다.

저가에 반제품을 구해다가 제대로 가공해서 제값을 제대로 받는 방법을 구사하는 투자전략을 살펴보자. 경·공매시장이 여전히 블루오션이라고 자신 있게 말할 수 있는 근거가 바로 여기에 있다. 병아리가 즐겨 찾는 모이와 산전수전 다 겪은 장 닭이 즐겨 찾는 먹이가 다른 것은 정한 이치다.

상속 당시 멀쩡했던 금싸라기 땅(대지2필지)의 빌딩(상속과 관계없는 건물)

형제 앞으로 상속되었던 공매물건의 기본개요

- 공매낙찰시점 : 2005년 11월

- 주　소 : 서울 서초구 서초동

- 용도지역 : 일반 상업지역

- 지 목 : 대지

- 대지면적 : 약 166평(547.5㎡)

- 평당 감정가격 : 평당 약 4,000만원

■ 1차 감정가격 : 65억7,000만원

■ 4차 유찰된 가격 : 39억4,200만원[1]

■ 낙찰가격 : 46억1,000만원

■ 낙찰가율 : 70.17%(=46억1,000만원/65억7,000만원*100)

■ 응찰경쟁율 : 단독응찰

■ 처분 결과 : 소유권 취득 약4년이 지난 2010년 11월에 126억에 매각

■ 매도차액 : 약 80억 원

■ 수익률 : 270%이란다.

수익률이 270%이고, 매매차액이 약 80억원이란다.

제3금융권의 강의를 듣던 중 낯익은 지인을 발견하고 요즘 정황을 물어보았다. 꽤나 재미있는 물건에 공동투자를 하였다는 것이다. 좀 더 들려달라고 졸랐다. 쉬는 시간에 사건 샘플에 대해 들었다.

이 분은 필자와는 가깝지는 않았지만, 경매투자에 대해서는 서로가 그 실력을 인정하고 있는 사이다. 필자 역시도 청파동 사건을 겪어봐서, 공부할 가치가 있다고 판단하고 집중적으로 한번 파고 들어가 보기로 했다. 그리고 기본 자료를 좀 더 보강하기 위해 지인과의 만남과 친분을 더욱 깊게 쌓으면서 5-6회에 걸쳐 생방송 중계처럼 들었다. 지금도 안부 및 경 공매시장의 전망등에 대해서 통화를 하고 있다.

---

1) 공매는 경매와 다르게 1번 유찰시 10%(1주에 한번씩 50%까지이며, 재매각은 약 2개월 후 감정가의 25%까지, 물건마다 다름 ex) 35%, 55%, 60%) 저감이다.

이를 바탕으로 필자가 직접 현장을 촬영하였고(사진참고), 공매사건자료를 분석한 후 독자여러분들의 이해를 돕기 위해 재구성한 투자개요는 다음과 같다. 이 물건에 공동투자를 했던 지인과는 개인적으로 여러 차례 만났다. 진행단계마다 상세한 이야기를 들을 수 있었다. 일의 진행과정이 생각보다 시간이 오래 걸렸다.

매매차액이 80억 원짜리 공매물건 투자개요

- 대 지 : 2필지 중(1필지만 공매진행)
- 소유현황 : 2필지 소유자가 다름
- 건물현황 : 지하3층, 지상 5층 건물(모 법인소유)
- 공매범위 : 대지 1필지만 공매로 낙찰
- 하자내역 : 법정지상권 성립여지 있음
- 투자명의자 : ○○주식회사
- 대금납부일 : 2006년 1월로 추정[2]

| 24 | 공유자전원지분전부이전 | 2006년1월31일 제6392호 | 2005년11월10일 공매 | 소유자 | 주식회사 서울 서초구 서초동 132 | |

---

[2] 공매는 낙찰일로부터 납부최종일인 70일 이내에 납부하면 소유권이 취득됨에도 불구하고 낙찰자는 2개월 동안 잔금납부를 하지 못했다.

■ 매매 및 매매가격

38	소유권이전	2010년11월23일 제56755호	2010년11월10일 매매	소유자 임; 서울특별시 강남구 도곡동
				거래가액 금12,600,000,000원

■ 공동투자자 : 37명 × 1인당 투자금액과 1인당 회수금액

  ⇒ 최대 투자자 지분 462분의 107(약 10억7천만 원)

  ⇒ 최소 투자자 지분 462분의 2(약 2천만 원)

  ⇒ 매도가격 : 126억 원

  ⇒ 매도일시 : 2010. 11. 10.

■ 투자수익률 : 270 %(투자금과 매매가의 차이, 부대비용 제외 전)

소유권 취득 후 진행개요

  2005년 당시의 감정평가서상의 건물과 필자가 2010년 3월 19일 촬영한 사진을 비교해 보면, 콘크리트 건물이 먹다 남은 케이크처럼 반절로 잘려있는 모습을 볼 수 있다. 무식한 건물주 만나는 바람에 건물의 절반이 날아가 버렸다. 건물주를 상대로 제기한 건물철거소송에서 승소한 토지소유자가 정말로 해당 건물 절반을 철거해버린 것이다.

37명 이름을 올린 공동 투자자 토지등기부

28	소유권이전청구권가등기	2006년2월17일 제10709호	2006년2월1일 매매예약	가등기권자 지분 462분의 107 하△ ***

부산 수영구 광안 지분 462분의 10 윤△ 서울 용산구 이촌 지분 462분의 10 안△ 서울 광진구 광장 지분 462분의 10 배△ 경기도 하남시 덕 지분 462분의 10 김△ 서울 송파구 신천 지분 462분의 10 김△ 서울 서초구 반포 지분 462분의 10 김△ 경기도 성남시 분 지분 462분의 10 한△ 서울 도봉구 쌍문 지분 462분의 7 아△ 경기도 남양주시 지분 462분의 7 아△ 서울 양천구 신정	지분 462분의 5 하△ 서울 서초구 방배 지분 462분의 5 정△ 서울 서초구 반포 지분 462분의 5 장△ 서울 송파구 잠실 지분 462분의 5 장△ 경기도 성남시 분 지분 462분의 5 양△ 경기도 성남시 분 지분 462분의 5 박△ 서울 강남구 대치 지분 462분의 5 박△ 경기도 용인시 기 지분 462분의 5 민△ 서울 송파구 가락 지분 462분의 5 김△ 서울 강남구 개포	지분 462분의 4 아△ 서울 강남구 일원 지분 462분의 3 아△ 서울 서초구 잠원 지분 462분의 3 아△ 인천 계양구 작전 지분 462분의 3 곽△ 서울 강남구 삼성 지분 462분의 3 강△ 경기도 성남시 분 ᄀ 서울 영등포구 여 지분 462분의 2 윤△ 경기도 의정부시 지분 462분의 2 산△ 서울 동작구 사 지분 462분의 2 아래 서울 강남구 여	서울 서초구 서초 지분 462분의 42 아△ 전라남도 순천시 ᄀ 지분 462분의 40 배△ 경기도 성남시 지분 462분의 30 손△ 서울 구로구 구로 지분 462분의 30 감△ 경기도 남양주시 지분 462분의 15 송△ 서울 강남구 여 지분 462분의 13 맹△ 서울 송파구 잠 지분 462분의 12 맹△ 서울 송파구 잠 지분 462분의 10 양△ 경기도 고양시 지분 462분의 10 아△

또 하나 살펴볼 점은 앞에서도 잠깐 본 것처럼 투자자가 37명이란다. 지분에도 차이가 있다. 462분의 2에서부터 107 까지로 말이다. 투자한 돈(최대 약 54배)의 차이만큼으로 나누어서 등기했기 때문이다. 옛말에도 있다. 사공이 많으면 배가 산으로 간다고. 소유권 취득 후 공동투자자들로부터 투자의 안전장치 요구가 계속되었다. 당연한 요구다. 이 대목에서 이 건의 등기부를 살펴보시기 바란다.

- 2005년 11월 10일 공매로 낙찰
- 2006년 01월 31일 소유권이전
- 2006년 2월 17일자로 37명

앞으로 매매예약을 원인으로 '소유권이전청구권가등기가' 등기된 것을 볼 수 있다. 공동투자자들 명의로 가등기를 설정하여 안정장치를 마련해준 것을 볼 수 있다. 여기까지는 투자금액과 투자자가 많다는 것 말고는 특이한 투자사례라고 말하기에는 조금 모자란다. 모자라는 부분을 채우기로 하자. 배워야할 공부는 지금부터이고 본격적인 전쟁은 지금부터라는 말이다.

잔금납부 지연으로 낙찰 후 2개월이 지나서야 잔금납부를 한 것을 볼 수 있다. 잔금납부에도 우여곡절이 있었다. 투자자끼리의 내부문제 있었고, 옆 필지 소유자와의 문제도 있었다고만 밝혀두겠다.

필자가 직접 촬영한 절반이 날아간 빌딩사진

2010.03.19

건물철거를 위하여 가처분등기를 경료

| 34 | 가처분 | 2006년2월28일
제13700호 | 2006년2월27일
서울중앙지방법원의
가처분결정(2006카합!
) | 피보전권리 건물철거청구권
채권자 ; 'ㅏ주식회사
서울 서초구 서초동 13 동아!
금지사항 매매,증여,전세권,저당권,'
기타일체의 처분행위 금지 |

무슨 말이 필요한가. 등기부 등본을 보시면 이해가 빨리 된다.

7	전세권설정	2001년5월26일 제31271호	2001년5월25일 설정계약	전세금 금350,000,000원 범 위 사무실용 1층 동쪽 313.89㎡
8	전세권설정	2001년5월26일 제31272호	2001년5월25일 설정계약	전세금 금150,000,000원 범 위 사무실용 1층 동쪽 136㎡
10	전세권설정	2001년9월4일 제57054호	2001년9월4일 설정계약	전세금 금750,000,000원 범 위 사무실용 2층 전부
11	전세권설정	2002년12월24일 제99628호	2002년12월16일 설정계약	전세금 금1,580,000,000원 범 위 사무실,강의실,컴퓨터실습실용 건물 3층,4층 전부
14	전세권설정	2003년4월11일 제20751호	2003년4월2일 설정계약	전세금 금562,960,000원 범 위 병원, 건물5층중 서쪽부분 약465㎡
15	전세권설정	2003년4월28일 제24772호	2003년4월23일 설정계약	전세금 금300,000,000원 범 위 사무실용 ,5층 동쪽 195.655㎡

가압류등기를 할 수 없는 이유는 아래 전세권내용 참조(약 36억 9천만 원 지층제외)하면서 의미를 음미해보시면 된다. 끝내 사진처럼 절반이 잘려 버렸다. 토지낙찰자들이 철거소송 승소판결에 따른 집행으로 멀쩡한 건물을 생일 케이크 자르듯이 잘라버렸으니 붙여본 이름이다.

2필지 위에 걸쳐있는 건물은 건물주들의 분열로 일반매매로는 정상화하기가 불가능하였다. 또한 이 건물이 깔고 있는 옆 필지 소유주에게도 너무나 변수가 많은 사건이었다. 누구나 할 수 있지만 아무나 할 수 있는 투자가 아니라는 말이다. 투자참여자들이 반드시 살펴봐야 할 사안은 낙찰 후의 취·등록세, 건물을 철거하기까지의 변호사 비용, 4년간의 소송기간, 양도소득세, 지료를 받지 못한 부분, 공동투자자 37명의 자금 동원 및 진행과정에서 발생한 의견 차이를 극복하는 것이 외부와의 전쟁을 하는 것보다 힘든 일이라는 것을 알았단다. 그 과정의 인간사를 생생히 들었다. 케이크 건물 공동투자건은 마무리 되었고, 또 다른 한 건도 마무리 단계란다. 해결되면 소주 한 잔 기울이잔다.

부동산투자의 세계에서 정말로 필요한 것이 무엇일까 자주 고민해본다.
- 좋은 물건을 고르는 실력
- 풍부한 자금력
- 시장을 읽는 탁월한 선경지명
- 운
- 배짱
- 감각
- 버티는 능력
- 공부
- 경험

모두 필요하고 소중한 것들이지만, 가장 중요한 것은 다름 아닌 인맥이다.

세상일 중에는 혼자 할 수 있는 일이 있고, 혼자서만 해야 하는 일이 있을 것이다. 그러나 부동산 투자는 혼자보다는 두 사람이, 두 사람보다는 세 사람이, 세 사람보다는 다섯 사람이 함께 할 때 시너지효과가 더 큰 것이 일반적이다. '한사람의 열 걸음보다, 열사람의 한 걸음이 더 낫다' 는 말이 딱 어울린다.

여기까지는 세상살이의 일반론이다. 돈을 둘러싼 각론으로 들어가 보자. 얼마 전 이 물건에 관한 신문기사가 대문짝만하게 실렸다. 성공사례라고 말이다. 기자가 발로 뛰어 취재해서 쓴 기사인지, 아니면 누군가로부터 일방적인 찬양 이야기만 듣고 쓴 것인지 알 수 없지만 사실과는 차이가 상당했다.

이해관계인이 너무 많다. 37명의 지분을 보면 알 수 있듯이, 지분이 큰사람은 10억 원 이상을 투자를 하였다. 지분이 작은 사람은 '2' 도 있지만 큰 사람은 '107' 도 있다. 이름이 올라갔다고 행사하는 권리도 같다고 말하고 싶은 독자들은 안 계실 것이다. 안전장치의 중요성 37명에 대해서 권리보장을 위해 멤버들이 요구하자 0000법인은 가등기를 해 준 것이다. 또 하나 건물을 철거까지 한 것이 전체 멤버들의 이익을 위해 불가피한 결정이었을까도 우리는 고민해 봐야 한다. 건물을 철거해 버린 것이 수익률은 측면에서는 실패한 결정일수도 있는 것이다. 또한 투자수익률도 냉정하게 따져봐야 할 필요가 있다. 잃어버린 기회비용까지를 고려한 수익률 산정이 필요하다는 것이다.

필자도 앞에서 잠깐 언급한 것처럼 공동투자의 필요성과 효율을 주장하는 사람 중 한 사람이다. 하지만 이 건은 과도한 면이 있다. 돈을 둘러싸고는 한 배에서 타고난 형제지간에도 성격과 주관차이로 다툼이 벌어진다. 하물며 생면부지의 타인들로 구성된 0000법인은 멤버가 37명이라면 어떤 것 하나도 쉽게 결정하기 쉽지 않았을 것이다. 배가 산으로 하루에도 몇 번씩 등산을 했을 것이다.

2필의 토지소유주 현황

【 갑 구 】			(소유권에 관한 사항)	
순위번호	등 기 목 적	접 수	등 기 원 인	권리자 및 기타사항
1 (전 1)	분할에의한전사이전	1974년11월27일 제34569호	1974년9월28일 공유물 분할	소유자 김 경기 용인군 수지면 풍덕천리 693

【 갑 구 】			(소유권에 관한 사항)	
순위번호	등 기 목 적	접 수	등 기 원 인	권리자 및 기타사항
1 (전 1)	소유권이전	1974년11월27일 제34569호	1974년9월28일 공유물 분할	소유자 김 경기 용인군 수지면 풍덕천리 693

2필위의 1동의 건물소유주 현황

【 갑 구 】			(소유권에 관한 사항)	
순위번호	등 기 목 적	접 수	등 기 원 인	권 리 자
1 (전 1)	소유권보존	1990년7월9일 제78035호		소유자 주식회사 서울 서초구 서초동 15
				부동산등기법시행규칙부칙 1998년 06월 17일 전산이기

케이크 건물 표제부

[건물] 서울특별시 서초구 서초동	2의 1필지		

【 　표　　제　　부　】　（ 건물의 표시 ）			
표시번호	접　수	소재지번 및 건물번호	건 물 내 역
1 (전 1)	1990년7월9일	서울특별시 서초구 서초동 13,　　14	철근콘크리트조 슬래브 5층 사무실 1층 449.89㎡ 2층 521.68㎡ 3층 540.51㎡ 4층 541.48㎡ 5층 541.48㎡ 옥탑1층 63.82㎡ 옥탑2층 66.94㎡ 지하1층 881.82㎡ 지하2층 798.22㎡ 지하3층 798.22㎡ 층별 용도 지하3층: 주차장 495.32㎡ 기계실 302.90㎡ 지하2층: 주차장 517.52㎡ 사무실 280.70㎡ 지하1층: 주차장 45.94㎡ 대중음식점 479.50㎡ 다방 356.38㎡ 지상1층: 주차장 22.90㎡ 사무실 426.99㎡ 2층 - 5층: 사무실 옥탑1층: 창고 옥탑2층: 물탱크실

열람일시 : 2011년02월09일 오후 1시26분58초

1/13

건물주를 상대로 한 49개월의 소송[(원고 토지소유주(2필 대지 중 1필 소유주), 피고 건물소유주]

사건번호	2010다5		사건명	건물철거등
원고	↑주식회사		피 고	주식회사
재판부	민사2부(자)			
접수일	2010.01.19		종국결과	2010.04.15 심리불속행기각
원고소가			피고소가	·780,187,500
수리구분	파기환송 후 상고		병합구분	없음
상고기록접수통지 서 발송일	2010.01.22		보존여부	기록보존됨
송달료,보관금 종결에 따른 잔액조회			»»잔액조회	

) 심급내용

법 원	사건번호	결 과
대법원	2008다1	2008.07.10 파기환송(일부)
서울고등법원	2007나3'	2008.01.11 항소기각
서울고등법원	2008나6'	2009.12.04 항소기각
서울중앙지방법원	2006가합2'	2007.02.09 원고승

위에서 보듯이 케이크 건물 사건은 2006.03.09 ~ 2010.4.15까지의 약 49개월
에 걸친 소송의 결과는 원고승소로 확정되었다. 세부내역은 다음과 같다.

1심 2006.03.09 ~ 2007.02.09 원고승

2심 2007.03.20 ~ 2008.01.11 항소기각

3심 2008.02.22 ~ 2008.07.10 파기환송(일부)

대법원 파기환송 후 서울 고법 항소기각 2008.07.23 ~ 2009.12.04

고법 항소기각 후 다시 대법원 상고 심리불속행기각 2010.1.29 ~ 2010.4.15

사건번호	2008나6		사건명	건물철거등
원고	· ʃ 주식회사		피 고	주식회사
재판부	제 3민사부(다)			
접수일	2008.07.23		종국결과	2009.12.04 항소기각
원고소가			피고소가	1
수리구분	파기환송		병합구분	없음
상소인	피고		상소일	2009.12.28
상소각하일			보존여부	기록보존됨
송달료,보관금 종결에 따른 잔액조회		≫잔액조회		

심급내용

법 원	사건번호	결 과
대법원	2008다1	2008.07.10 파기환송(일부)
대법원	2010다5	2010.04.15 심리불속행기각
서울고등법원	2007나3	2008.01.11 항소기각
서울중앙지방법원	2006가합2	2007.02.09 원고승

여기까지의 과정을 상상해보면, 여러분들은 행간의 의미를 충분히 읽으실 수 있을 것이다. 공격하는 자, 방어하는 자 피곤하고 힘들었기는 피차일반 아니었을까. 또한 철거를 집행 하는 자, 철거를 당 하는 자, 역시 마냥 행복하지는 못했을 것이다. 피차는 이 전투에서 승리하게 위해서 정신적, 시간적, 금전적, 인간적으로 너무나 많은 희생과 대가를 지불한 것을 필자는 똑똑히 들었다. 이 대목에서 수익률을 따져보자고 한다면 가혹하다고들 할 것이다.

Chapter 02

잡다 놓친 물고기가
언제나 정말로 더 큰 것일까

부제로 '등기부등본만 잘 봐도 하루만에 60,000,000원은 번다' 로 하고 싶다. 광명시 하안동의 그린벨트내에 있는 땅이다. 이 물건은 독자 여러분도 감정평가 서의 지적도만 보면 쓸모없는 땅이라는 생각이 들것이다. 그러나 토지이용계획 원에 나오는 단어를 이해할 수준이라면 다른 느낌을 받을 수도 있을 것이다.

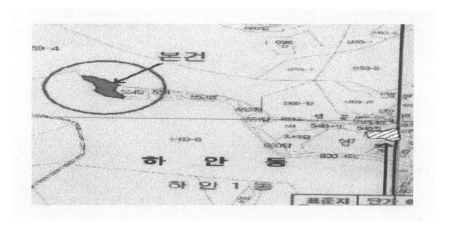

감정평가서의 내용을 유심히 들여다보면 도시계획시설 도로저촉, 자연공원 의 문구를 확인할 수 있다.

도시계획시설도로에 접해있는 하안동 맹지

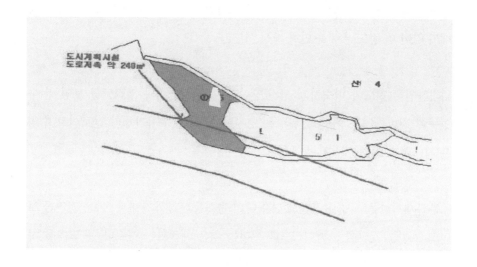

☞ 위치 : 광명시 하안동 샘골마을, 근교농경지대

☞ 감정평가금액 : 7,400만원

☞ 면적 : 463㎡/926㎡

☞ 개별공시지가 : ㎡당 97,900원(감정가격117,000원)

☞ 특이사항 : 2분의 1 지분

☞ 지목 : 전

☞ 기타사항 : 자연녹지, 개발제한구역, 자연공원

☞ 최저입찰가 : 37,080,000원

☞ 응찰결과 : 9명

☞ 최고입찰가 : 62,800,000원

☞ 낙찰가율 : 84.77%(감정가격), 169.5%

낙찰 잔금납부 후 소유권이전 등기하고 24시간 지난 후 보상을 받고 광명시에 매도하였다. 6,280만원에 낙찰 받아 보상가격이 1억 2천만원으로 요즘 세상에 수익이 이 정도면 해볼 만한 장사 아닌가.

대한민국 전도와 비슷하게 생긴 땅이다. 감정평가서와 지적도를 보면 알 수 있듯이 지번확인도 어렵고, 현황은 맹지다. 당장은 투자가치가 안보이고 수익은 기대하기 어려운 것처럼 보인다.

문화재청장을 지낸 유홍준교수가 나의 문화유산답사기에서 '아는 것만큼 보이고 보이는 것만큼 느끼니, 그 때 느끼는 것은 예전과는 다르다' 는 말씀을 하셨다. 백번 지당한 말씀이다. 아는 것만큼 보인다. 한 살배기 젖먹이에게는 주먹만한 다이아몬드가 무슨 소용 있겠는가. 밤톨만한 사탕이 훨씬 매력적이지. 똑같은 이치다. 공매물건을 검색하던 중 이 물건을 발견하고는 수만 볼트 고압전기에 감전이라도 된 듯 느낌이 바로 전해졌다. 동물적인 감각으로 마우스에서 손이 떨어지지 않았다. 감정평가서를 보면 평범한 물건처럼 하잘것없어 보이지만, 묘한 느낌이 블랙홀처럼 나를 잡아 당겼다. 등기부등본을 확인하니 입찰 약 2달 전에 광명시에서 보상을 나간 것을 알 수 있었다. 다른 지분권자의 공매제외 2분의 1지분 보상을 확인할 수 있다.

필자의 입찰일 2007.02.21일

4	1번이	지분전부이전	2006년 12월 15일 제86854호.	2006년 12월 14일 공공용지의 협의 취득	공유자 지분 2분의 1 광명시

지적도를 보자. 필지 앞의 그림 중 빨간색으로 물려 있는 부분이 도시계획시설중 도로로 예정되어 있다. 현재는 도로에 접해있지 않은 맹지이지만 장래에는 번듯한 왕복 2·4차선 도로에 접하게 되는 멋진 땅으로 변할 팔자라는 것이다. 이런 경우 소유자는 세장의 꽃놀이패를 쥐고 흔들어 댈 수 있는 것이다.

① 그냥 바보처럼 광명시에 수용당하는 것.

② 조금 더 얹어 매각해서 차액을 다시 투자 종자돈으로 활용하는 것.

③ 임시로 개라도 키우면서 시기가 도래하기만을 기다리는 것.

여러분이라면 어떻게 카드를 흔들 것인가. 필자에게 물어보시면 당연히 세번째 카드가. 식용 개를 키우든, 부추를 심어 뜯어먹든 진득하게 기다리면 나머지는 광명시나 경기도가 소중한 국민의 세금을 들여 아스팔트길을 곱게 만들어준다는 것이다. 개발이익은 당연히 나 혼자 독식이다. 길이 뚫리고 나면 흔들 수 있는 카드가 다시 생긴다. 이번에는 두 장이다.

① 길이 뚫리기 전보다 최소한 두 배 이상의 가격으로 매각하든가.

② 이번에는 개집이 아니라 정말 사람이 사는 집을 짓든가. 판단이야 그 때가서 하면 되는 것이다. 핵심은 현황을 보고서 이 같은 시나리오를 그려낼 수 있는 능력이 재산이고 돈이라는 것이다. 현장 답사는 필요 없어 광명시청 녹지과에 들러 보상여부를 확인하였다. 약1억2천만 원 정도쯤으로 기억된다.

전투에 참가한 생생한 증거들

☑ 입찰서 제출내용

입찰서가 제출되었습니다.

▷ ① 입찰서 작성 ▷ ② 준수규칙 동의 ▷ ③ 입찰서 제출 ▶ ④ 보증금 납부

☑ 입찰서 내용

물건명	경기 광명시 하안동 물건상세정보		
입찰자 성명	최희	입찰자 주민번호	
주소	서울 강남구 개포4동 11		
이메일	dua 헤이 et	전화번호	02-3462-
입찰금액	57,260,000 원	입찰보증금율	10%
입찰구분	본인입찰	입찰보증금 납부방식	현금
입찰서 제출시간	2007/02/21 15:17:30		

필자의 입찰 현황 ①

납부하실 금액	7,260,000 원 이상 (보증금 : 7,260,000 원, 참가수수료 : 0 원)
입찰보증금 납부계좌번호	960011415131 (예금주: 위탁)
입찰보증금 환불계좌번호 (유찰 혹은 취소 시)	해당은행이 없습니다. 204116323 (예금주 : 최희)
납부기한	2007/02/21일/ 17:00 까지 (시한만료)

필자의 입찰 현황 ②

입찰금액	납부하신금액	보증금(수수료)납부계좌	입찰서제출시간	입찰보증금 상태 수수료상태	이체메세지
57,260,000 원	7,260,000 원 (보증금 : 7,260,000 원 수수료 : 0 원)	외환 960011415131 (예금주 : 외환위탁) ▸ 완납	2007/02/21 15:17:30 입찰서	환불완료 환불완료	정상처리 되었습니다.

그러나 상처뿐인 영광

▌입찰상세정보				
물건관리번호	20() ()-001		조회수	4164
물건명	경기 광명시 하안동			
유효입찰자수	9명(현장 0 명 / 인터넷 9 명)			
입찰금액	62,800,000원, 60,170,000원, 57,260,000원, 56,100,000원, 50,111,000원, 48,750,000원, 42,200,000원, 41,520,000원, 38,000,000원			
개찰결과	낙찰		낙찰금액	62,800,000원
감정가격 (최초 최저입찰가)	74,080,000원		낙찰가율 (감정가격 대비)	84.77%
최저입찰가	37,040,000원		낙찰가율 (최저입찰가 대비)	169.55%

　9명 입찰에 1등하고는 550만원 차이로 3등으로 떨어져 버렸다. 얼마 전 한창 유행했던 개그 대사 중에서 '1등만 기억하는 더러운 세상' 이라는 명대사가 있었다. 자본주의 3.0시대란다. 세상이 그렇게 돌아가고 있다. 좋게 말하면 '승자독식' 이고 솔직히 말하면 '2등부터는 굶어죽을 수 있는 자유' 가 보장되는 세상이 도래했다. 똑같은 판이 경·공매 판이다. 애매하게 말하지 말자. 2등도 기억해주지 않는 세상에서 3등의 성적은 개를 줘도 안 물어갈지 모른다. 개는 안 물어 갈지 몰라도 배울 것은 배우자.

　낙찰가를 7,260만원을 쓴다는 것이 입찰가를 5,726만원을 써서 9명 입찰에 3등하였고, 1등은 6,280만원에 낙찰 받았으나 응찰하려 했던 가격보다도 1000만원 차이가 났다. 그런데도 보증금은 726만원을 송금하는 황당한 실수를 저질렀다. 아마도 귀신에게 홀리지 않았나 생각이 든다. 입찰가는 실수였지만 패찰로 보증금은 환불처리 되었다.

재매각물건이었다

입찰결과			
물건관리번호	200 001	조회수	627
물건명	경기 광명시 하안동		
입찰자수	유효 1 명 / 무효 0 명 (인터넷)		
개찰결과	낙찰	낙찰금액	37,600,000원
물건누적상태	유찰 5 회 / 취소 8 회 [입찰이력보기]		
감정가격 (최초 최저입찰가)	74,080,000원	낙찰가율 (감정가격 대비)	50.8%
최저입찰가	37,040,000원	낙찰가율 (최저입찰가 대비)	101.5%

6개월 전에 입찰보증금 날린 흔적

200)1	200 01	전	경기 광명시 하안동	2006/08/02 11:00	37,040,000	37,600,000	101.5%	낙찰	[보기]

이 물건은 6개월 전에 어떤 이가 낙찰을 받고서도, 잔금을 납부하지 않았다. 현장과 관공서를 방문해서 가치를 파악했다면 잔금납부도 할 수 있는 상황이었을 것인데 왜 잔금 납부를 하지 않았나하는 점은 지금도 궁금하다.

공매제외 2분의 1지분 보상을 확인 할 수 있다.(필자의 입찰일 2007.02.21일)

4	1번이	지분전부이전	2006년12월15일 제86854호	2006년12월14일 공공용지의 협의 취득	공유자 지분 2분의 1 광명시

응찰자가 개인이 아닌 상법상의 일반법인가. 감정평가서의 농지법 8조인가. 아니면 대지 모(양)형 때문에 잔금을 납부하지 않았나. 어떤 연유인지는 모르겠지만, 4개월 전에 낙찰 받은 전 낙찰자는 376만원을 날렸다. 눈에 보이는 것만이 진실이라고 우기지는 말자. 이면의 세계가 핵심이고 본질일 수도 있다. 전 낙찰자가 이 책을 보게 되면 후회할 것이다.

지분 1/2의 등기부 등본

1 (전 4)	소유권이전	1984년2월24일 제3917호	1984년2월22일 매매	공유자 지분 2분의 1 이: 서울 성북구 욱수동 지분 2분의 1 강 서울 은평구 응암동
1-1	1번등기명의인표시변경		1987년8월25일 전거	이 의 주소 서울 성북구 욱수동 428 2006년12월15일 부기
2 (전 6)	강 지분전부이전	1990년8월22일 제33798호	1990년4월27일 공매	공유자 지분 2분의 1 이

전체 대지 중 이00가 2분의 1소유, 강00이 2분의 1소유이던 것을 강00의 지분 2분의 1이 1990.08.22 공매로 낙찰되었다.

순위번호 6. 7번 참고

4	1번이 지분전부이전	2006년12월15일 제86854호	2006년12월14일 공공용지의 협의 취득	공유자 지분 2분의 1 광명시
5	2번이 지분압류	2007년2월9일 제6574호	2007년2월7일 압류 (징수일6508-16719)	권리자 근로복지공단서울지역본부
6	2번이 지분전부이전	2007년3월8일 제13063호	2007년2월23일 공매	공유자 지분 2분의 1 권 경상북도 구미시 송정동
7	3번압류, 5번압류 등기말소	2007년3월8일 제13063호	2007년2월23일 공매	
8	6번권 지분전부이전	2007년3월9일 제13302호	2007년3월9일 공공용지의 협의 취득	공유자 지분 2분의 1 광명시 3116

그 후 이00가 소유하고 있던 1/2은 2006.12.14 '공공용지의 취득협의'를 통해서 광명시에 소유권을 이전한 것을 볼 수 있다(등기부상 순위번호 4번). 그리고 강00의 지분을 다시 공매로 소유권을 취득했던 권00이 2007.03.08 공매낙찰로 소유권 취득 후(등기부상 순위번호 7번), 마찬가지로 광명시에 소유권을 넘긴 것을 볼수 있다(등기부상 순위번호 8번).

Chapter **03** 강남의 그린벨트를 풀어서라도
보금자리를 공급하라

어떤 쪽의 수익이 높을까

완제품이 있고 반제품이 있다고 가정해보자. 즉 어떤 제품은 완성품으로 시장에 나와 언제라도 팔릴 수 있는 상태고, 반제품은 사다가 다시 가공을 해야 완제품으로 팔수 있는 상태라고 해보자. 완제품에 비해 반제품이 다시 작업해야 하는 수고는 있겠지만, 더 많은 수익을 가져다 줄 것이다. 부동산도 비슷한 경우가 있다. 이미 완성되어 누군가가 단물을 다 빨아먹어 버린, 그래서 가격이 오를 대로 올라버린 물건보다는, 다시 가공해야 하는 수고는 필요하지만, 가공 후에는 훨씬 큰 수익을 올려다 주는 부동산이 있다.

지금 소개하는 물건은 개발제한구역내의 몇 평 안 되는 자투리땅이다. 그런데 이물건의 투자 키워드는 엉뚱하게 '보금자리주택' 이다. 무슨 말인가. 이 땅이 위치한 곳이 서울시 강남구의 보금자리주택 시범지구내에 있다는 것이다. 투자의 큰 틀을 놓치지 않으면 된다. 투자의 초점이 보금자리주택으로 맞추면 된다는 말이다. 신문이나 TV을 통해서 자주 접하고 있는 '보금자리주택' 이지

만, 아직은 낯설고 생소한 부분이 있어 잠깐 상세하게 살펴보기로 하자.

　대한토지주택공사 보금자리주택 홈페이지나 , 또는 대표전화 1600-0000으로 문의하시면 모든 것을 알 수 있다. sh공사로 문의해도 상세한 정보를 얻을 수 있다. 이들을 통해서는 토지의 개별 보상여부에 대한 부분은 알 수가 없다. 즉 제3자에는 개괄적인 설명 말고는 가치 있는 정보를 얻기가 어렵다. 투자 수익률 등을 사전에 산출해볼 자료를 얻는다는 것은 처음부터 어렵다는 말이다. 땅을 낙찰받아 토지 소유자가 되었다고 해보자. 그럼 사업주체로부터 어떤 대접을 받게 되는가 하는 것이 우리에게는 중요한 사항이다. 두 가지가 중요하다. 지주가 되면 아파트 입주권을 받을 수 있는가 없는가 하는 것과 개별 보상가격은 어떤가 하는 점이다.

보금자리주택 대상 지구-지역

지 구	지　　　　　　역
시범지구	서울강남, 서울서초, 고양원흥, 하남미사
위례신도시	서울송파, 경기성남, 하남
2차지구	서울내곡, 서울세곡2, 부천옥길, 시흥은계, 구리갈매, 남양주진건
3차지구	서울항동, 인천구월, 광명시흥, 하남감일, 성남고등
4차지구	서울양원, 하남감북
5차지구	서울 고덕, 강일3 · 4지구, 과천지식정보타운

보금자리 시범지구의 위치 및 특성[1]

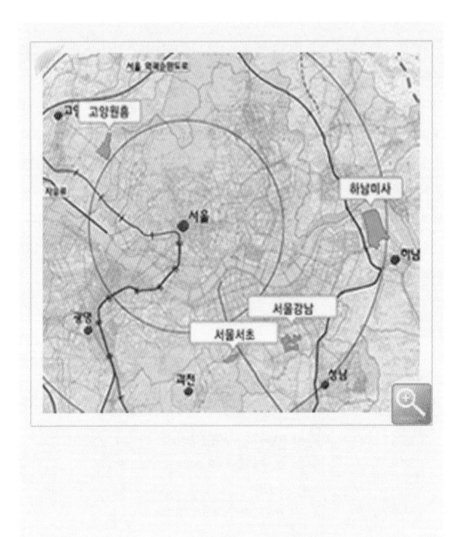

1) 자료출처 : http://www.newplus.go.kr

서울강남의 보금자리 지구개요[2]

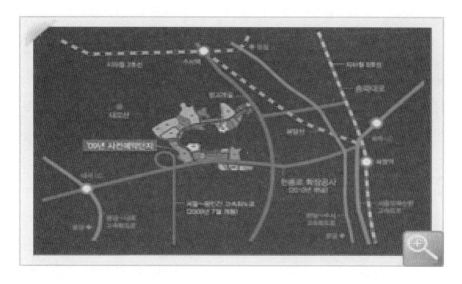

◆개 요

☞ 위치 : 서울 강남구 자곡동, 세곡동, 율현동 일원

☞ 면적 : 0.94Km²

☞ 수용가능인구 : 18,416명

☞ 건설호수(보금자리) : 6,821세대(5,623)

    ☞ 교통여건 및 대책

-. 분당~내곡간 고속화도로(내곡I.C)

-. 분당~수서간 고속화도로(송파 I.C), 지하철 3호선

-. 서울~용인간 고속도로(헌릉IC)

-. 헌릉로 확장 2.5Km/6~10차선/2010년 완공(예정)

---

2) 자료출처 : http://www.newplus.go.kr

상전벽해가 된 세곡동 그린벨트

투자세계로 돌아와 보자. 본 물건은 강남구 세곡동에 위치한 성남~양재간 50m도로 부근의 대지다. 대지 면적이 28㎡이여서 대지로서는 효용가치는 없었다. 하지만 이상하게도 발견하고는 강한 자석에 끌려들어가는 조그마한 쇠붙이처럼 마우스에서 손을 뗄 수 가 없었다. 아는 것만큼 보이는 이치가 또 작용한 것이다. 이상한 마력에 빨려들어 감정평가서를 검토해보니 모종의 개발계획이 진행 중이라 것을 바로 확인할 수 있었다. 가슴이 뛰고 호흡이 가빠지기 시작했다. 3개월 전에 낙찰된 적이 있었는데, 잔금을 납부하지 않았다. 이상했다. 묘한 감정이 들었다. 뭐지. 왜 이런 물건을 이렇게 비싸게(2005.08.04: 감정가격 대비 241.3%) 낙찰받았다고 잔금납부를 하지 않았을까. 곰곰이 생각해 봐도 짚이는 것이 없었다. 핵심을 살펴보기 시작했다.

이 물건의 투자 키워드는 뭔가

① 장기보유인가 - NO

② 농사 짓는 것인가 - NO

③ 돈 많아서 사서 잊어버리고 있을 심산인가 - NO

④ 땅 더 사서 전원주택이라도 짓겠다는 전략인가 - NO

⑤ 보금자리주택을 하나 받겠다는 전략인가 - YES 일수도 NO일수도 있는 유동적인 상황이었다. 뭐지, 뭐지 하고 풀리지 않던 궁금증은 아래의 '토지평가요항표' 를 검색해보고 나서야 마침내 풀렸다.

개발제한 해제입안 구역

5. 토지이용계획관계 및 공법상 제한상태
　　자연녹지지역，　택지개발예정지구기타(지구지정　입안)，　개발제한구역(해제입
　　안), 개발제한구역 임.

택지개발예정지구로 지구지정입안이 확정되어 있는 사업지구 내에 이 땅이 위치하고 있었던 것이다. 그러면 소유해서 수용당했을때 보상의 형태는 뭐란 말인가. 물건인가 현금인가 그것이 문제였다. 현금청산 대상일 것 같았다. 고가 낙찰했다가는 실익이 없을 것 같았다. 자칫하다가는 전의 낙찰자처럼 잔금을 납부하지 않는 사태가 발생할 수 있을 것 같기도 했다. 보수적으로 응찰하기로 결정이 났다. 최저 입찰가에 조금만 더 얹은 가격을 입찰가로 정하였다. 어차피 이런 물건은 초보자는 응찰하지 않는다는 것이 그 동안 전투에서 얻은 결론이다. 물리쳐야 할 경쟁 입찰자는 5-8명 정도로 잡았다. 예상하고, 감정평가서를 다시 보니 현장답사는 필요 없어 보였다. 괜히 물건조사 한답시고 현장에 얼쩡거려 경쟁자에게 노출될 필요도 없었고, 한사람이라도 더 조사 왔다면 상대가 가격을 높게 쓸 빌미를 제공할 것 같아 현장조사는 과감히 생략해버렸다. 이 물건은 그 특성상 싸게 낙찰받는 것 말고는 수익을 올릴 다른 방도가 없는 물건이라는 판단에서도 더욱 그러했다. 다시 말씀드리지만 이런 판단의 근거

는 '토지평가요항표'의 5. 토지이용계획관계 및 공법상의 제한상태의 내용이 었다.

택지개발예정지구, 개발제한구역 해제입안의 내용으로 미루어 그린벨트 해제후 보금자리주택이나 시프트를 공급할 것으로 판단되었다. 아파트 단지가 들어설 것이라는 생각이 들어 사무실에서 약 5분 거리 밖에 되지 않았지만 시간낭비로 생각하였다. 서류 확인으로 조사를 하고 보니 입찰과 낙찰가에는 특별한 제약이 되지 않을 것이라고 판단하였다.

입찰 발표일에 유찰 문자 메시지를 받고 온비드 사이트로 접속하니 16명 입찰이 되어 놀랐지만 더 놀란 것은 낙찰가에서 놀랐다. 왜냐하면 감정가격 1,148만원에서 전 낙찰자가 응찰한 가격이 2,770만원이었는데, 이번에는 그보다 오히려 높은 2,834만원에 낙찰되었다.

60㎡ 이냐, 90㎡ 이냐 그것이 문제로다

낙찰자는 전 낙찰자의 낙찰가격은 보았을 것이다. 전 낙찰자의 잔금액수가 크지 않기 때문에 자금을 확보하는데 는 어려움이 없었을 텐데 잔금을 납부하지 하지 않은 이유를 살펴보지 않은 것 같다. 낙찰 후 10개월이 지나서 현금 청산대상으로 처리되었다.[3]

---

3) 도시정비촉진법에 따라 28㎡이므로, 대지 60㎡이하는 현금청산. 60㎡이상은 주택 무소유주 입주권, 90㎡이상은 주택 유소유주도 입주권이 부여된다.

면적이 28㎡이므로 현금청산 대상이고, 토지이용계획원에 개발제한구역이므로 주위의 주택의 토지가격에 공시지가는 약 $\frac{1}{3}$에 해당하므로 보상받아서는 전반적인 세금을 공제하면 큰 수익은 기대할 수 없는 수익률이다. 투자가치를 안다면 무리할 이유가 없었을 것이다. 만약 대지 면적이 60㎡이상 이었다면 충분히 확인한 다음 1등 이상의 가격에 입찰하였을 것이다. 그러나 크기면에서 그럴 필요가 없는 경우였다.

물건의 현황사진(세곡동 보금자리)

공매로 매각을 위해 감정평가사 찍은 감정당시의 현황 사진이다. 오순도순 사이좋게 뛰어놀고 있고 닭 가족이 보인다. 평온하기 그지없어 보이는 이 땅을 두고 뺏고, 뺏기지 않으려는 혈투가 벌어지고 있는지를 이 땅의 주인(?)인 닭들은 알 리가 없을 것이다. 평온하게 자연을 벗 삼아 뛰어 노는 닭들의 팔자가 나빠 보이지 않는다.

물건의 위치도

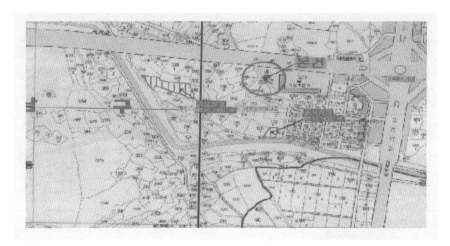

오른쪽으로 **사거리가 뚜렷이 보인다.

355페이지 사업지구의 개황도에 나온 위치에 겹쳐서 비교해보기 바란다.

고군분투하고 있는 전투현장

	▷ ① 입찰서 작성 ▷ ② 준수규칙 동의 ▷ ③ 입찰서 제출 ▷ ④ 보증금 납부		
입찰서 내용			
물건명	서울 강남구 세곡동　물건상세정보		
입찰자 성명	최희	입찰자 주민번호	
주소	서울 강남구 개포4동 1'		
이메일	dua/ 2@h i.net	전화번호	02-3462~
입찰금액	12,650,000 원	입찰보증금률	10%
입찰구분	본인입찰	입찰보증금 납부방식	현금
입찰서 제출시간	2005/11/23 14:32:20		

고군분투하고 있는 전투현장을 생중계 방송으로 보고들 계신다.

응찰경쟁율 16대 1

▌입찰상세정보				
물건관리번호	200 ?-001		조회수	2013
물건명	서울 강남구 세곡동 300-3			
유효입찰자수	16 명(현장 0 명 / 인터넷 16 명)			
개찰결과	낙찰		낙찰금액	28,340,000원
감정가격 (최초 최저입찰가)	11,480,000원		낙찰가율 (감정가격 대비)	246.86%
최저입찰가	11,480,000원		낙찰가율 (최저입찰가 대비)	246.86%

전 낙찰금액을 넘어서는 금액으로 낙찰받은 것을 볼 수 있다.

낙찰자의 소유권 변동현황

10	1번원	4분전부이전	2006년1월23일 제5839호	2006년1월18일 공매	공유자 지분 2분의 1 임 서울 강남구 세곡동 1

낙찰자와 공유자의 보상 소유권 변동

12	10번임	4분전부이전	2006년11월17일 제112769호	2006년11월13일 공공용지의 협의 취득	공유자 지분 2분의 1 공사 1 서울 강남구 개포동 1
13	1번김	1분전부이전	2006년11월29일 제118375호	2006년11월16일 공공용지의 협의 취득	공유자 지분 2분의 1 공사 서울 강남구 개포동 1

현재는 이미 보금자리(SH공사) 주택의 공사가 완료되어 옛날 닭들이 뛰어 놀던 한가한 그린벨트는 온데 간 데가 없다. 세곡동 세곡 리엔파크가 들어서 있는 자리다.

Chapter 04

APT 경락자 잔금납부 26일 후에 소유권 말소

강사가 초보자를 상대로 오버한 물건

이 사건은 저자가 직접 입찰한 사건은 아니다. 현재 대한민국의 경매시장은 폭발하기 일보직전의 포화상태에 이르고 있다는 것이 대체적인 진단들이다. 경매강좌 하나만 놓고 보자. 비법을 전수한다는 수백만원짜리 강좌에서부터 동호회 무료강좌까지 경·공매 강좌는 난리도 이런 난리가 아니다. 부작용의 염려가 우려된다. 필자 역시 그 동안 누구보다 경·공매 강좌나 동호회 모임에 열심이었다.

이 물건은 2010년 상반기에 ○○경매학원에서 '수익률 400%의 대박 신화' 라는 오픈 강의에서 강사선생님이 소개한 물건이다. 그 자리에는 약 40명 정도가 강의를 듣고 있었다. 경 공매의 기초이론 교육을 강의하는 자리였는데 대뜸 이런 수익률을 올릴 수 있다고 말하는 것이 아닌가. 저자 또한 놀랐다. 이미 경매 물건 축에도 끼지도 못하는 APT낙찰로 400%의 대박이라는 것이 어떤 건지 궁금하였다. 풀 수 없는 유치권이나, 선순위 가등기등 근본적인 하자가 있을 거라 생각하고 있던 중 강사는 자기에게 수업을 들은 본 학원의 원생이 낙찰 받았다고 자랑하는 것이 아닌가. 오픈 수업을 듣던 예비 원생들은 수익률에 놀라는 눈치였고, 부러워하는 기색이 역력했다. 경·공매 강의에 흠뻑 빠져들어 가고 있었다. 그러나 필자의 생각은 달랐다. 휴식시간에 강의도중 사무실로 바람처럼 철수해서 사건을 검색하여보았다. 아뿔싸. 강사의 말과 실상은 완전히 달랐다.

 2009년 10월에 낙찰로 낙찰자 앞으로 이전되었고, 얼마 안 있어 선순위 가등기권자와 매수인등을 상대로 경락자 신00은 소유권말소등기등의 본안소송을 진행하고 있었다. 이런 물건을 강사는 자료 검색도 안하는지, 아니면 초보자들이 아무것도 모를 것이라고 생각하고 대강 말했는지 알 수는 없다. 달콤함에 취했다가 나중에 사고 나지 않을까 걱정이 된다.

7천만 원짜리 아파트가 1,489만원까지 하락

 경남 밀양의 13층 아파트 중 19개 호수가 경매로 진행되었고, 감정가는 7천1만원이었다. 이렇게 유찰되는데는 다 그럴만한 사연이 있는 것이다. 낙찰로도 말소 안 되는 선순위 가등기로 인해서 그 동안 내리 7회 유찰되었다. 그러는 사이 가격은 1,489만원까지 하락했다. 대체로 이런 물건은 수많은 낙찰경험이 있는 고수, 박사들이 입질하는 물건이다. 경매정보 유료사이트 및 대법원 경매현황서 및 물건명세서상에 '선순위 가등기는 낙찰로 인하여 말소되지 않음'이란 문구가 나타나 있으면 경매박사라도 주의해야 한다. 나중에 가등기에 의한 본등기가 경료되었을때 본안소송에 휘말릴 수 있기 때문이다. 소송에서 패소하면 그 다음은 불을 보는 듯 한 상황이 벌어진다. 낙찰로 취득했던 소유권이 날 개를 달고 훨훨 날아가 버리는 광경 말이다. 이 물건에도 '선순위가등기 매수 인에게 인수됨' 이라고 표기되어 있었다. 그럼에도 불구하고 입찰자가 4명이나 되는걸 보면 경매박사나 고수가 상당하다는 것을 상기 시켜주고 있는 물건이 다. 우려가 현실로 나타났다.

낙찰자 앞으로 소유권 이전 후, 약 26일여 만에 선순위 가등기권자로부터 가 등기에 의한 본등기가 되어, 경낙자의 소유권은 직권말소 되었다. 그 후 경락자 는 가처분과 예고등기를 신청하고 본안 소송이 진행 중이다. 소송의 결과를 지 켜봐야하겠지만 소송비용과 시간, 투자금액을 따져보면 소유권을 회복한다. 하더라도 수익이 발생할지 염려된다. 차라리 단순한 아파트의 입찰이 빠르지 않았나 하는 생각이 든다.

경매정보지의 대강개요

사건번호	200	강제	물건용도	아파트		조 회 수	오늘 1 전체
감정평가액		71,000,000원	채 권 자	김'		개시결정일	2007.12.17
최저경매가		(21%) 14,890,000원	채 무 자	리아		감정기일	2008.01.16
입찰보증금		(10%) 1,489,000원	소 유 자	가		배당종기일	2008.03.10
청구금액		14,000,000원	유찰횟수	7회		차기예정일	배당
경매대상	건물전부, 토지전부		건물총면적	78.69㎡ (23.8평)		토지총면적	31.85㎡ (9.64평)
특이사항	*금지사항등기 및 2006.3.7.자 가등기는 매각으로 말소되지 않고 매수인에 인수됨.						

건물사진과 위치도

경남 아파트

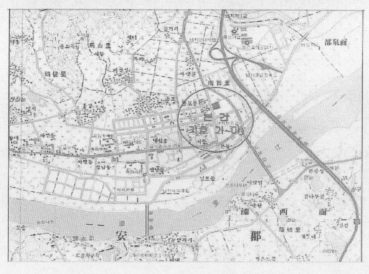

시나리오를 직접 작성 해보기

7	소유권이전청구권가등기	2006년3월7일 제3561호	2006년3월6일 매매예약	가등기권자 지분 2분의 1
				여 객 부산 남구 대연동 지분 2분의 1 장광윤 480623-1●●●●●● 서울 관악구 신림동-10-292
	소유권이전	2009년11월23일 제22769호	2009년11월17일 매매	소유자 김〉 경상남도 창녕군 남지읍 가동 401호 거래가액 금63,000,000원
7-9	7번소유권이전청구권의이전	2009년11월23일 제22768호	2009년11월17일 양도	가등기권자 김〉 경상남도 창녕군 남지읍

대강의 구도는 다음과 같다. 따라서 이를 바탕으로 여러분들이 직접 시나리오를 작성해보기 바란다.

☞ 소유권이전청구권보전가등기권자로부터 2009.11.23 김00은 매매취득으로 소유권 이전됨.(매매 거래가액 63,000,000원)

☞ 경락자 신00은 2009.11.02자로 소유권이전, 되었으나 말소됨을 알 수 있다.

☞ 2009.11.02 소유권 이전, 후 2009.11.23 소유권 직권말소통지

☞ 2009.12.18 경락자 신○○ 가등기에 기한 본등기로 소유권 등기말소

22	소유권이전	2009년11월2일 제21374호	2009년10월29일 강제경매로 인한 매각	소유자 신 대구광역시 서구 내당동-46
22-1	22번소유권직권말소통지			2009년11월23일
27	22번소유권이전등기말소			7번 가등기에 기한 본등기로 인하여 2009년12월18일 등기

☞ 경락자 신00 2010.05.14 밀양지원에 가처분신청 후, 2010.06.16일 본안소제기

☞ 소유권 이전등기말소 등, 2010.07.12 소유권 말소 예고등기 접수됨

순위번호 29번 주목

| 28 | 가처분 | 2010년5월14일 제8402호 | 2010년5월14일 창원지방법원 밀양지원의 가처분결정(2010카단) | 피보전권리 소유권말소청구권 채권자 신 금지사항 매매, 증여, 전세권, 기타일체의 처분행위 대구 서구 내당4동 광장타운 |
| 29 | 7번소유권말소예고등기 | 2010년7월12일 제12221호 | 2010년6월16일 창원지방법원밀양지원에 | |

경락자는 소유권을 되 찾을 수 있을까

사건번호	2010가단:		사건명	소유권말소등기 등
원고	신		피 고	김 외 4명
재판부	민사1단독 (전화:055-:			
접수일	2010.06.16		종국결과	
원고소가	9,300,000		피고소가	
수리구분	제소		병합구분	없음
상소인			상소일	
상소각하일				

송달료,보관금 종결에 따른 잔액조회 | 사건이 종결되지 않았으므로 송달료, 보관금 조회 불가능합니다.

최근기일내용 `>> 상세보기`

일 자	시 각	기일구분	기일장소	결 과
2011.05.26	14:40	변론기일	법정 108호	변론종결
2011.07.07	10:00	판결선고기일	법정 108호	기일변경
2011.08.11	10:00	판결선고기일	법정 108호	변론재개
2011.09.01	11:00	변론기일	법정 108호	

경락자 소유권을 찾을 수 있을까, 아닐까. 3심까지 가게될 것이지만 시간과 비용을 따져 보면 현명한 낙찰은 아니었을 것이라는 것을 알 수 있다. 2010.6.16 ~ 2013.00.00. 까지는 가는 것이 보통이다. 선고는 2번이나 변경, 소송일로부터 16개월이 지나야 1심 선고의 결과에 따라 확정이냐, 항소냐 이것이 문제로다. 이 사건을 보면서 참 많은 것을 느낀다. 무슨 경매박사, 도사들이 그렇게 많은지. 말소되지 않는 '선순위 가등기'가 있다는 법원의 경고 문구에도

아랑곳하지 않고, 많이 떨어졌으니까 낙찰받고 보자는 강심장들이 솔직히 존경스럽다. 입찰자 4명이라는 점을 어떻게 설명할까. 또한 경락자가 승소하더라도 재산권 미행사 기간 및 변호사 비용 등을 따져 보면 결코 남는 장사가 아니다. 수익률 400%가 아니라 손해만 보지 않아도 다행이라는 것이 본인의 견해다. 물론 낙찰자는 이 한건으로 천국과 지옥을 수없이 왕복하면서 공부하나는 제대로 할 것이다. 그러나 보통의 경우라면 낙찰자는 경매판을 떠날 것이다. 무수히 많은 경우를 통해서 보아온 사실이다.

☞ 이 사건 낙찰자는 소송에 휘말릴 것을 알고도 입찰했는지,

☞ 해당 아파트의 이해관계인으로 그 내막을 아는 자인지,

☞ 경매컨설팅업자의 달콤한 유혹에 혹한 것인지,

☞ 입찰자 3명은 바지인지,

☞ 경·공매를 기본이라도 알고 문 것인지,

☞ 매도차익을 노린 수익률 때문인지,

궁금함이 꼬리에 꼬리를 물고 한없이 이어지지만 속 시원하게 물어볼 수 도 없다. 더 궁금한 것은 정작 따로 있다. 이 책의 원고를 마무리할 당시에도 소송이 끝나지 않았다. 소송이 현재도 진행중이다. 따라서 결론을 여기다가 밝히기는 아직 어렵다. 여러분들이 조금만 수고하시면 이 물건의 소송결과를 확인할 수 있다. 오픈 강의에서 강사는 왜 이런 물건을 샘플로 들었는지 알다가도 모를 노릇이다. 설마 강사가 초보 학습자들은 해할 목적으로 의도적으로는 소개하지 않았을 것이라는 정도는 믿고 싶다. 초보 학습자는 누구를 의지해서 험하디 험한 경매판을 뚫고 가라는 말인가.

부동산 등기법 제91조(가등기에 의한 본등기의 순위)

가등기에 의한 본등기(본등기)를 한 경우 본등기의 순위는 가등기의 순위에 따른다.

제92조(가등기에 의하여 보전되는 권리를 침해하는 가등기 이후 등기의 직권말소)

① 등기관은 가등기에 의한 본등기를 하였을 때에는 대법원규칙으로 정하는 바에 따라 가등기 이후에 된 등기로서 가등기에 의하여 보전되는 권리를 침해하는 등기를 직권으로 말소하여야 한다.

② 등기관이 제1항에 따라 가등기 이후의 등기를 말소하였을 때에는 지체 없이 그 사실을 말소된 권리의 등기명의인에게 통지하여야 한다.

부동산 등기법 제90조(가등기를 명하는 가처분명령)

① 제89조의 가등기를 명하는 가처분명령은 부동산의 소재지를 관할하는 지방법원이 가등기권리자의 신청으로 가등기 원인사실의 소명이 있는 경우에 할 수 있다.

민사집행법 제105조(매각물건명세서 등)

① 법원은 다음 각 호의 사항을 적은 매각물건명세서를 작성하여야 한다.

　1. 부동산의 표시

　2. 부동산의 점유자와 점유의 권원, 점유할 수 있는 기간, 차임 또는 보증금에 관한 관계인의 진술

　3. 등기된 부동산에 대한 권리 또는 가처분으로서 매각으로 효력을 잃지 아니하는 것

　4. 매각에 따라 설정된 것으로 보게 되는 지상권의 개요

Chapter 05 세상에는 상호 지켜야할 기본적인 룰이 있다

요즘 경매시장의 무질서

요즘 경매시장의 질서는 무너졌다고 개탄하는 분들이 많다. 쉽게 수긍이 간다. 세상에는 기본적인 '룰'이 있다. 상호 지켜야할 기본들이 있다는 말이다.

① 국가 대 국가
② 지역 대 지역
③ 개인 대 개인
④ 조직 대 조직
⑤ 기업 대 기업
⑥ 사장 대 사원
⑦ 도시 대 농촌 등등

서로는 상호 보완관계를 유지하면서 공생하는 것이 세상살이 아닌가. 그런데 갑자기 어느 한쪽이 자기 고집만 부리며, 자기만 먼저 살겠다고 우기면 '룰'

부터 무너지게 될 것이다. 서로의 요구들이 첨예하게 맞부딪히는 복잡한 세상에서 '룰' 이 무너지면 그 다음은 무슨 세상일까. '정글의 법칙' 이 지배하게 될 것은 보지 않아도 보인다. 다시 경매이야기로 돌아와 보자.

요즘처럼 경매가 대 유행하기 전에는 경매시장참여자들끼리는 최소한의 룰은 있었다.

① 채권자 대 채무자
② 채권자 대 채권자
③ 채무자 대 세입자
④ 응찰자 대 응찰자
⑤ 낙찰자 대 채무자
⑥ 낙찰자 대 세입자
⑦ 세입자 대 세입자

여기서 주목해야할 관계는 ① 채권자 대 채무자 와 ④ 응찰자 대 응찰자 이다.

① 채권자 대 채무자
채권자와 채무자는 처한 상황에 어떠하냐에 따라 관계가 극명하게 갈린다. 즉 처음 대출을 신청하고, 대출에 응하고, 대출이 실시되어 채권-채무이행이 정상적으로 진행 될 때는 더없이 부드러운 관계이다. 보통의 경우라면

금싸라기 같은 자신의 부동산을 은행에 담보로 맡기고 돈을 융통할 때는 은행돈 떼먹겠다고 작정한 사람은 그리 많지 않을 것이다. 정상적인 경우라면 말이다. 하긴 요즘 일부 귀신들은 처음부터 떼먹을 작정으로 담보로 맡기고, 경매로 '땡' 처리 하는 사람들이 있기도 하다. 아무튼 당초 약정대로 채권-채무이행이 되지 않으면서 관계가 서먹해지기 시작한다. 돈 빌려준 은행이 무슨 죄가 있겠는가. 돈이 거짓말 한다는 말이 있듯이, 채무이행을 하지 못하는 채무자가 문제이지. 은행이 채권회수를 위해 담보권실행에 의한 경매신청을 했다고 해보자. 적반하장이 따로 없다. 이번에는 채무자가 경매신청자와 응찰자를 향해서 대대적인 반격이 시작된다. 치사하지만 가장 효과적인 방법이 '유치권신청' 어쩌고 하는 방법이다. 남의 돈 돌려주지 못한 것에 대한 최소한의 염치는 온데간데 없어진다. 경매가 진행되어 '유치권' 이 신청되었다고 모든 채무자가 채권자 돈 떼먹으려고 사주했다는 말은 아니다. 그러나 보호받아야할 진짜 유치권자는 경매사건에서 10%가 채 안 된다는 말이 있다. 동의한다. 10%도 지나치고 5%가 체 안 되는 것 아닌가 생각한다.

④ 응찰자 대 응찰자

　경매식구들끼리 통제가능한 관계이다. 동업자끼리는 통제가 가능해야 하는 관계이다. 지금 보는 사례에서처럼 대지만 경매되는 법정지상권 성립여지있는 물건에서 감정가격대비 몇%까지가 마지노 입찰한계선이라는 암묵적인 신사협정 같은 것이 있었다.

동업자의 룰이 완전히 깨진 물건

2003타경3				•서울중앙지방법원 본원 •매각기일: 2008.(		10:00) · 경매 12계(전화:02-530-		
소재지	서울특별시 동작구 상도1동							
물건종별	대지	감정가		580,920,000원	기일입찰	[입찰진행내용]		
					구분	입찰기일	최저매각가격	결과
					1차	2006-01-<	394,800,000원	유찰
토지면적	292㎡(95.305평)	최저가	(51%) 297,431,000원		2차	2006-03-(	315,840,000원	유찰
						2006-04-1	252,672,000원	변경
					3차	2007-07-<	580,920,000원	유찰
건물면적	건물은 매각제외	보증금	(20%) 59,490,000원		4차	2007-09-	464,736,000원	유찰
					5차	2007-10-09	371,789,000원	낙찰
					낙찰 421,000,000원(72.47%) / 2명 / 미납			
매각물건	토지만 매각	소유자	장		6차	2007-12-1	371,789,000원	유찰
						2008-01-<	297,431,000원	변경
사건접수	2003-12-15	채무자	(주) 건설		7차	2008-04-	297,431,000원	
					낙찰 : 528,800,000원 (91.04%)			
					(입찰37명,낙찰:김○ 외1인)			
사건명	임의경매	채권자	: 은행		매각결정기일 : 2008.0(- 매각허가결정			
					대금납부 2008.04. 배당기일 2008.05.			

▶본건낙찰 2007.10.09 / 낙찰가 421,000,000원 / 2명 입찰 / 대금미납
▶ 본건 부동산인 대지위에 지하1층 지상4층 건물1동이 신축공사중으로 내.외장 공사중에 공사가 중단된듯하여 철판으로
참고사항   를 설치하여 내부조사 불능임.
• 2007.07.17자로 7계에서 12계로 이관

저자는 2008년 우연히 이 물건을 검색하게 되었다. 관심이 발동했다. 사건을 들여다보니 전낙찰자의 입찰보증금 때문에 마음은 아프지만 역발상으로 너무 흥분이 되는 것을 억제 할 수 없었다. 누구의 불행은 누구에게는 행복일 수 있다.

2007년 10월에 낙찰되었으나 재매각으로 다시 팔려갈 날을 고대하는 물건이

었다. 입찰보증금 37,200,000원은 이미 날아간 다음이었다. 재매각시장에서 입찰보증금은 20%이다. 서류를 검토하니 별다른 문제는 없는 것 같았다. 입찰카드를 던지기로 하였다. 또 한 번 경매전쟁을 시작하기로 하였다. 저평가된 것이 한눈에 들어왔다. 당일최저가에 100,000,000원 정도를 더 쓰면 어느 정도는 승산이 있다고 판단하였다. 그러나 개찰에서 고가 낙찰에 놀라지 않을 수 없었다. 이 사건의 개찰을 선언하자, 무슨 호떡집에 불난 것처럼 사람들이 몰려나갔다. 신기록이 수립되는 순간이었다. 뚜껑을 열어보니 응찰자가 37명이었다. 재매각의 법정지상권 물건에 37명이 입찰하여 신기록 수립한 것이다. 신기록이 수립된다고 마냥 좋은 것만은 아닌 듯하다. 장려되어서 좋은 것이 있는가 하면 차분하고 냉정한 것이 더 좋은 경우도 있다.

경매시장은 과열되어서 좋을 일 하나 없는 세상이다. 법정지상권 성립여부와 유치권신고서 제출이라는 문구가 보여 입찰자는 많이 없을 것이라고 생각하였다. 또한 대지만 경매진행을 하니까 입찰자는 3-4명에 그칠 것이라고 판단하였다. 기본적인 '룰' 과 경매원칙이 무너진 것을 극명하게 보여주고 있었다. 개찰과정에서 저자는 응찰자 숫자에도 놀랐지만, 입찰보증금에도 놀랐다. 재매각 물건으로 입찰보증금이 20%이면 보증금만 해도 약 2,200,000,000 원 이상 몰린 것이다. 저 많은 입찰자들이 전부 다 보증금 20%인 약 60,000,000만원씩을 넣었는지, 37명이 모두 정상적으로 입찰했는지 알 수 가 없었다.

약 10년간의 공시지가 변동표

기준년월일	개별공시지가
2011-01-01	1,760,000 원
2010-01-01	1,710,000 원
2009-01-01	1,650,000 원
2008-01-01	1,670,000 원
2007-01-01	1,500,000 원
2006-01-01	1,350,000 원
2005-01-01	1,160,000 원
2004-01-01	1,030,000 원
2003-01-01	921,000 원

　사건번호가 2003타경 사건이다. 2003년 입찰당시 감정가격이 3억9,480만원이었다. 2007년 7월 재 감정을 거쳐 5억8천여만 원으로 조정되었다. 낙찰시점인 2008년으로 계산해 보면 감정평가액이 5년이 지남에 따라 개별공시지가를 기준으로 차이가 m^2 당 749,000원(= 1,670,000 원 - 921,000원)으로, 전체 가격 차이는 211,218,000원(= 749,000원×282㎡)정도였다.

8등으로 떨어졌다고 화풀이하는 것이 결코 아니다. 과열되고 룰이 사라진 그래서 정글의 법칙이 횡행하는 경매시장을 개탄하고 있다. 입찰에서 떨어진 다음 사무실에 도착하여 경매정보 사이트를 확인하여 다시 검색해보니, 대판 98다 ○○○○○ 사건번호가 보였다(아래 그림의 특이사항 중 두 번째 줄 맨 뒤 대법원 사건번호).

물 건 번 호	1					
사 건 번 호	2003- 임의	물 건 용 도	대지	조 회 수	오늘 2 전체 1291	
감정평가액	580,920,000원	채 권 자	은행	개시결정일	2003.12.16	
최저경매가	(51%) 297,431,000원	채 무 자	건설	감 정 기 일	2003.12.19	
입찰보증금	(10%) 29,743,100원	소 유 자	장석현	배당종기일	2004.03.15	
청 구 금 액	360,000,000원	유 찰 횟 수	5회	차기예정일	배당	
경 매 대 상	토지전부	건 물 면 적	0㎡	토 지 면 적	282㎡(85.31평)	
특 이 사 항	- 토지만에 대한 경매임. - 본건 지상에 제시외 건물이 있음.(지하1층 지상4층 등기된 건물이 존재하나 이에 구애됨이 없이 나대지 상태로 감정평가하였음) 법정지상권 성립여부는 불분명하나, 성립하지 않는 것으로 보임(대법원 2003. 12. 18. 선고 98다 전원합의체 판결 참조) - 종합건설에서 제시외건물 공사대금으로 319,000,000원 유치권 신고하였으나, 성립여부는 불분명 - 장 이 건물소유를 위하여 토지에 대한 법정지상권과 유치권(피담보금액 699,350,000원)을 주장하고 있으나, 성립여부는 불분명(채권자는 법정지상권이 성립할 여지가 없다고 주장함) ★유치권신고(종합건설 공사대금319,000,000원,성립여부불명)★유치권주장(장 , 토지에대한법정지상권및피담보금액699,350,000원. 성립여부불명-채권자는 법정지상권성립여지없다고 주장)					

대법원 판결을(법정지상권이 성립되지 않는다는 판례다. 판례하나로 입찰자 수자를 가늠해 볼 수 있는 대목이다) 하나 보자. 경락잔금 대출도 불가능(대지만 낙찰받는 것인데)한 부동산에 너무 많은 입찰자가 몰렸다는 판단은 지금도 마찬가지다.

경매컨설팅업체(a회사)의 바람잡이 연합작전(b,c,d회사에게 원조요청 추측)아닌지, 높은 수익률을 노리고 입찰자가 입찰보증금을 모두 정상적으로 납부하면서 응찰했는지는 의문스럽다. 아무튼 다시 본론으로 들어가 보자. 대법원 판례는 법정지상권이 성립되지 않는다는 내용이다. 등기부등본 낙찰자를 확인하니 김OO, 심OO로 공동소유로 나온다. 더욱 놀라운것은 김OO는 소유주이지만, 대출로 잔금을 납부하였다(법정지상권 성립여지 있는 물건에 웬 대출 공담도 아니고 대지만). 통상 법정지상권 성립여지 있는 물건의 경우 정상적인 금융기관은 대출을 실행하지 않는 것이 일반적이다. 필시 무슨 곡절이 있는 경우다. 일반적으로 이 책의 독자들에게도 하자 있는 물건을 응찰하고 모자라는 잔금을 경락잔금으로 해결하려는 계획을 세우시면 곤란한 일을 경험하시게 된다는 점만 말씀드린다. 더욱 궁금한 점은 김OO는 채권을 전부 변제하고, 2011년 제3의 채무자로 근저당권자 변경됨을 알 수 있었다.

검색해본 대법원판례

대법원 2003. 12. 18. 선고 98다   전원합의체 판결 【건물철거등】

【원고,상고인겸피상고인】 00동에이(A)지구 재건축조합 (소송대리인 변호사 장00)
【피고,피상고인】 백00
【피고,피상고인겸상고인】 서00
【원심판결】 서울고법 1998. 7. 14. 선고 97나   판결
【주문】
원심판결을 전부 파기하고, 사건을 서울고등법원에 환송한다.
【판시사항】
[1] 동일인 소유의 토지와 그 지상 건물에 관하여 공동저당권이 설정된 후 그 건물이 철거
되고 다른 건물이 신축된 경우, 저당물의 경매로 인하여 토지와 신축건물이 서로 다른 소유
자에게 속하게 되면 민법 제366조 소정의 법정지상권이 성립하는지 여부(소극)
[2] 건물 건축 도급계약에 있어서 건물 소유권의 귀속관계

【판결요지】

판시사항 중 [1]의 결론부분에서(소극)이라는 부분이 있다. 즉 [1] 전체가 인정
되지 않는다는 것이다.

등기부가 만화책처럼 지저분

해당 부동산의 등기부 등본이다. 흐름을 읽어 보시라고 등기부등본을 몇 장
올린다. 건물 등기부등본(1~4번째까지)을 보면 현 소유주는 아무런 공격과 대응
도 취하지 않는 것으로 생각 되며, 대지 낙찰 후 건물임차인의 가처분과, 대지
의 전 소유주가 강제집행을 한 것을 알 수 있다. 건축물 대장은 존재하지 않으

나, 건물등기부 등본은 존재한다.

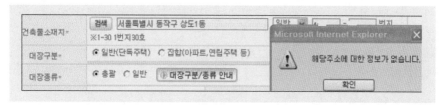

건물등기부-①

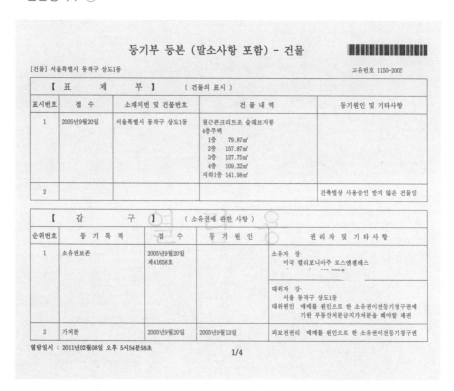

등기부 등본 (말소사항 포함) - 건물

[건물] 서울특별시 동작구 상도1동

고유번호 1150-2005

【 표 제 부 】 (건물의 표시)

표시번호	접 수	소재지번 및 건물번호	건 물 내 역	등기원인 및 기타사항
1	2005년9월20일	서울특별시 동작구 상도1동	철근콘크리트조 슬래브지붕 4층주택 1층 79.87㎡ 2층 157.87㎡ 3층 127.75㎡ 4층 109.32㎡ 지하1층 141.98㎡	
2				건축법상 사용승인 받지 않은 건물임

【 갑 구 】 (소유권에 관한 사항)

순위번호	등 기 목 적	접 수	등 기 원 인	권 리 자 및 기 타 사 항
1	소유권보존	2005년9월20일 제41658호		소유 자 장· 미국 캘리포니아주 로스엔젤레스 - - ---, --- 대위자 강· 서울 동작구 상도1동 대위원인 매매를 원인으로 한 소유권이전등기청구권에 기한 부동산처분금지가처분을 해야할 채권
2	가처분	2005년9월20일	2005년9월13일	피보전권리 매매를 원인으로 한 소유권이전등기청구권

열람일시 : 2011년02월08일 오후 5시54분58초

1/4

건물 등기부등본의 생성은 다름 아닌, 가처분신청의 피보전권리인 소유권이

전 등기청구권을 원인으로 대위자가 신청한 것이다. 즉 돈 받을 권리가 있는 채권자가 채무자(건물주)를 대신해서 강제로 건물등기부를 만들었다는 것이다.

건물등기부-②

순위번호	등 기 목 적	접 수	등 기 원 인	권 리 자 및 기 타 사 항
		제41658-1호	서울중앙지방법원의 가처분결정 (2005카합)	채권자 장 서울 동작구 상도1동 금지사항 매매,증여,전세권,저당권,임차권의 설정 기타일체의 처분행위 금지
3	가압류	2006년4월18일 제16022호	2006년4월18일 서울중앙지방법원의 가압류 결정(2006카단	청구금액 금550,580,010원 채권자 주식회사 서울 중구 을지로1가 <가압채권부>
4	임의경매개시결정	2006년7월16일 제31654호	2006년4월11일 서울중앙지방법원의 경매개시 결정(2006타경	채권자 주식회사 110111 서울 중구 을지로1가-101-1 <가압채권부>
5	소유권이전	2007년4월19일 제17107호	2004년4월6일 매매	소유자 장 서울 금천구 독산동 180-
6	4번임의경매개시결정등기말소	2007년4월19일 제17108호	2007년4월18일 가처분에 의한 소유권이전(서울중앙지 방법원 2006가합	
7	3번가압류등기말소	2007년4월19일 제17109호	2007년4월18일 가처분에 의한 소유권이전(서울중앙지 방법원 2006가합	
8	가처분	2007년7월11일	2007년7월11일	피보전권리 사해행위취소로 인한

열람일시 : 2011년02월08일 오후 5시54분58초   2/4

건물등기부-③

순위번호	등 기 목 적	접 수	등 기 원 인	권 리 자 및 기 타 사 항
		제28167호	서울중앙지방법원의 가처분결정 (2007카합)	소유권이전등기말소청구권 채권자 유한회사 서울 중구 을지로2가9-10 (소관 : 가압채권부) 금지사항 매매,증여,전세권,저당권,임차권의 설정 기타일체의 처분행위 금지
9	가처분	2007년7월19일 제28896호	2007년7월19일 서울중앙지방법원의 가처분결정(2007카단	피보전권리 소유권이전등기 채권자 김 서울 동작구 상도1동 미드빌2층 금지사항 매매,증여,전세권,저당권,임차권의 설정 기타일체의 처분행위 금지
10	가처분	2008년5월8일 제21788호	2008년5월6일 서울중앙지방법원의 가처분결정(2008카단	피보전권리 소유권이전등기청구권 채권자 김 서울특별시 동작구 상도1동 미드빌 3층 금지사항 매매,증여,전세권,저당권,임차권의 설정 기타일체의 처분행위 금지
11	가압류	2008년8월22일 제39720호	2008년8월22일 서울중앙지방법원의 가압류결정(2008카단	청구금액 금245,227,536 원 채권자 주식회사 척축은행 서울 강남구 역삼동82
11-1	11번가압류경정	2010년11월19일 제36968호	2010년5월4일 확정판결	공유자 김 지분을 제외한 5번 장 지분(616,79분의 489.04)가압류
12	강제경매개시결정	2010년4월14일 제1132호	2010년4월13일 서울중앙지방법원의	채권자 김 의정부시 신곡동

열람일시 : 2011년02월08일 오후 5시54분58초   3/4

12번의 등기를 보면 현 대지의 소유주의 강제집행은 아니고, 전 토지의 소유
주임을 알 수 있다. 9~10번은 임차인들의 가처분임을 추측 할 수 있다.

건물등기부-④

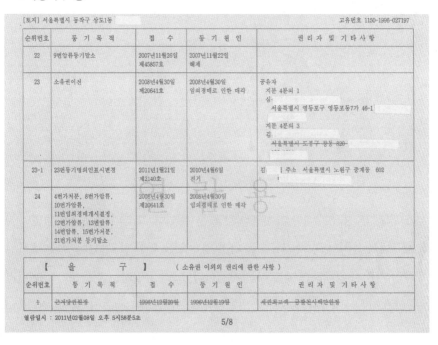

[건물] 서울특별시 동작구 상도1동 고유번호 1150-2005-

순위번호	등 기 목 적	접 수	등 기 원 인	권 리 자 및 기 타 사 항
			강제경매개시결정	
12-1	12번강제경매경정	2010년11월19일 제36969호	2010년5월4일 확정판결	공유자 김 지분을 제외한 5번 강 지분(616.79분의 489.04)강제경매개시결정
13	소유권일부이전	2010년11월19일 제36967호	2007년5월11일 매매	공유자 지분 616.79분의 127.75 김! 서울특별시 동작구 상도1동 미드빌 3층

-- 이 하 여 백 --

관할등기소 서울중앙지방법원 동작등기소

토지등기부-①

[토지] 서울특별시 동작구 상도1동 고유번호 1150-1996-027197

순위번호	등 기 목 적	접 수	등 기 원 인	권 리 자 및 기 타 사 항
22	9번압류등기말소	2007년11월26일 제45857호	2007년11월22일 해제	
23	소유권이전	2008년4월30일 제20641호	2008년4월30일 임의경매로 인한 매각	공유자 지분 4분의 1 심; 서울특별시 영등포구 영등포동7가 46-1 지분 4분의 3 김; 서울특별시 도봉구 창동 820-
23-1	23번등기명의인표시변경	2011년1월21일 제2140호	2010년4월6일 전거	김 I 주소 서울특별시 노원구 중계동 602
24	4번가처분, 8번가압류, 10번가압류, 11번임의경매개시결정, 12번가압류, 13번압류, 14번압류, 15번가처분, 21번가처분 등기말소	2008년4월30일 제20641호	2008년4월30일 임의경매로 인한 매각	

【 을 구 】			(소유권 이외의 권리에 관한 사항)	
순위번호	등 기 목 적	접 수	등 기 원 인	권 리 자 및 기 타 사 항
ㅊ	근저당권설정	1996년12월20일	1996년12월19일	채권최고액 금팔천사백만원정

열람일시 : 2011년02월08일 오후 5시58분5초 5/8

13번을 보면 소유권 일부이전이라고 되어있다. 임차인임을 독자들도 추측할 수 있을 것이다.

토지등기부-②

순위번호	등 기 목 적	접 수	등 기 원 인	권 리 자 및 기 타 사 항
				〈공서키엘셈터자룸〉 공동담보 건물 서울특별시 동작구 상도1동
5-1	5번근저당권변경	2002년9월19일 제49364호	2002년9월19일 계약인수	채무자 화사백권립주식회사 서울 성동구 성산동2가 30
5-2	5번근저당권공동담보소멸			건물 서울특별시 동작구 상도1동 제실 2003년7월5일 부기
6	근저당권설정	2002년9월19일 제49365호	2002년9월19일 설정계약	채권최고액 금208,000,000원 채무자 전립주식회사 서울 성동구 성산동2가 근저당권자 주식회사 110111- 서울 중구 을지로1가 〈공서키엘셈터자룸〉
7	5번근저당권설정, 6번근저당권설정 등기말소	2008년4월30일 제20641호	2008년4월30일 임의경매로 인한 매각	
8	근저당권설정	2008년4월30일 제20642호	2008년4월30일 설정계약	채권최고액 금560,000,000원 채무자 김 서울특별시 도봉구 창동 820- 근저당권자 주식회사 유측은행 120111- 인천광역시 남구 주안동 4
9	근저당권설정	2011년1월21일 제2141호	2011년1월21일 설정계약	채권최고액 금559,000,000원 채무자 윤 서울특별시 노원구 중계동

순위번호	등 기 목 적	접 수	등 기 원 인	권 리 자 및 기 타 사 항
				101-102 근저당권자 협동조합 214638- 전라북도 고창군 고창읍 읍내리
10	8번근저당권설정등기말소	2011년1월24일 제2495호	2011년1월24일 해지	

8번 경락 후 잔금을 대출로 지불한 것을 볼 수 있다. 그러나 공동담보는 없다. 9번 채무자와 근저당권자가 각 각 둘 다 변경된 것을 확인 할 수 있다. 이 경매사건의 대상은 토지 경매라는 것은 아는 사실이다. 그러나 필자는 건물등기부를 먼저 올렸고, 더 많은 페이지를 올리고 있다. 행간의 의미를 읽을 수 있기를 바란다.

Chapter 06 짜고 치는 고스톱인가, 아니면 진짜 경매달인인가

필자에게는 경·공매 투자의 대원칙이 있다. 그러다 보니 승률은 형편없이 나쁘다. 2010년에 3건 입찰에 도전하였다. 그러나 세건 모두 법원 문 앞에도 가지 못 하였다. 첫 번째 물건은 부산 부경대 부근에 있었다. 직접 부산까지 내려가 현장답사를 하였고 6차 유찰이 되면 7차에서 응찰할 계획(기간입찰)이었는데, 6차에서 모 법인이 낙찰을 받아버렸고, 두 번째는 안산 상업지역의 지분 사건이었으며, 세 번째 물건이 지금 여러분들과 함께 살펴보고자 하는 물건이다.

성북구 종암동의 대지 105평

소재지/감정서	면적(단위:㎡)	경매진행결과	임차관계/관리비	등기부상권리
(136-882) 서울 성북구 종암동 ▶감정평가서요약 ·고려아파트남동측인근 ·아파트단지,다세대주택, 근린시설등혼재 ·차량출입가능 ·인근버스정류장등소재 ·교통사정보통 ·사다리형토지 ·남동측6m포장도로접함 ·도시지역 ·대공방어협조구역(위탁고 도:54~236m) ·과밀억제권역 ·2종일반주거지역 ▶역세권정보 서울4호선 길음역 559m 서울6호선 고려대역 1202m	대 지 ·349 (105.57평) 표준공시 1,480,000 감정지가 2,700,000 감정기관 감정	유찰 2010.02.04 80% 753,840,000 유찰 2010.03.11 64% 603,072,000 낙찰 2010.04.15 703,077,000 (74.61%) 감: 응찰 2명 허가 2010.04.22 대납 기한후납부 ▶종국결과 배당 2010.08.12	▶법원임차조사 1)이 사건 토지 위에는 지하1층, 지상4층으로 된 공동주택이 들어서 있는데 현재까지 준공 검사를 받지 못한 상태 임. 2)소유자의 모 ○ ○ 에 의하면 이 사건 토 지 위에 있는 건물은 현 재까지 준공검사를 받 지 못한 채 4년이 지나 고 있다고 함. 감 ○ 전입 1998.02.23 확정 1998.02.21 배당 2009.10.06 점유 4층 보증 2억7500만 (점유: 1998.2.20.~200	·토지등기. 소 유 김: 1995.06.05 매매(1995. 근 저 조: 1996.09.09 3억 가 압 김: 1997.04.26 3500만 가 압 최: 1997.12.20 8130만136 소 유 김: 1998.02.18 가 압 지:

경매시장에서 좋은 물건은 자본주의가 망할 때까지 계속 공급된다는 것을 여실히 증명해 주는 물건이다. 지금의 물건을 보고 물건 됨됨이를 가늠할 수 있으면, 일단 중닭 수준 정도는 된다고 장담하셔도 된다.

경매 물건 중 명품이다. 이런 명품이 동네 골목가 쓰레기통에 포장지도 아직 뜯기지 않은 채로 버려져 있다. 청소하는 아저씨는 물론이고, 아무나 주어 가는 사람이 임자인 상태였다.

사건번호를 실제로 공개하지 못하는 점을 양해 바란다. 다만 낙찰일이 나와 있으니 여러분들이 직접 확인해보는 것은 아무런 문제가 안 된다.

내 경·공매 투자생애에 카멜레온 수익률에 2번째라고 착각이 들 정도였다. 감정평가서의 사진을 보면 단독주택이 아닌 펜트하우스처럼 착시현상이 생겼다. 감정평가서의 이미지들을 옥상의 난간과 방수처리, 건물 뒷모습의 새시부분도 예쁘다. 전체적으로 건축 마감재와 외형이 상당히 아름답다. 잘 지어진 건물임을 알 수 있었다. 지금까지 수없이 봐온 경매에 시달린 초라한 모습의 형태는 전혀 찾아볼 수 없었다.

그러나 인연은 딱 거기까지였다. 한차례 더 유찰될 것으로 기대하고 2차 입찰일에 PC를 켜보니 낙찰이 되고 만 것이다. 눈앞에서 천둥번개가 치는 것을 느꼈다. 허무함 보다는 애석한 마음이 내 가슴을 적셨다. 낙찰자가 잔금은 어떻게 납부할까가 아니고, 입찰보증금 걱정이 먼저 들었다. 대지만 나온 물건이며, 높은 가격에 낙찰되었다고 판단하였다. 대지만의 경매에서 낙찰가격이 감정가격대비 74%라면 높다고 할 수 밖에 없기 때문이다. 낙찰자는 입찰보증금을 포기하는 망한 경매를 할 것이라고 지레짐작까지 했었다. 7억 원이라는 거액의 잔금을 납부하기가 쉽지 않을 것이라고 생각하였다. 이유로는 건물은 존재하나 건축물대장과 건물등기부등본이 존재하지 않았기 때문이다.

중앙7계 2009-00000

경 매 구 분	임의(기일)	채 권 자	조00	낙 찰 일 시	10.04.15 (종결:10.08.12)
용 도	대지 348㎡	채무/소유자	김00	낙 찰 가 격	703,077,000
감 정 가	842,300,000	청 구 액	300,000,000	경매개시일	08.08.28
최 저 가	803,072,000 (84%)	토지 총면적	348 ㎡ (105.57평)	배당종기일	08.10.08
입찰보증금	20% (120,814,400)	건물 총면적	0 ㎡ (0평)	조 회 수	금일1 공고후370 누적875
주 의 사 항	·지상에 소유자 미상의 5층 건물이 소재하나 법정지상권 여부 불분명.				

재매각 사건으로 소개하고 있는 정보 사이트도 있지만, 재매각 물건은 아니다. 유료 사이트 오류부분으로 입찰보증금 10% 60,307,200원이었다.

입찰자 내역을 보면 응찰 2명이다. 낙찰자 외에 1명은 어떤 이유로 입찰을 하였는지, 또한 2등한 입찰자가 단독 입찰로 인하여 낙찰 받았다면, 법정지상권 문제와 준공검사를 받지 못하고 있는 부분, 그리고 건축물대장을 어떻게 만들어 낼지 궁금하였다.

동업인가 적과의 동침인가

잔금을 내지 못 할 것이라고 생각하고 사건번호를 저장하고 계속 주시하기로 했다. 끝이 날 때까지 시간이 얼마가 걸리든 그 전체과정을 살펴보기로 한 것이다. 바램대로 낙찰자가 잔금납부를 포기하면 그때는 내게도 기회가 올 것이라는 판단에서 말이다.

2개월이 지난후 관할법원에 전화를 해보니 다음기일은 아직 지정되지 않았단다. 기다리다가 7월초에 다시 확인을 해보니 납부기한일을 지나 가산금을 물고서 잔금을 납부한 것이 확인되었다. 등기부등본을 출력한 후 확인하고는 뒤통수를 심하게 한 대 맞은 느낌이 들었다. 대지의 소유권은 물론이고, 낙찰당시 없었던 건축물대장과 건물등기부등본이 생성된 것이었다. 그리고 공동담보로 잔금을 멋지게 해결한 것을 확인할 수 있었다. 낙찰자는 매각결정(2010.04.26) 후 2달 보름이 지난 2010.07.07 매각대금완납증명서를 제출하고 당일로 건물, 토지 등기부등본에 소유주로 등재되었다.

2010.04.26	최고가매수신고인 매각허가결정등본
2010.06.08	가압류권자 지 주소보정 제출
2010.07.07	최고가매수인 매각대금완납증명

경매는 하는 것이기도 하지만, 만들어가는 것이기도

낙찰자는 어떻게 건물을 매입했으며, 공동담보의 대출까지 가능한 것인지 대지의 소유주와의 이해관계인이라고 추정할 따름이다. 경매는 하는 것이 아니라 만들어가는 것이라는 말이 있다. 아무리 생각을 해 봐도 참 멋지게 한건 해냈다는 칭찬을 하지 않을 수 없다.

순위번호	등 기 목 적	접 수	등 기 원 인	권 리 자 및 기 타 사 항
1-2 (전 5-2)	1번근저당권이관	2000년3월31일 제14557호	2000년3월9일 계약양도	근저당권자 조〇 서울성동구 성수동 2가-333-76 부동산등기법 제177조의 6 제1항의 규정에 의하여 1번 내지 1-2번 등기를 2000년 12월 15일 전산이기
2	1번근저당권설정 등기말소	2010년7월7일 제29490호	2010년7월7일 임의경매로 인한 매각	
3	근저당권설정	2010년7월7일 제29491호	2010년7월7일 설정계약	채권최고액 금780,000,000원 채무자 김〇 서울특별시 강북구 미아동 791-17 근저당권자 주식회사 〇〇〇 110111-0 서울특별시 중구 을지로1가 ! (종로5가지점) 공동담보 건물 서울특별시 성북구 종암동

[토지] 서울특별시 성북구 종암동   고유번호 1144-1996-1

－ 이 하 여 백 －

관할등기소 서울중앙지방법원 성북등기소

되는 일도 안 되는 일도 없는 것이 세상사

  같은 재료라도 누가 칼을 잡는가에 따라 결과는 전혀 달라진다. 당초에 아무리 봐도 해결책이 안 보이던 일이 해결될 수도, 누가 봐도 뻔했던 일이 안될 수 있는 것이 세상사 아닌가. 경매라고 크게 다를 것 없다.

  이 물건은 공사는 2005년에 완료되어 미준공 상태로 사용 중으로, 미준공의 이유는 각자 생각해보면 여러 가지 시나리오 상상이 가능하다. 건물등기부를 만들려면 지금보시는 것처럼 건축물관리대장을 먼저 만들어야 한다.

건물등기부 처음 만들기

등기부 등본 (말소사항 포함) - 건물

[건물] 서울특별시 성북구 종암동 1 ▮▮▮   고유번호 1144-2010-▮

【 표 제 부 】 (건물의 표시)				
표시번호	접 수	소재지번 및 건물번호	건 물 내 역	등기원인 및 기타사항
1	2010년7월2일	서울특별시 성북구 종암동 1	철근콘크리트구조 기타지붕 4층 제2종근린생활시설 지1층 106.04㎡ 지1층 99.16㎡ 1층 203.76㎡ 2층 203.76㎡ 3층 161.8㎡ 4층 138.7㎡ 옥탑1층 18.72㎡	전산이면번호 10-1144-0000140

【 갑 구 】 (소유권에 관한 사항)				
순위번호	등 기 목 적	접 수	등 기 원 인	권 리 자 및 기 타 사 항
1	소유권보존	2010년7월2일 제28857호		소유자 김▮▮ 서울특별시 강북구 미아동 791-1▮

【 을 구 】 (소유권 이외의 권리에 관한 사항)				
순위번호	등 기 목 적	접 수	등 기 원 인	권 리 자 및 기 타 사 항
1	근저당권설정	2010년7월7일 제29491호	2010년7월7일 설정계약	채권최고액 금780,000,000원 채무자 김▮

열람일시 : 2011년02월08일 오후 5시51분44초   1/2

법정지상권 성립여지 있는 물건은 일반적으로 잔금융자가 안 되는 것이 보통이다. 그러나 이 물건처럼 해결책을 만들어가는 것도 방법이다. 낙찰자가 진행한 경매진행 스토리를 따라 가보자. 법정지상권성립여지(독자들 판단) 대지만을 경매로 낙찰받고 난 다음 잔금납부시까지 소유자와 협상을 통해 일반매매로 미등기 건물을 구입하였다. 이때 필요한 자금 6억 원은 경락잔금으로 해결하고 있는 것을 알 수 있다. 누이 좋고 매부 좋은 것 아닌가. 경매 투자하는 사람들을 백안시하는 일부시각에 대한 일침을 제대로 가하고 있는 것을 알 수 있다. 이 물건에는 오도가도 못 하고 꽉 막혀 고생하는 임차인과 채권자들이 여럿 있다. 이들의 막힌 부분을 낙찰자가 한방에 뚫어 주고 있는 것이다. 쉽게 말하자. 경매 한방으로 여러 사람 살리고 있는 것이다. 건물주도 적극적으로 협조하고 있다. 얼마를 받았는지는 알 수 없지만 대지 낙찰자에게 건물에 관한 권리일체를 매각한 것이다. 건물권리를 취득한 대지 낙찰자는 4년이나 미루던 건축물대장을 만들고, 그것을 근거로 건물등기부를 만들었다.

놓친 물고기가 더 커 보인다

등기부를 다시 보자. 대지 잔금납부일에 토지와 건물을 공동담보로 6억 원(등기부상 설정최권최고액은 대출금액의 130%인 7억8,000만원)을 융자받아 대지잔금을 납부하고, 건물은 일반매매로 매입하였다. 선수들이 말하는 법정지상권 성립 여지 있는 물건의 완세트(One Set)작업이다. 다음 작업이 궁금하다. 지금까지는 자금을 투입하는 단계였다면, 이제부터는 본전을 뽑아내는 과정이 궁금하지 않을 수 없었다. 그래서 필자는 옆 사무실의 아는 동생을 시켜 현장답사를 시켰다. 동생은 현장을 확인하고는 고시텔이나, 원룸텔 개조공사가 한창 진행 중이라는 보고를 하였다.

☞ 보고를 받고는 궁금 사항이 더욱 커졌다.
☞ 건물은 얼마에 매수했는지.
☞ 기존의 임차인은 어떻게 마무리 했는지.
☞ 기대했던 예상수익률과 실제수익률은.
☞ 건물소유자를 어떻게 구어 삶았는지.
☞ 향후 계획(단기매각할지, 월세로 밀고 갈지)은.
☞ 매각한다면 얼마를 부를지,
☞ 어느 정도 보유하다가 매각할지.

허심탄회하게 낙찰자를 찾아가 한수 배우고 싶지 않으신가? 그러나 당장의 수익률은 그다지 높지 않을 것 같고, 결국은 이해관계인끼리의 작업이지 않았나 하는 생각을 해 본다.

Chapter 07

낙찰자는 깨진 알을 핥고, 건물 주는 황금알 통째로 독식

중앙 3계 2008-0000, 성북구 하월곡동 88-000,88-000이 여기서 소개할 물건이다.

결론부터 말씀드린다. 이 물건은 필자가 직접 응찰했다가 떨어진 사건이다. 2필지의 대지로 합하면 약 50평으로 그 중 1필지가 이면도로에 접해있었다. 필자가 관심을 가지게 된 동기는 감정평가서를 보아도 알 수 있듯이 오래된 단독주택이 있어, 나중에 상황을 보아가면서는 신축도 가능 할 수 있다는 판단을 하였다. 위치 또한 아주 양호했다. 이런 이유로 집사람과 공동 입찰하였다. 비록 패찰은 하였지만, 잊을 수 없는 사건이다.

윤락가의 부동산 특징

아래 지번도와 약도 사진이 해당 물건이 있던 곳이다. 서울의 3대 윤락가 중 한곳이다. 젊은 신세대 독자들은 그게 어디야 하고 눈이 휘둥그레 해 질 분들도 있겠다. 표현이 이상하다며 집장촌이라고 바꿔 부르고 있지만 그런다고 달라질 것은 아무것도 없는 말장난에 불과하다. 본론으로 돌아와 보자. 이들 환락가의 특징이 뭐라고 생각하시는가. 이상한 생각하지 마시고, 부동산 투자관점에서만 살펴보자는 말이다.

교통접근성이 아주 우수하면서도 은밀하다는 것이 공통적인 특징이다. 서울 청량리역 인근이 그랬고, 영등포역 인근이 그랬고, 여기 또한 마찬가지였다. 교통 접근성이 우수하다는 말이 부동산 투자와 무슨 상관이 있냐고 묻지는 마시기 바란다.

사람이 몰리는 곳에 돈이 몰리는 것은 정한 이치 아닌가. 사람이 몰리고, 돈이 몰리는 지역의 투자가치 또한 묻지 마시기 바란다. 당장이야 꼬질꼬질할지 몰라도 돈 되는 것은 시간문제다. 큰 틀에서는 그렇다. 그러나 세부사항으로 들어가서는 이야기가 얼마든지 달라질 수 있다는 것 또한 잊지 말아야 한다.

응찰가격 기재 252,220,000원

천만단위 이하의 숫자는 필자의 애마인 에00 차량의 번호로서 오이가 이십원의 뜻이다. 암기가 쉽기도 하지만 2003년에 애마를 바꾸면서 모든 일이 잘 처리되어 애착이 크다.

감정평가서를 보면 대지만 공매로 나왔지만,

☞ 일반상업지역,
☞ 도시계획시설도로 접합,
☞ 건축허가 제한지역임을 알 수 있다.

개발이 임박했다는 것을 충분히 예상 할 수 있다. 윤락가였던 이 지역의 개발을 위해 입찰당시 성북구청에는 별도의 컨소시엄 팀이 운영된 걸로 기억하고 있었다. 사정이 이러해서 개발 시 보상과 향후 입주권 등을 생각하였고, 만약 계획이 변경된다면 다세대주택이나 도시형 생활주택등 수익형 부동산으로 개발할 것도 염두에 두었다. 토지를 보면 삼각형의 땅 안에 위치하고 있으며, 주위에 백화점등이 포진해 있고, 일반 상업 지역이므로 신축을 한다고 해도 충분한 승산이 있다는 판단이 들었다.

5. 토지이용계획관계 및 공법상 제한상태

　　기호(1) : 일반상업지역, 도시계획시설도로접함, 지구단위계획구역, 토지거래허가
　　　　　　구역, 건축허가제한지역

　　기호(2) : 일반상업지역, 도시계획시설도로, 지구단위계획구역, 토지거래허가구역,
　　　　　　건축허가제한지역임.

떨어진 것이 다행인 필자와 1등해서 재미 못 본 낙찰자

▌입찰상세정보			
물건관리번호	20ᅟᅟ...01	조회수	292
물건명	서울 성북구 하월곡동ᅟ3,ᅟ...ᅟᅠ5ᅟ		
유효입찰자수	2명(현장 0명 / 인터넷 2명)		
개찰결과	낙찰	낙찰금액	261,200,000원
감정가격 (최초 최저입찰가)	340,200,000원	낙찰가율 (감정가격 대비)	76.78%
최저입찰가	238,140,000원	낙찰가율 (최저입찰가 대비)	109.68%

이 그림 하나만으로도 기존의 책들과는 다르다는 것을 여러분들이 발견하시면 된다. 남의 이야기를 써 놓은 시중의 책들은 객관적일지는 몰라도 땀 냄새가 나지 않는다. 긴장감이 없기도 마찬가지다. 필자는 수백만 원~수천만 원 걸고, 짧게는 2~3년, 길게는 5-10년이 걸린 경우도 있다. 장맛은 묵을수록 좋다는 속담처럼, 부동산도 경. 공매물건은 빠른 회전 보다는 장기전의 생각도 않다는 것이 본인의 사견이다. 다른 책의 저자들에게는 조금 미안하지만, 여러분은 다른 경매 책과는 비교하지 마시기 바란다.

떨어져서 오히려 다행(?)

📋 입찰서 내용			
물건명	서울 성북구 하월곡동 1, 6 물건상세정보		
입찰자 성명	최희 외 2 명	입찰자 주민번호	
주소	서울 강남구 개포4동 117		
이메일	dual1 위 at	전화번호	02-3462
입찰금액	252,220,000 원	입찰보증금률	10%
입찰구분	공동입찰 입찰자정보	입찰보증금 납부방식	현금
입찰서 제출시간	2005/08/16 15:27:14		

투자 알리바이다. 유효 입찰자수를 보면 2명이라는 것을 볼 수 있다.

공동입찰자는 집사람

구분	입찰자	주민/법인번호	지분	주소	연락처	E-M
개인	최희			서울 강남구 개포4동 11	02-3462- (010-4230-	dual @
개인	김귀순			서울%20강남구%20포이동 1	02-576- (018-266-	182 @

물론 떨어졌다. 그러나 지나고 보니 공매입찰에서 떨어져 오히려 다행이었다. 못 먹었다고 심술부리는 것이 아니다. 그 이유는 유찰이 오히려 다음 물건에 입찰할 수 있는 여유를 주었기 때문이다. 결론부터 말하면 수익률 300% ~

1,800%짜리 초대박 물건에 입찰을 할 수 없었을 테니 말이다. 낙찰 받았다면 말이다. 전화위복이라는 말은 이럴 때 쓴다. 경공매투자에 높은 수익을 올렸던 대어를 입찰조차 하지 못할 뻔 했으니 말이다.

이 물건에 응찰했다가 떨어지는 바람에 앞에서 본 청파동 물건에 도전할 수 있었다. 필자가 낙찰을 받았다면 토지보상은 받았겠지만, 입찰시기와 보상시기의 차이로 자금조달이 불가능하였을 것이다. 이 물건을 낙찰받은 낙찰자는 약 2개월 후에 (주)○○에 매도하였다. 매도가격은 알 수 없지만 그다지 재미는 없었을 것으로 추측한다. 공매당시 감정평가액 아래도표, 낙찰자는 261,200,000원 낙찰받아 ㎡당 약 161만원에 가져간 것으로 계산된다.

1	서울특별시 성북구 하월곡동	9	대	–	53	53	2,100,000	111,300,000
2	동 소	6	대	–	109	109	2,100,000	228,900,000
	합 계							₩340,200,000.-

순위번호 14,15,16번을 보자

14	소유권이전	2005년11월4일 제66484호	2005년8월17일 공매	소유자 유한회사 115614- 경기도 파주시 문산읍 문산리
15	5번압류, 6번(1)가압류, 6번(2)가압류, 8번(1)가압류, 8번(2)가압류, 9번가압류, 10번가압류, 12번임의경매개시결정, 13번압류 등기말소	2005년11월4일 제66484호	2005년8월17일 공매	
16	소유권이전	2006년2월9일	2006년1월10일	소유자 주식회사 11011

사는 쪽 파는 쪽 모두 법인이다. 공매로 낙찰받아 매매로 처분하고 있다. 그러더니 이번에는 그 땅을 경매로 처분하려고 하고 있다.

15	임의경매개시결정	2006년10월30일 제73850호	2006년10월26일 서울중앙지방법원의 경매개시 결정(2006타경)	채권자 주식회사 이산지 은천동
16	15번임의경매개시결정등기말소	2007년4월30일 제25080호	2007년4월25일 취하	

매수인은 (주)○○은 매수후 약 8개월이 지나 2필지 전부에 임의경매가 신청되었다. 뭔가 있다는 냄새가 진동한다. 경매를 하는 사람들의 전형이다.

19	18번임의경매개시결정등기말소	2007년4월30일 제25080호	2007년4월25일 취하

눈여겨 볼 사항은 2005년 공매감정평가와 2006년 경매감정평가서를 보면 건물3층이 존재함을 알 수 있다. 그러나 8개월이 지나 임의경매는 취하되고 전체 대지 2필 중 1필지는 2개월이 지나 대지가 수용되었다. 매수인은 2필지에 대하여 투자비 상계처리 한 것을 감으로 알 수 있다. 보상후 1년이 지나 잔여분 1필지 대지 마저 경매가 진행되어 낙찰이 되었다. 2008년 감정평가서를 보면 두 필지 지상의 건물전부가 멸실된 것을 확인 할 수 있다. 다음 그림의 도시계획상 도로신설 부분에 위치한 해당 주택부분이 철거된 것이다.

도시계획도로선

　사선으로 그어진 예정 도로라인에 해당 주택(기호2)에 물려 있는 것을 알 수
있다. 장래에 철거되고 이 라인으로 도로가 신설될 예정일때 경매가 진행된
것이다.

　2005 공매 감정평가서의 건물사진

　다음 사진과는 달리 수용되기 전의 건물사진으로 아직 철거되기 전의 모

습이다.

2008년 경매 감정평가서의 건물사진(하월곡동 08타경 00000 경매 감평서)

   철거된 다음의 사진이다. 사진속의 건물이 많이 달라져 있다. 2006타경 00000 취하 후 80일 만에 매수자는 대지를 보상받은 것을 확인 할 수 있다. 1필지의 보상으로 두필지의 매수가격 이상은 보상 받지 않았나 생각한다.

   ☞ 2005년 공매 감정가 ㎡당 2,100,000원,

   ☞ 2006년 담보권 실행에 의한 경매 감정가 ㎡당 2,630,000원

   ☞ 2007년 수용 당시 감정가 추측 5,000,000원 전, 후

   ☞ 2008년 담보권 실행에 의한 경매 감정가 ㎡당 4,430,000원

수용된 등기부

16	15번임의경매개시결정등기말소	2007년4월30일 제25080호	2007년4월25일 취하	
17	소유권이전	2007년7월19일 제40636호	2007년7월19일 수용	소유자 서울특별시
18	14번가압류등기말소	2007년7월19일 제40636호	2007년7월19일 수용	

권리순위 17번을 보면 2007.7월에 수용되어 그 송유권이 서울시로 이전된 것을 볼 수 있다.

수용된 후 모습 대지

수용된 후 포장된 도로모양으로 왼쪽 담벼락에서 회색승용차 까지로 추

측된다.

  ☞ 2006타경 00000 취하 후, 1필지 109㎡ 수용 후, 잔여분 1필지 53㎡

  ☞ 2008타경 00000 담보권 실행에 의한 경매

  ☞ 2008타경 00000 감정가 및 낙찰가

대상 대지는 황금색 차량 아래 대지부분까지로, 가로수가 심어진 인도는 아닌 것으로 추측된다.

경매정보지 현황

▶감정평가서요약	대 지	80% 188,256,000
•성북우체국동측인근	•53 (16.03평)	유찰 2009.05.13
•단독주택,점포,우체국,근		64% 150,605,000
린시설혼재		변경 2009.06.17
•차량진출입가능	감정지가 440,000	64% 150,605,000
•버스정류장및이아삼거리역	대지감정 235,320,000	낙찰 2009.07.22
인근		202,001,000
•가장형등고평탄지	감정기관 종일감정	(85.84%)
•동측4m도로접함		김(
•도시계획시설도로접함		응찰 2명
•대공방어협조구역		허가 2009.07.29
•상대정화구역		대납 2009.08.27
•도시지역		
•개발행위허가제한지역		▶종국결과
•지구단위계획구역		배당 2009.10.13

2009.7월에 두 명 응찰로 202,001,000원 낙찰받아, 2009.8월에 잔금을 납부할 것을 알 수 있다.

2009.8월에 잔금 납부로 소유권 이전된 등기부

20	임의경매개시결정	2008년7월17일 제43380호	2008년7월16일 서울중앙지방법원의 임의경매개시결정	채권자 주식회사 상호저축은행 아산시 은천동83
21	압류	2008년8월19일 제50126호	2008년8월11일 압류(세무1과-)	권리자 서울특별시성북구
22	압류	2009년7월27일 제35011호	2009년7월23일 압류	권리자 국 처분청 강남세무서
23	소유권이전	2009년8월27일	2009년8월27일	소유자 김

쪼개기 작업의 실상

1	2003년9월5일	서울특별시 성북구 하월곡동	철근콘크리트조 및 조적조 스라브지붕 주택 및 근린생활시설 지층 97.5㎡ 1층 87.81㎡ 2층 87.24㎡ 3층 57.62㎡	구분으로 인하여 서 하월곡동 도련반환장 제8책-제
2	2004년7월29일	서울특별시 성북구 하월곡동	철근콘크리트조 및 조적조 스라브지붕 3층 다세대주택 지층 97.5㎡ 1층 67.29㎡ 1층 20.52㎡ 2층 87.24㎡ 3층 11.88㎡ 3층 45.94㎡	용도변경
3	2007년10월15일			2007년9월10일 멸실

건물주는 재개발을 예상하고, 쪼개기 작업으로 단독주택을 다세대 주택으로 전환한 것으로 추측된다.

공시지가는 오르지만

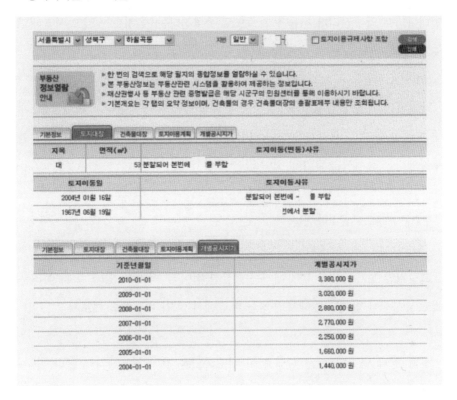

지목	면적(㎡)	토지이동(변동)사유
대	53	분할되어 본번에 를 부합

토지이동일	토지이동사유
2004년 01월 16일	분할되어 본번에 - 를 부합
1967년 06월 19일	번에서 분할

기준년월일	개별공시지가
2010-01-01	3,380,000 원
2009-01-01	3,020,000 원
2008-01-01	2,880,000 원
2007-01-01	2,770,000 원
2006-01-01	2,250,000 원
2005-01-01	1,660,000 원
2004-01-01	1,440,000 원

결과를 보자. 재주는 곰이 부리고, 재미는 엉뚱한 사람이 독식하는 꼴이 되고 말았다. 이 물건의 최종결과를 정리해보자. 낙찰로 소유권을 취득한 땅주인은 도로에 접하게 되어 잘려나가고 잘리고 남은 잔여지 16평짜리 땅은 어디에도 쓸모가 없다. 동네 주민들을 위한 무료주차장으로라도 개방한다면 동네사람들에는 마음씨 착한 투자자라도 칭찬을 들을지 몰라도 투자는 꽝이다. 그러면 진짜 황금알은 누가 챙겨갔는가. 말할 것도 없이 건물소유자이다. 이런 경우 토지는 공시지가 더하기 얼마정도의 보상이 나올 뿐이다. (전장에서 대지입주권 참조)

아파트 입주권은 주택기준이다. 주택소유자라면 아파트 입주권이, 세입자라면 임대아파트 입주권리가 건물을 기준으로 주어진다는 것 정도는 알고 시작해도 늦지 않다.

낙찰자는 깨진 알을 핥고, 건물주는 황금알 통째로 독식했다고 표현하든, 재주는 곰이 부리고, 재미는 엉뚱한 사람이 독식했다고 하던 대지 낙찰자는 망한 투자했다는 점에서는 달라질 것이 없는 사건이다.

추측은 추측으로 끝내야 한다

그렇지만 호기심 많은 필자에게는 궁금한 점이 몇 가지 더 있다. 독자 여러분들도 공부삼아 함께 고민해보면 하는 바람에서 몇 가지 추측을 해보자.

첫째, 공매 낙찰자는 큰 수익 없이 매도하였을 것이라는 생각이 든다. 당사자들의 실제 매매가는 확인 할 수 없다. 잔금을 준비하는 시간도 오랜 시간이 많이 걸렸을 것이다. 저자와 같이 입찰한 낙찰자는 보상시기를 대강 짐작하였을 텐데 18개월 정도도 기다리지 못하고 매도를 하였을까. 자못 궁금한 부분이다.

둘째, 매수자는 전체 대지 $\frac{3}{5}$로 보상받아 전체 대지의 보상액으로 상계처리는 가능하였을 것이지만, 전체 대지와 추후 $\frac{1}{3}$ 대지는 임의경매로 처분되었다. 2006년 두 필지 대지가 취하된 이유는 당사자만이 알 수 있겠지만, 등기부등본을 보면 일명 작업을 한 것을 느끼게 된다. 그 후 면적이 작은 1필지는 왜 임의 경매가 되었는지는 여러분들 상상에 맡긴다.

셋째, 2009년 임의경매 낙찰자는 서울시조례, 건축법에서도 건축이 불가능한 대지를 낙찰받아 어떤 용도로 활용하려 했는지 궁금하다. 감정가의 약 85%인 2억 원의 투자가 잘못되지 않았나 생각한다.

넷째, 공매낙찰자와 매수인은 어째서 아무런 대비도 하지 않은 무방비였는지 알 수는 없다. 폐쇄등기부등본을 보면 1988년에 단독주택으로 신축된 다음, 2003년 집합건물 4개호로 전환된 것을 볼 수 있다. 쪼개기 작업을 한 것이다. 단독주택 소유주는 차후 개발 및 보상을 감지하지 않았나 생각이 든다. 집합건물 소유주들은 2명의 토지 소유주로부터 아무런 제약 없이 건물 보상받은 것으로 추정된다.

Chapter 08 현장답사 생략하고 과감히 낙찰 받은 오산시 재개발 물건

경매 투자 8년, 입찰 80건 중에서 제일 첫 번째 낙찰을 받은 사건으로 애정과 관심이 많이 담긴 물건이다. 이 물건 입찰 당시는 저자 또한 경매 공부에 한창 열을 올리고 있었던 시기였다. 법정지상권에 관한 서적은 3권정도 읽어 어느 정도 윤곽은 파악하고 있었고, 판례해석을 한참하던 시기에 현장답사도 없이 단독 입찰하여 낙찰받은 물건이다. 임장활동 하진 않은 이유는 감정평가서의 내용과 지적도 주위환경위치 및 오산시전도를 보고 현장답사의 필요성을 느끼지 않았다. 2005년 입찰 당시 관련 소유권현황은 살펴본 결과, 법정지상권이 성립된다는 것을 알고 입찰하였다. 다음은 투자하게 만든 소스들이다.

첫째, 오산시 인구는 13만5천명으로 도시크기 비례 인구밀도가 상당히 높다.

둘째, 서울이라면 청계천에 해당하는 오산천이 흐르고, 명동에 해당하는 오산시 중앙부분에 위치하며 오산시청, 오산역, 오산터미널, 롯데마트가 인근이고, 바로 오산천 넘어 오산대학이 위치하고 있었다.

셋째, 서울에서 막히지 않으면 30~40분 거리로, 톨게이트에서 나와서 약 100m 만 지나면 바로 오산시 진입이다.

넷째, 저층의 단독주택이 즐비하여 재개발의 최적의 조건의 위치였다.

고기도 먹어본 사람이 고기 맛을 안단다. 시내 서점에 가보면 차고 넘치는 경매관련 책들로 서점직원들이 오히려 골치 아프단다. 엄살이 아닌듯하다. 부동산 관련 서적중 저자 선생님으로 등극하기 가장 쉬운 분야가 경매관련인 듯하다. 자극적인 제목까지는 이해가 된다. 그러나 제목이나 표지광고에 어울리는 최소한의 내용은 가지고 있어야 하지 않겠는가. 경매 책을 바라보는 독자들의 요구는 아주 단순하다. 자신의 야기인가, 아닌가로 말이다. 적어도 이 책은 그런 점에서는 자유롭다. 출처도 알 수 없이 인터넷에 떠다니는 소설이 아니라는 말이다.

처음부터 끝까지 본인이 입찰하고, 떨어지고, 낙찰받고, 잔금 납부하여 소유권 취득하고, 명도하고, 지료소송하면서 겪은 알토란같은 사례만으로 채워져 있다. 직접 낙찰받아 전쟁수준의 전투를 겪은 과정을 생생하게 지켜보면서 느낀 바를 여러분들에게 전달하고 있다는 것이다. 일부 시중의 경매소설들과의 차이점이다. 다음 사진들을 보면 저자의 말이 빈말이 아니라는 것을 알게 된다.

오산 대지 입찰보증금 완납내역

입찰상세정보			
물건관리번호	2200［....］01		
물건명(소재지)	경기 오산시 오산동 ［... ...7, ...6	물건상세정보	
대금납부방법	일시불	대금납부기한	60일이내
남은시간	시한만료	최저입찰가	112,850,000 원
개찰일시	2005/03/02 11:00	입찰구분	본인 입찰

■ 입찰목록　　　　　　　　　　　　　　　　　　　　　　　　　　　　　　새로고침

입찰금액	납부하신금액	보증금(수수료)납부계좌	입찰서제출시간	입찰보증금 상태 수수료상태	이체메세지
115,220,000 원	11,530,000 원 (보증금 : 11,530,000 원 수수료 : 0 원)	외환 960010025261 (예금주 : 외환위탁) * 완납	2005/02/28 16:11:44 입찰서	이체완납(낙 찰) 이체완납(낙 찰)	정상처리 되었습 니다.

부동산 투자에서 성공하려면

　부분(해당부동산)과 전체(지역적 상황)를 동시에 고려해야 한다. 그런 면에서 오
산 주택은 잘한 투자라고 자부할 수 있다.
　　☞ 오산시의 인구는 지속적으로 증가하고 있다.
　　☞ 해당 지역의 입지가 훌륭하다.
　　☞ 상황에 따라 개별 개발도 가능하다.
　　☞ 하자로 인해서 낮은 가격에 구입했다.

생생한 공매 전투현장

☐ **나의온비드**

🗐 **입찰서 제출내용**

입찰서가 제출되었습니다.

▷ ① 입찰서 작성 ▷ ② 준수규칙 동의 ▷ ③ 입찰서 제출 ▶ ④ 보증금 납부

📋 **입찰서 내용**

물건명	경기 오산시 오산동		6	위임상세정보
입찰자 성명	희희		입찰자 주민번호	
주소	서울 강남구 개포4동 11°			
이메일	dual @		전화번호	02-3462-
입찰금액	115,220,000 원		입찰보증금률	10%
입찰구분	본인입찰		입찰보증금 납부방식	현금
입찰서 제출시간	2005/02/28 16:11:44			

📋 **매각결정통지서 수령방법 : 현장수령 신청**

▶ **전자송달(온비드 직접 교부)**
향후 본 입찰물건을 낙찰받으실 때 매각결정통지서를 전자송달의 방법으로 편리하게 교부받으실 수 있습니다.
전자송달을 신청하면 매각결정일시(개찰일 다음 영업일 14시)이후에 본인이 온비드(나의온비드-입찰내역관리-입찰결과 목록)에 접속하여 직접 교부받아야 하며, 「국세징수법」상 적법한 고지송달의 효력이 발생되므로 별도의 서면교부는 하지 않습니다.
▶ **현장수령**
낙찰자 본인이 신분증과 도장을 지참한 후 물건의 해당부점을 직접 방문하여 담당자로부터 매각결정통지서를 수령하셔야 합니다.
(대리인이 방문할 경우 인감증명서를 첨부한 위임장 지참) ※ 필히 방문 전에 담당자와 통화하시기 바랍니다.

📋 **입찰보증금 납부정보**

▸ 납부기한 까지 입찰보증금(입찰참가수수료가 있는 경우 동 수수료 포함)을 납부하지 않는 경우에는 제출된 입찰서는 '무효'처리됩니다.
▸ 입찰보증금은 온비드에서 확인한 해당 입찰서의 입찰보증금 납부계좌로 납부할 금액 이상을 납부하여야 하며, 납부할 입찰보증금액이 1,000만원 이하인 경우에는 반드시 한번에 입금하여야 하고, 1,000만원 초과 부터 분할납부가 가능합니다.
(입찰보증금 납부계좌번호 착오 및 이중입금에 의한 책임은 입찰자에게 있습니다. 또한 분할납부로 납부하실 금액의 일부만 납부하여 무효처리되는 경우 입찰참가수수료는 이용기관 집금계좌로 이체됩니다.)

납부하실 금액	11,530,000 원 이상 (보증금 : 11,530,000 원, 참가수수료 : 0 원)
입찰보증금 납부계좌번호	960010025261 (예금주 : 위탁)
입찰보증금 환불계좌번호 (유찰 혹은 취소 시)	해당은행이 없습니다. 158431 (예금주 : 희희)
납부기한	2005/02/28일/ 17:00 까지 (시한만료)

낙찰후 전투과정

　　낙찰 후 필자는 1개월 정도를 아무런 행동을 취하지 않고 건물주의 반응을 살
폈다. 1개월이 지난 후 집으로 가자 대문 앞에 건물주의 전화번호가 남겨져 있
었다. 건물주에게 전화를 하니 동생이 받았다. 건물주의 대리인이었다. 오산 시
내에서 만나기로 하였다. 약속장소인 커피숍에는 대리인이라는 건물주 동생, 사
업을 한다는 처제들이 먼저 와 있었다. 동생과 처제는 건물 있는 땅을 왜 낙찰 받
았느냐며 오히려 호통이었다. 그냥 놔두어 더 유찰되면 자기들이 낙찰을 받을 요
량이었단다. 그것을 필자가 방해했단다. 아닌 밤에 홍두깨도 유분수지. 머리가
띵하였다. 낙찰받은 가격에 1,000만원을 얹어 줄 테니 매도하라고 강요했다. 몰
개념과 몰상식에 말문이 다 막혔다. 취, 등록세 500만원, 낙찰금액의 2개월이자,
인건비만 포함시켜도 700만원이 훨씬 넘는 금액이다. 더 이상의 대화할 아무런
가치를 느끼지 못했다. 그리고는 바로 행동으로 돌입했다. 오산시 관할인 수원
법원에 소장을 접수하였다. 청구원인을 보면 저자가 먼저 법정지상권의 성립을
인정하여 주고 토지지료에 대하여 합의조정이 이루어진 사건이다.

　　다음 페이지의 조정조서 내용을 정리하면 다음과 같다

1. 피고(건물주)는 원고(필자)에게 매월 30일에 지료를 지급하라.

2. 원고는 다른 청구는 포기한다.

3. 지료청구 감정료는 피고가 500,000원, 나머지는 원고가 부담하고,

4. 소송비용은 각자가 부담한다.

수원지방법원
조 정 조 서

사　　건　　2005가단　　　　지료　　　| 2005. 11. 23. 승달 |

원　　고　　최희

　　　　　　서울 강남구 포(

피　　고　　이

　　　　　　오산시 오산동

판　　사　　이　　　　　　　　　기　　일 : 2005. 11. 17. 10:00

　　　　　　　　　　　　　　　　장　　소 : 제3별관 법정 103호

법 원 주 사　김　　　　　　　공개 여부 :　　공　　개

원고　　최희　　　　　　　　　　　　　　　　　출석

피고　　이·　　　　　　　　　　　　　　　　　출석

다음과 같이 조정성립

조 정 조 항

1. 피고는 원고에게 2005. 3. 14. 부터 오산시 오산동　　　　72㎡ 및 같은 동
   　　. 233㎡에 관한 원고의 소유권상실일 또는 피고의 점유종료일까지 월
   　　원의 비율로 계산한 돈을 위 토지의 지료로 지급한다. 다만 2005. 11.
   분부터의 지료는 매월 30. 에 지급한다.

2. 원고는 나머지 청구를 포기한다.

3. 이 사건 감정비용 중 500,000원은 피고가 나머지는 원고가 부담하고, 나머지
   소송비용 및 조정비용은 각자 부담으로 한다.

088

건물에 대한 강제경매 신청

조정 후 에도 지료를 통보하였으나 차일피일 미루기만 하고 있어 저자는 2006년02월 중순 건물에 강제집행을 할 수밖에 없었다. 하시라고 권하는 것은 아니지만 할 줄은 알아야 한다.

오히려 적반하장

지료체납을 원인으로 건물에 대해서 경매를 신청하고 1개월쯤 지났을 때다. 중국 출장 중이었다. 경매라는 것이 신청에서 진행되기까지는 7~8개월 소요되는 것은 기본이라는 점을 모를 리 없어 서두를 것도 없었다. 칼자루를 쥐고 있는데 굳이 먼저 연락할 필요는 더욱 없었다. 법원에서 경매 들어왔다고 송달이 가면 그때는 건물주로부터 연락이 올 거라는 것을 이미 꿰뚫고 있었던 참이다. 한국에서 전화가 걸려왔다.

- 오산동 대지 낙찰받은 최희선생님이세요?
  □ 지금 중국에 있는데 누구세요!, 국제전화 로밍으로 요금 많이 나오는데!
- 아 그러세요, 그러면 본론만 이야기하고 일단 나중에 뵙고 대화하시죠?
  □ 누구신가요!
- 선생님이 공매로 낙찰받은 오산 건물주입니다!
  □ 안녕하세요, 그런데 웬일이세요?
- 웬일이나 마나, 건물을 연락도 없이 강제집행을 신청하고 그러시나요?
  □ 지료 준다고 약속하고는 약속이행 안하신 선생님의 책임이 더 큰 것 아닌가요!
- 아니 아무리 그래도 그렇지, 노모를 놀라게 하시면 어쩌자는 겁니까?
  □ 그랬다면 노모한테는 죄송하지만, 그 것 가지고 말씀하시면 적반하장 아닌가요?
- 언제 들어오세요?
  □ 1주일 정도 뒤에 귀국합니다?
- 알았습니다. 만나서 이야기하시죠. 들어오는 대로 전화한번 주세요?

경매신청효과가 단단히 나타나고 있었다. 이런 시나리오로 이야기가 흘러갈 것을 알고 있었다. 1주일후 귀국해서 이번에는 전화를 했다. 다짜고짜 만나자고 성화가 대단했다. 급하긴 급했나 보다. 내가 급할 것은 하나 없었다. 판의 주도권은 이미 내가 쥐었으니 말이다. 못 이기는 척 약속장소로 갔다. 여러 말 하지 않고 건물주가 하는 말을 모두 들어만 주었다. 이런 경우 말을 많이 할 이유가 없다. 또한 이미 전화로 대강의 요구조건 마지노선을 통고한 다음이었다. 받아들일 것인가, 말 것인가의 문제일 뿐 협상 따위는 없었다.

☞ 변제방법과 기일
☞ 변제내역에 대한 간단한 통보만 받았다.

토지주가 전화로 통보한 내용에서 한 치도 덧붙이거나 뺀 것 없이 원안대로였다. 찻값도 아까웠다. 어차피 관련 서류를 발급받아 넘겨주려면 차라리 찾기쉬운 오산시청 민원실이 제격이었다. 약속일에 오산시청에서 만나, 밀린 지료와 강제집행 신청비용 50%를 회수하고, 인감증명서를 1부 발급하여 위임장과함께 주어 강제집행취하에 동의하여 주었다. 등기부를 보니 2006년2월13일에 강제경매를 신청하였고, 2006년 3월 7일 취하에 동의하였다.

투자 전에 대비책을 세운다

저자는 현재까지 입찰할 물건을 찾기 전에 자력으로 동원 할 수 있는 총알과대출액수를 미리 산정한다. 대출액수와 기본총알의 총 합계액에서 0000만원×0.8을 하여 자금의 총 동원 액수라고 정한다.
  1. 대출시 목적물 부동산과 금융기관의 대출 변동액의 변수
  2. 취. 등록세 및 제세공과금, 등기촉탁비용, 소송비용, 기회비용등 잡비

3. 무리한 자금동원은 잔금 납부시 잔금미납의 결과를 낳을 수 있기 때문이다.

이제까지 80여건을 입찰하면서 몇 가지 원칙은 반드시 지키고 있다. 자금을 먼저 준비하고 잔금납부일이 정해지면 다음날 바로 잔금을 납부한다.

1. 경, 공매의 최대 잔금 납부 소유기간은 길면 2개월 전,후이다.
2. 언젠가는 납부해야할 돈이지만, 법정지상권의 경우 시간을 벌면서 늦게 내는 것보다는 낼 돈이라면 하루라도 빨리 내는 게 현명하다는 생각이다.
3. 은행이자보다 지료부분이 보다 높다는 판단이다.
4. 물건에 따라 수익률은 당연히 다르고, 감정가 대비 낙찰가격이 다르고, 현재의 시세 및 감정가격의 차이 또한 변수이며, 낙찰받은 목적물 부동산 유형마다 다르다.

낙찰로 소유권을 취득한 후의 대책

1. 단기로 처분할 것인가, 장기로 보유하고 갈 것인가.
2. 하자치유는 어떻게 할 것인가.
3. 명도는 어떤 방법으로 진행 할 것인가
4. 대화로 마무리 할 것인가, 소송으로 갈 것인가.
5. 시간을 어느 정도 걸릴 것인가.
6. 부대비용 추가로 수익률을 어느 정도 하락할 것인가.
7. 처분에 따르는 양도세는 어느 정도인가. 대개 이런 부분을 사전에 체크하

고 응찰에 들어간다. 물론 소유권 취득 후에 돌변하는 상황에 대해서는 그 상황에 알맞게 대책을 변경하면서 투자를 진행한다.

현재를 기준으로 예상수익률 맛보기

☞ 대지전체 크 기 : 2필지 305㎡

☞ 입찰시 감정가격 : 740,000(㎡)원

☞ 개별 공시지가 : 492,000(㎡)원

☞ 현재 공시지가 : 745,000(㎡)원

☞ 낙찰 가격 : 378,000(㎡)원

☞ 2011년 중개업소 호가 : 1,700,000원(㎡)전 후

　수원지방법원 2005 가단 0000 조정조서로 2010년 상반기까지 지료를 적금처럼 2개월분을 짝수 달 말일에 송금 받고 있었다. 공시지가 상승률과 주변부동산 시세상승으로 인하여 지료증감이 필요하나 필자는 건물주와 증감소송을 법원에 제기하면 6개월 이상의 시간과 법원의 출석일 참석, 감정평가비용, 송달료, 인지대금등 시간과 경비를 줄이고, 상호 Win - Win 하는 차원과, 건물주를 배려하는 마음으로 당초 생각했던 인상수준보다 50%를 D/C하여 지료를 인상하기로 합의하였다.

2,200원으로 대지를 합필등기완료

기준년월일	계별공시지가
2007-01-01	596,000 원
2006-01-01	551,000 원
2005-01-01	505,000 원
2004-01-01	453,000 원
2003-01-01	361,000 원
2002-01-01	361,000 원
2001-01-01	361,000 원
2000-01-01	361,000 원

기본정보 토지대장 건축물대장 토지이용계획 개별공시지가

2,200원 들여 대지를 합필하였다. 이로 인해 재산세는 늘어났지만, 합필이후 공시지가가 10%이상 상승한 것을 확인할 수 있다(전체대지로 보면 공시지가는 70% 정도 상승 되었다. 두 필지 중 도로에 붙은 대지로 번지수가 이전되고, 뒤 필지의 지번은 말소되었다. 전체대지 4분의 3이 앞 필지의 공시지가로 변경되었다). 또한 합필된 등기완료통지서와 공시지가 상승률의 차이를 알 수 있다.

토지합필로 등기갱신

부동산고유번호 : 1348-   5-   761
부동산소재 : [토지] 경기도 오산시 오산동

접 수 일 자 : 2007년05월16일
접 수 번 호 : 7645
등 기 목 적 : 토지합필
등기원인및일자 : 2007년02월09일 합병

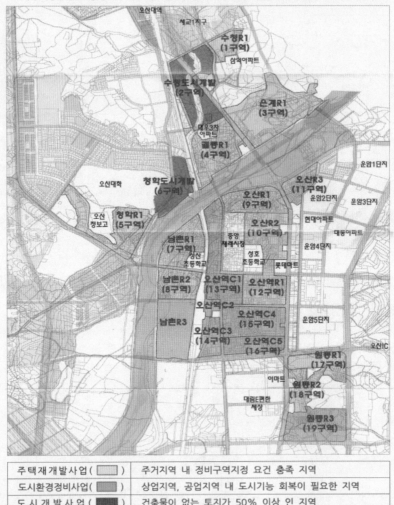

오산 재정비촉진지구 사업방식별 구역도

※ 기타 사항은 오산시청 홈페이지 고시공고란에 게재되어 있는 재정비촉진계획(안)을 참고하시기 바랍니다.

주택재개발사업 ( )	주거지역 내 정비구역지정 요건 충족 지역
도시환경정비사업 ( )	상업지역, 공업지역 내 도시기능 회복이 필요한 지역
도 시 개 발 사 업 ( )	건축물이 없는 토지가 50% 이상 인 지역

2011년 오산시 재정비촉진지구 도면을 보면 저자의 공매낙찰부동산은 남촌 R 7구역임을 알 수 있다. 낙찰 후 1년이 지난 후에 남촌동재개발 추진위원회가 발송한 우편물이 등기로 도착하였다. 이에 오산 남촌동재개발 추진위원회 사무실에 들러 재개발현황을 파악하였다. 재개발 추진회의에서 주최하는 주민찬반 투표가 2008년 오산시 실내체육관에서 있었다.

시공업체로는 대한민국을 대표하는 1군 건설회사인 S건설사와 L사가 선정되어 공동 개발자로서 선정되었다. 아마 언론 보도 등을 통해 이미 들으신 분도 계실 것 같다. 그런데 문제는 엉뚱한 곳에서 터졌다. 오산시장이 2009년에 OOO 건설사 비리에 휘말리는 사건으로 재개발은 물 건너 가버렸다. 그리고는 시간이 다시 한참을 지난 다음 오산시 전체가 재정비촉진지구로 변경되었다는 안내문을 오산시청으로 받았다.

입찰하게 된 동기는 서두에서 설명하였지만, 보충설명을 약간 붙인다면, 지리적 여건이 양호하다. 노후 된 단독주택이 시가지 중앙에 위치한 물건으로서 머지않아 재개발은 이루어진다는 계산에서 낙찰을 받았다. 당초 생각보다 시간이 3~4년은 단축된 시점에 남촌동 재개발 사무실이 오픈되었다. 지금은 오산시 개발로 바뀌었다.

오산시장 명의의 공문

가. 대   상 : 뉴타운지구내 토지·건물소유자 전원
나. 지역별 일정 및 설명회 장소

일 정 \ 대 상	해당 구역별 교육 대상	설명회 장소
2011.01.18(화) 18:30~21:05	궐동 북부권 [수청R1,수청도시개발,은계R1,궐동R1,청학R1,청학도시개발]	중앙도서관 다목적홀
2011.01.19(수) 18:30~21:05	오산동 중앙권 [남촌R1,R2, 오산R1,R2,R3, 오산역R1]	중앙도서관 다목적홀
2011.01.20(목) 18:30~21:05	원동 남부권 [오산역C1,C3,C4,C5 원동R1,R2,R3]	남부종합사회복지관 [강당]

오   산   시   장

해당 부동산의 주변전경(남서측에서 본 주변전경)

　낙찰 물건의 지적도와 주위배경이다. 이미지를 보면 알 수 있듯이 적색 원형 우측이 바로 오산천이다. 오산천 너머로 바로 오산대학이 위치하고 있다. 우측 사거리를 기준으로 하여 우측 편에 롯데마트와 오산시청이 위치하며, 사거리

좌측이 경부선 철길이다. 서울에서 천안까지 전철이 운행 중이다. 사거리 남쪽
이 바로 오산역과 오산터미널이 위치하고 있다.

두 필지 상세지적도

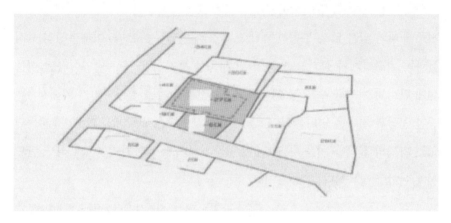

이 그림을 보면 알 수 있듯이 도로에 접해있는 대지만 공매로 나왔다면 입찰
에 참가를 하지 않았을 것이다.

1. 대지가 72㎡이기 때문이다. 재 개발시 현금청산이다(유주택자).

뒤 필지 233㎡만 진행되었다면 심사숙고했을 것이고, 입찰 또한 망설였을
것이다.

2. 입주권은 받을 수 있겠지만 재개발이 무산되면, 신축으로 방향을 틀어야
하는데, 이 경우에는 애로사항이 발생할 수 있기 때문이었다.

추천 글 ✒ ...

도사나 달인으로 착각하는 이들에게 심한 교훈을 주는 책

시중에 나와 있는 많은 부동산 재테크 책들과는 너무 다르다. 이제까지의 서적들과는 비교자체가 불가능한 책이다. 부동산 투자의 도사나 달인이라던 이들에게 반성의 기회를 주게 될 책이다. 단 한건의 투자를 성공시키기 위해서 4년 동안 천당과 지옥을 넘나들었다. 그 과정을 생방송으로 중계하고 있다. 흔들림 없는 자기의 철학을 엿볼 수 있다. 경 · 공매 투자로 성공하려는 CEO라면 반드시 읽어야할 필독서다.

김성열 온비드 사업실 센터장 (한국자산관리공사)

누구도 열지 않았던 경 공매 판도라 보물 상자 개봉

저자는 자신이 직접 경험한 생생한 자료를 바탕으로 하였다. 어쩌면 저자 자신의 보물과 같은 자료를 세상에 내놓는 것은 진정한 경 · 공매 승부사가 아니면 쉽게 따라 할 수 없는 일이다. 그 동안 저자가 숨겨온 경 · 공매 이야기를 속속들이 꿰뚫어서 경 · 공매 부자가되는 데 한 걸음 더 나아가기를 바란다. 수년 후 또 다른 특수물건의 실전사례를 기대하며 즐겁고 행복한 마음으로 추천의 글에 대신한다.

김응용 법무사(전 경매계장, 현 경매전문법무사, 《유치권실무》 연구 저자)

법조인도 힘든 나 홀로 소송 4년 노력하면 여러분도 가능

구도는 간단하다. 법정지상권 성립여지 있는 물건을 낙찰 받고, 지상의 주택건물은 매매로 구입하여 법정지상권을 한방에 무너뜨린 투자사건이다. 건물주와의 길고긴 법정 줄다리기를 보여준다. 필자는 전문 법조인이 아니다. 늦깎이로 이제 막 법학과 부동산학을 전공하는 만학도이다. 그런데도 실력은 눈부시다. 누구의 도움도 없이 나 홀로 소송을 흔들림 없이 진행해 가는 과정에 존경의 마음을 금할 수 없다.

박종두 강남대 대우교수(집합건물법학회 학회장, 《민법총칙》, 《물권법》, 《채권법》 등 저자)

경공매 시장이 여전히 블루오션이라는 것을 여실히 보여주는 귀한 책

본인도 이미 여러권의 경매관련 책들을 시중에 내 놓고 있지만, 참으로 귀하고 특이한 책을 만났다. 너무 뜨거워진 경매시장 분위기로 인해 이미 블루오션이 더 이상 아니라고 생각하고 있던 본인에게 반성의 기회를 주었다. 아울러 경매 투자가 「오늘 공부시작해서-내일 낙찰받고-다음날 수익」을 올리지 못한다는 것을 제대로 보여주고 있다. 서두르지 말고 준비 철저히 하면 경 공매시장은 언제까지나 불루오션이라는 것을 말없이 들려주고 있다.

우형달 대표이사(지엠알씨 대표이사, 《위험한 경매》 시리즈 저자)

나는 경 · 공매 CEO다.

초 판 1쇄 2011년 10월 20일

....

지은이 최　희
펴낸이 윤영걸　**담당PD** 유철진　**펴낸곳** 매경출판(주)
등 록 2003년 4월 24일(No. 2-3759)
주 소 우)100-728 서울 중구 필동1가 30번지 매경미디어센터 9층
전 화 02)2000-2647(사업팀) 02)2000-2636(마케팅팀)
팩 스 02)2000-2609　**이메일** advr@mk.co.kr
인쇄·제본 (주)M-print　031)8071-0961

....

ISBN　978-89-7442-778-8(03320)
값　20,000 원

특별
부록

최고의 경매사이트
디지털태인 무료이용권 !

:: 이용권을 훼손하면 책을 교환할 수 없습니다.

:: 10일 무료 이용권으로 전국 유료 경매 정보를 이용할 수 있습니다.

:: 이용권의 자세한 사용방법은 뒷면을 참고하세요.

부동산태인
DIGITAL
TAEIN

매경출판(주)
문의 : (02) 2000-2606